Général PASSAGA

VERDUN
DANS LA TOURMENTE

(LE CALVAIRE DE VERDUN, 3ᵉ ÉDITION)

Édition définitive. Entièrement refondue et complétée

To the Commanders, To the Officers, To the Men,	Aux Grands Chefs, Aux Officiers, Aux Soldats,

To all the Heroes, named and nameless who stemmed the onrush of the Savages, and so made immortal her name throughout the World for all ages.

The town of Verdun, inviolate and upright amidst her ruins, dedicates this medal in token of her gratitude.

(Resolution of Verdun Municipal Council assembled in Paris. Nov. 20th. 1916.)

A Tous, Héros connus et anonymes, vivants et morts qui ont triomphé de l'avalanche des barbares et immortalisé son nom à travers le monde et pour les siècles futurs, la Ville de Verdun, inviolée et debout sur ses ruines, dédie cette médaille en témoignage de sa reconnaissance.

(Délibération du Conseil municipal de Verdun, réuni à Paris, le 20 novembre 1916.)

CHARLES-LAVAUZELLE & Cⁱᵉ
Éditeurs militaires
PARIS, Boulevard Saint-Germain, 124
LIMOGES, 62, Avenue Baudin | 53, Rue Stanislas, NANCY

1929

VERDUN DANS LA TOURMENTE

Général PASSAGA

VERDUN
DANS LA TOURMENTE

(LE CALVAIRE DE VERDUN, 3ᴱ ÉDITION)

Édition définitive. Entièrement refondue et complétée

To the Commanders,
To the Officers,
To the Men,

To all the Heroes, named and nameless who stemmed the onrush of the Savages, and so made immortal her name throughout the World for all ages.

The town of Verdun, inviolate and upright amidst her ruins, dedicates this medal in token of her gratitude.

(Resolution of Verdun Municipal Council assembled in Paris. Nov. 20th. 1916)

Aux Grands Chefs,
Aux Officiers,
Aux Soldats,

A Tous, Héros connus et anonymes, vivants et morts qui ont triomphé de l'avalanche des barbares et immortalisé son nom à travers le monde et pour les siècles futurs, la Ville de Verdun, inviolée et debout sur ses ruines, dédie cette médaille en témoignage de sa reconnaissance.

(Délibération du Conseil municipal de Verdun, réuni à Paris, le 20 novembre 1916.)

CHARLES-LAVAUZELLE & Cⁱᴱ

Éditeurs militaires

PARIS, Boulevard Saint-Germain, 124

LIMOGES, 62, Avenue Baudin | 53, Rue Stanislas, NANCY

1929

(Photo MELCY, Paris.)

Le Général Passaga.

NOTE DES ÉDITEURS

Nous avons la bonne fortune de présenter au public une synthèse de la bataille de Verdun écrite par un chef particulièrement autorisé non seulement par le rôle important qu'il a joué dans la bataille, mais aussi par sa notoriété en matière de spéculation militaire.

Bien que le nom du général Passaga soit connu de tous, nous estimons encore que le lecteur comprendra mieux toute la valeur des aperçus qu'il trouvera dans cette étude, quand il connaîtra vraiment le passé et les dons exceptionnels de l'auteur. Aussi, croyons-nous utile de reproduire ici, en tête de cet ouvrage, les passages essentiels d'un article publié sur lui, le 27 novembre 1925, par l'organe militaire français, la *France militaire*.

. . . .

Son imagination ardente et son désir d'action conduisirent, de suite, le jeune officier vers les grands espaces, là où librement se développent, avec les habitudes d'entreprise, le goût des responsabilités indispensable au commandement. C'est ainsi que son activité et sa bravoure, de même que la grande réceptivité de son esprit et la souplesse de son intelligence trouveront en Extrême-Orient, au Sénégal, au Dahomey, en Guinée et dans l'Afrique du Nord, de multiples occasions de prendre leur plein essor.

En 1900, ce ne sera pas seulement le brillant capitaine ayant décroché au feu son troisième galon et sa croix de chevalier, mais encore l'administrateur du Cambodge, le breveté de langue Khmer, le lauréat de la Société de géographie de Paris, le président de la délimitation de notre Guinée et de la Sierra-Leone anglaise qui, ayant couru le monde et appris à connaître et à manier les hommes, viendra s'asseoir, modestement, sur les bancs de l'Ecole de guerre pour y étudier la pensée des Maillard, des Cardot, des Bonnal et des Foch. Coïncidence curieuse, la même année, sur ces mêmes bancs, immédiatement à ses côtés, prenait place un capitaine d'artillerie qui, lui aussi, venait de parcourir nos possessions lointaines : c'était le capitaine de Barescut.

Ainsi, les hasards de la vie, réunissaient et liaient d'amitié, ces deux beaux caractères, ces deux virtuoses de l'art militaire appliqué, qui devaient rendre leurs noms inséparables de celui de la plus terrible bataille des siècles, de celui de Verdun; l'un comme chef d'état-major, en ravitaillant la bataille à travers des difficultés qui, aux yeux de l'ennemi, devaient rester insurmontables; l'autre en brisant, à travers la dure tenaille d'une artillerie formidable déployée en équerre, l'épaule droite du front des attaques, au cours des mémorables journées des 21 octobre et 15 décembre 1916, des 20 et 26 août, du 8 septembre 1917.

Les mois d'école écoulés, et ses livres fermés, un tel élève devait, bientôt, devenir un maître de la pensée militaire. Les enseignements de notre Ecole de guerre, ceux du Transwaal, de Mandchourie, sa compréhension péné-

trante de l'idée maîtresse d'Ardant du Picq, c'est-à-dire de l'exploitation des battements du cœur de l'homme dont il saisit merveilleusement les secrets, l'amenèrent en 1900 à nous traduire le fruit de ses méditations dans son livre, Réalité, où l'on trouve exposés les principes et les nécessités du mouvement offensif de manière si frappante qu'on les pourrait croire écrits au lendemain de 1918.

La Grande Guerre allait permettre à l'homme et au chef de donner sa mesure

Après Charleroi et Guise, d'où il ramène son 41ᵉ régiment plein de confiance, on le voit, à la bataille de la Marne, à la tête de la 38ᵉ brigade ouvrant au 10ᵉ corps, le 7 septembre, par le brillant succès de Clos-le-Roy, au nord de Sézanne, les portes de la forêt de Gault. En Artois, dans la course à la mer, après que, dans une lutte splendide, qui restera l'un des plus beaux fleurons de la couronne de gloire des Bretons, sa brigade se fut sacrifiée à Neuville-Vitasse, pour contenir les efforts de la droite allemande, l'on trouve son chef blessé de deux éclats d'obus, enflammant de son exemple les débris de nos régiments qui briseront au sud d'Arras, devant Agny et le moulin de Vailly, les efforts de troupes de la garde.

Placé à la tête de la 2ᵉ brigade de chasseurs alpins, il passera l'année 1915 dans les Vosges, qui vont devenir le théâtre de terribles luttes. En février, dans la Fecht, pendant trois jours et trois nuits, ses chasseurs luttant en rase campagne, dans la neige, soutenus seulement par quelques pièces de montagne, écrivent dans l'histoire une page superbe en contenant des forces quadruples, soutenues par une puissante artillerie. En juillet, alors que, sur les pentes du Linge s'est vainement usé l'héroïsme de nos troupes, on l'appelle pour y prendre le commandement de nos bataillons de chasseurs épuisés. Il ramène tout d'abord la confiance, puis, avec sa perception si nette des possibilités du champ de bataille, il monte une attaque qui, au prix de faibles pertes, nous livre la crête de ce massif devenu légendaire. En fin décembre, il arrive à l'Hartmann, pour y bloquer la contre-offensive allemande.

Mais, c'est comme divisionnaire et commandant de corps d'armée, alors qu'il dispose vraiment de l'emploi de son artillerie, que le général va montrer toute la maîtrise de son commandement. « Comptez sur moi pour employer à fond et au mieux tous mes canons; si vous apprenez à en utiliser les obus, vous ne connaîtrez jamais l'échec », dit-il à son infanterie qu'il entraîne au camp d'Arches, en août 1916. Et, en effet, sa division d'abord, son 32ᵉ corps ensuite, iront de succès en succès. Ce sont les mémorables journées de Verdun, des 24 octobre et 15 décembre 1916, où sa Gauloise se couvre de gloire; c'est le 16 avril 1917, où fortune trop rare pour les nôtres, ce jour-là, l'infanterie du 32ᵉ corps couche sur la deuxième position allemande et la conservera en dépit de sa situation en flèche et de contre-attaques violentes; ce sont encore à Verdun, les journées des 20, 26 août et 8 septembre 1917, où ce même 32ᵉ corps achève l'œuvre de la Gauloise, à l'épaule droite du front des attaques, dans cette région que la forme enveloppante du déploiement de l'artillerie adverse rend particulièrement redoutable.

Quel collaborateur plus qualifié pourrait-on donner aux jeunes divisions américaines? Celles-ci accouraient à nous bouillantes d'enthousiasme, pleines d'audace et d'esprit de sacrifice: cependant, si elles ne voulaient voir leurs efforts brisés au cours d'hécatombes glorieuses, mais inutiles, il leur fallait connaître cette guerre scientifique, nouvelle pour elles.

Au nord de Toul, entre Saint-Mihiel et la rive gauche de la Moselle, le général accueille beaucoup d'entre elles et guide leurs premiers pas. Le prestige de son passé, sa franche cordialité, le tact de son commandement lui valent de suite la confiance et la sympathie des Américains. C'est ainsi qu'il se lie d'amitié avec les généraux Clarence Edwards, Burnham, Summerall, Aultman, Allen... et aussi avec les généraux Liggett, Bullard et Dickman, auxquels devaient être confié le commandement des trois armées américaines.

Et quand, dès octobre 1918, se prépare en Lorraine l'attaque décisive, c'est au général Passaga que le général Mangin confiera la mission principale et le gros de ses forces. Mais, on le sait, trois jours avant la date fixée pour l'attaque, l'armistice sauve l'Allemagne d'un désastre certain, qui eût été sans exemple dans les annales de la guerre.

Quels secrets possédait donc ce chef auquel, dans ses entreprises de guerre, la fortune n'a jamais cessé de sourire? Une heureuse étoile? C'est là, certes l'une des conditions nécessaires; avant de s'attacher quelqu'un, Napoléon ne négligeait jamais de demander s'il était heureux.

Mais le général Passaga réunit encore tous les dons indispensables au chef. Au courage, à l'audace, à la volonté, à la ténacité, à l'intuition, il joint un tempérament d'apôtre, connaissant admirablement les hommes, prêchant d'exemple, sachant prendre les cœurs. A ceux qui n'ont jamais servi sous ses ordres, pour comprendre toute l'emprise de ce chef, l'enthousiasme et l'esprit de sacrifice dont il savait animer ses troupes, il suffira de lire ses ordres du jour, qui resteront parmi les modèles du genre. Il en rayonne une confiance et une foi pénétrantes dont Edmond Rostand, dans l'un de ses derniers poèmes : l'Ordre du Jour, exalte le souffle vivifiant (1).

C'est avec passion qu'il soigne les facteurs moraux, ces impondérables qu'il sait être les assises — combien fragiles! — de toutes les entreprises de la guerre. Il exalte le souci de la réputation de la troupe en dotant d'un état-civil ses divisions, ses régiments, ses bataillons de chasseurs, qu'il baptise d'un nom qui leur rappellera leur gloire ou une grande idée.

Quand rien ne le retient à son poste de commandement, il parcourt les tranchées, infatigable, encourageant, récompensant. Le bien-être de ses troupes est un de ses grands soucis; au repos, s'il multiplie les distractions, il n'oubliera jamais le culte des morts. Nul chef n'inspirera à ses subordonnés plus d'enthousiasme et plus de confiance. C'était un admirable entraîneur d'hommes.

Mais, de nos jours, ces dons naturels, apanage d'une élite si rare, ne suffisent plus; la science militaire, celle du champ de bataille en particulier, est, plus que jamais, devenue indispensable au chef. Or, nul ne l'a mieux pénétrée parce que, sans doute, nul esprit ne fut plus rapidement que le sien affranchi des formules officielles, lesquelles, au cours de la guerre moderne, ne tardent pas à devenir caduques.

On connaît sa boutade qu'il aime à rappeler, parce qu'elle exprime bien les nécessités de la guerre industrielle : alors que l'un de ses commandants d'armée, critiquant son habitude d'agir en marge des règlements, s'amusait, en riant, à lui faire entrevoir le chemin de « Limoges », il répondait : « Dans cette guerre, je ne suis pas satisfait de moi, quand le matin en me levant je ne puis déchirer quelques pages de mon règlement de la veille. »

De même que ses ordres du jour, ses ordres d'engagement sont des modèles; aussi, l'un d'eux fut-il donné comme exemple aux armées. Enfin, dans la merveilleuse étude sur le « Combat », qu'il vient de nous écrire, on ne sait ce qu'il faut le plus admirer, de son génie de la clarté et de la synthèse, ou de la puissance de sa pénétration et de son jugement.

(La France militaire, 27 novembre 1925.)

(1) Voir l'annexe III.

POUR LE LECTEUR

Les hasards de la vie militaire m'ont amené à connaître, dans leurs détails, les ressources défensives de la forteresse de Verdun, particulièrement celles de son secteur Nord-Est, que je commandai au cours des quatre années qui ont immédiatement précédé la guerre. D'autre part, pendant la bataille de Verdun, en 1916, à la tête d'une division, en 1917, à celle d'un corps d'armée, j'opérai encore dans ce même secteur où se déroula l'attaque principale des Allemands. J'ai donc pensé que j'étais qualifié pour parler, avec quelque intérêt, des événements de Verdun.

Cette bataille, nous le savons, est entrée, de suite, dans la légende et il semblerait qu'on veuille l'y laisser. A mon avis, la beauté tragique de sa véritable figure rayonne d'une telle splendeur morale, qu'il est de notre devoir, au contraire, de la transmettre fidèlement aux générations de l'avenir, en la préservant des atteintes de l'imagination. Je m'y suis appliqué, en n'aidant mes souvenirs personnels que de renseignements contrôlés, et puisés aux sources les plus sûres.

Ce livre pourra, je l'espère du moins, satisfaire une critique impartiale et avertie des réalités de la guerre.

J'ai cherché à vulgariser les procédés de combat de l'époque et à exposer la trame de la bataille, de manière aussi vivante qu'il m'a été possible. Enfin, l'histoire de Verdun, appartenant à tous nos foyers, je me suis efforcé de la mettre à la portée de tous.

On le verra, loin de dissimuler nos faiblesses et les causes qui les ont engendrées, je me suis fait un devoir, par piété patriotique, de les exposer en toute sincérité. Elles comportent trop d'enseignements, cruellement payés, pour qu'il soit possible de les tenir dans l'ombre, sans trahir la Nation et ses Morts, sans préparer, de propos délibéré, avec de nouvelles hécatombes de ses enfants, sa ruine définitive. Ceux qui liront ce livre comprendront que, devant nos petites croix de bois dont la foule innombrable couvre le sol de la Patrie, celui de Verdun en particulier, la Nation doit se frapper la poitrine, et faire le serment d'éviter à l'avenir les discordes mortelles qui plongent un pays dans l'impuissance et lui préparent les pires calamités. Ils comprendront également que, tout en nous efforçant, par tous nos moyens, comme de tout notre cœur, d'écarter de nous le fléau de la guerre, nous ne devons jamais perdre de vue la nécessité de préparer la défense de nos frontières.

Paris, février 1929.

(Photo MELCY, Paris.)

Le Général Joffre, le Généralissime français jusqu'à la fin de 1916.

> .....Mais vous devez tenir face au Nord, sur le front
> entre Meuse et Woëvre, par tous les moyens dont vous
> disposez.
>
> (Message du 24 février 1916, 21 heures, au général com-
> mandant le groupe d'armées du Centre.)

PRÉLIMINAIRES

Verdun avant 1870.

Le système défensif de Séré de Rivières.

La forteresse de Verdun.

Verdun en 1914-1915.

La conception allemande.

La course à la paix.

La situation générale au début de l'année 1916.

Les raisons du choix de Verdun.

VERDUN AVANT 1870

La ville de Verdun, point de passage des invasions venant de l'Est fut fortifiée de tout temps; c'est ainsi que, dès les premiers jours de son histoire, on la trouve défendue par un camp celtique, puis par un camp gallo-romain. Quand elle revient définitivement à la Couronne, Henri III en confie l'organisation défensive au meilleur des ingénieurs militaires de l'époque, *Erard de Bar-le-Duc;* celui-ci construit la citadelle qui couronne la ville haute. Louis XIV fit modifier et compléter ces travaux d'après les idées de Vauban; la ville fut alors entourée d'une enceinte continue.

C'est protégée par ces organisations, que Verdun eut à soutenir les sièges de 1792 et de 1870. En 1792, les habitants hostiles aux idées de la Révolution imposèrent au gouverneur *Beaurepaire* la reddition de la Place. Beaurepaire se suicida — ou fut assassiné — et, pour désarmer le roi de Prusse qui, paraît-il, menaçait de brûler la ville, une délégation de jeunes filles vêtues de blanc — *les Vierges de Verdun* — lui aurait apporté des fleurs et des dragées à son camp de *Bras.* En 1870, Verdun se défendit vigoureusement; attaquée dès le mois d'août, sa garnison ne capitula que le 8 novembre, après la reddition de Metz, avec les honneurs de la guerre.

Le système défensif de Séré de Rivières

Le traité de Francfort laissait la France en face d'un jeune et populeux Empire soumis aux influences des ambitions âpres et passionnées d'une Prusse militarisée à outrance, *pénétrée de la toute-puissance de la force.*

La France comprit la nécessité de se couvrir, au plus tôt, contre les agressions possibles d'un tel voisin. En hâte, elle organisa ses frontières défensivement.

Entre la Belgique et la Suisse, couvertes l'une et l'autre par

des traités assurant leur neutralité, notre frontière du Nord-
Est, face à l'Allemagne, avait un développement d'environ
240 kilomètres.

Le général *Séré de Rivières* eut l'idée de la fermer, en partie, par deux grandes digues s'appuyant l'une au territoire
belge, l'autre au territoire suisse et séparées entre elles par
un intervalle d'une soixantaine de kilomètres laissé, inten-
tionnellement, ouvert aux invasions. Ces digues furent cons-
tituées par une succession de forts et d'ouvrages permanents
se flanquant mutuellement et que l'on devait relier entre eux,
au moment du besoin, par des travaux de fortification de
campagne; leurs extrémités, *les musoirs* étaient représen-
tés par des camps retranchés.

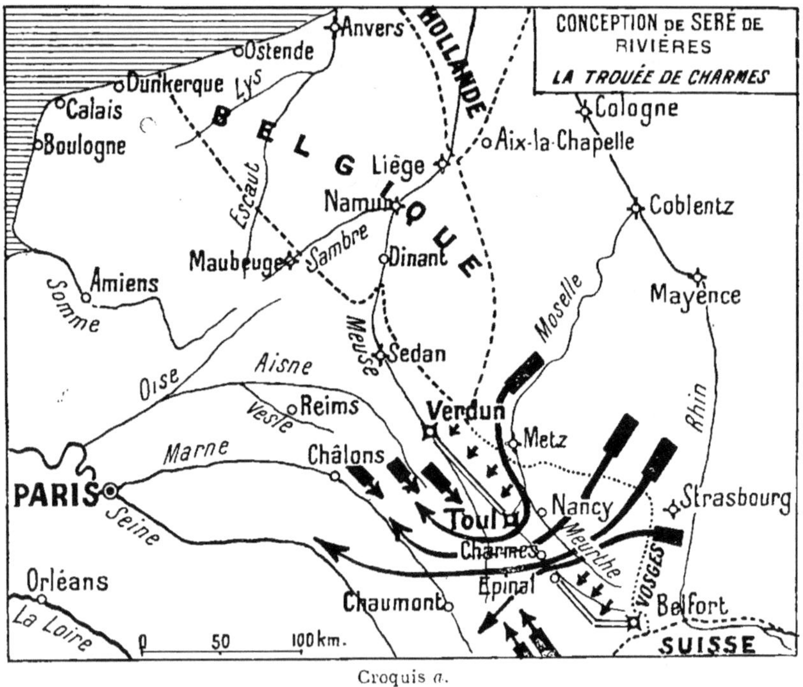

Croquis *a*.

La principale, la digue du Nord, d'un développement de
75 kilomètres environ, fut édifiée entre les Places de Verdun
et de Toul, sur la rive droite de la Meuse; le terrain s'y pré-

tait de manière admirable. Là, en effet, longe immédiatement cette rive de la Meuse un plateau calcaire d'une largeur moyenne de dix kilomètres : les *Hauts de Meuse*, magnifique balcon d'où l'on fouille à perte de vue, la grande plaine de *Woëvre*, qu'il domine de plus de cent mètres, et sur laquelle, brusquement, il tombe en falaise.

La digue du Sud, d'un développement sensiblement égal, fut établie entre les camps retranchés d'Epinal et de Belfort, sur les collines de la haute Moselle et la chaîne des Ballons. Ces digues n'avaient pas uniquement pour objet d'offrir une couverture à nos concentrations initiales; elles devaient surtout canaliser l'effort offensif principal de l'adversaire dans l'intervalle libre qui les séparait, c'est-à-dire entre les places de Toul et d'Epinal, dans ce qu'on appela la *trouée de Charmes*. Au nord de l'ensemble du système, le goulot laissé libre entre Verdun et la frontière belge n'était guère que d'une quarantaine de kilomètres. Au sud, entre Belfort et la Suisse, l'espace libre était insignifiant. Des forces ennemies importantes ne pouvaient donc tourner les ailes de notre système défensif, sans violer la neutralité de la Belgique ou celle de la Suisse.

L'on comprend aisément l'économie de cette organisation : elle permettait à des forces françaises rassemblées derrière les digues fortifiées de prendre *en flanc* une offensive adverse se produisant soit par la *trouée de Charmes*, soit par l'un des pays neutres. Enfin, chacune de ses digues pouvait offrir une base solide à nos offensives éventuelles (croquis *a*).

LA FORTERESSE DE VERDUN

A compter de 1874, cette conception nous amena à donner à l'organisation de la Place de Verdun, *musoir nord* de l'ensemble du système, un développement de plus en plus considérable, non pas seulement parce que chaque jour croissait la portée de l'artillerie mais surtout parce que des indices certains : voies stratégiques nombreuses, quais de débarquement multiples, etc., nous montraient la concentration initiale des forces allemandes comme devant s'étendre très au nord de Metz, jusque dans la région d'Aix-la-Chapelle, au nord-est de Liége! Ceci, évidemment, soulignait de manière impérieuse toute l'importance de Verdun *musoir nord* du système en même temps que base d'attaque pour les forces françaises appelées à prendre de flanc une offensive allemande qui viendrait à se produire au nord de notre camp retranché.

C'est ainsi qu'après avoir construit de 1874 à 1880, sur les hauteurs avoisinant immédiatement la ville de Verdun, une première ceinture de forts et ouvrages, l'on dut en édifier une seconde plus éloignée du Corps de Place, la première ne jouant plus, dès lors, que le rôle de soutien de la ceinture extérieure dont elle battait aussi les avancées et les intervalles.

Lors de leur construction, les divers organes de tous les forts avaient été protégés simplement par d'épaisses voûtes de maçonnerie recouvertes de grosses masses de terre. Devant les rapides progrès de l'artillerie : accroissement de calibre, apparition de l'obus torpille, l'on remania les grands forts les plus éloignés, ceux de la ligne extérieure. Sur la maçonnerie des voûtes, l'on déposa un mètre de sable, et sur ce sable l'on coula jusqu'à 2^m,50 de béton de ciment le plus dur (1).

A compter de 1900, les organes nouveaux édifiés dans les forts de la ceinture extérieure furent protégés par du ciment

______

(1) Il y a lieu de faire remarquer que les forts belges, russes, autrichiens et allemands étaient loin d'être aussi solidement protégés.

armé. Enfin, après 1905, on dota ces forts de tourelles cuirassées à éclipse, pour canons et mitrailleuses, et aussi d'observatoires cuirassés, du meilleur acier.

Des ouvrages intermédiaires bétonnés, des batteries enterrées, des niches et des dépôts de munitions, des abris de combat bétonnés, des abris-cavernes creusés dans le roc pour l'infanterie des réserves partielles, furent établis sur la ligne des forts de la ceinture extérieure ou à sa proximité. Tout cela constitua l'ossature de la *position principale* de la place; sur cette ossature, au cours de la tension politique, devaient se greffer, établis en avant d'elle et en profondeur, des travaux de campagne soigneusement étudiés dès le temps de paix.

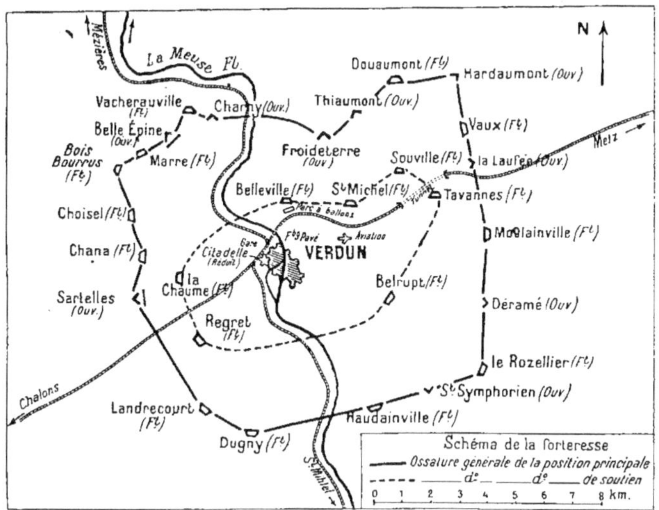

A l'intérieur de sa double ceinture fortifiée, la forteresse disposait de grands magasins à munitions creusés dans le roc et reliés aux ceintures et aux positions éventuelles de batteries par des voies ferrées étroites.

Enfin, le sous-sol de la Citadelle avait été très heureusement transformé en une immense cité souterraine, éclairée à l'électricité et bien aérée, faite de galeries et de cellules creusées dans le roc (1) : l'Etat-Major de la Place, les principaux

____

(1) Ces galeries et cellules avaient un développement d'ensemble de plusieurs kilomètres. L'entrée des souterrains se trouvait sur la face sud de la citadelle; deux escaliers intérieurs permettaient aussi l'accès à la superstructure.

services, ceux de la Santé et des Subsistances notamment, et aussi les troupes de passage devaient y trouver un abri de sécurité absolue.

Sur la rive droite, et près de la ville, existaient un parc à ballons et un terrain d'atterrissage pour l'aviation.

Telle était, dans ses grandes lignes, l'organisation générale de cette forteresse dont la défense extérieure, installée dans des retranchements improvisés, devait tout d'abord couvrir la *position principale* au loin, à six ou huit kilomètres, pour disputer pied à pied les approches de cette position, sur laquelle devait ensuite se poursuivre la lutte à outrance (1).

---

(1) A la mobilisation, la forteresse avait comme gouverneur, depuis deux ans, un chef d'une grande activité, le général *Coutanceau*, de l'arme du génie. Sous son intelligente impulsion, les moyens matériels restreints mis à sa disposition avaient été utilisés au mieux pour mettre la Place en état de jouer son rôle en cas de guerre.

(Photo des Archives photographiques d'art et d'histoire.)

Les Hauts de Meuse. — Magnifique balcon d'où l'on fouille à perte de vue
la grande plaine de Woëvre.

(Photo des Archives photographiques d'art et d'histoire.)

En hiver, la Meuse inonde largement les prairies qui la bordent.

VERDUN EN 1914 ET 1915

En 1914, aux premiers jours de la guerre, les Allemands
masquent avec de faibles forces la digue Verdun-Toul; ils
essaient de forcer *la trouée de Charmes*, pendant qu'au mépris du traité de Londres (1839) ils précipitent le gros de leurs
forces à travers la Belgique (1). Celles-ci, après une large
conversion au nord de la Place de Verdun, font face au sud,
ayant rejeté derrière la Marne les forces anglo-françaises dont
l'aile gauche a dû fuir rapidement une menace d'enveloppement d'une puissance imprévue et d'une rapidité foudroyante
(croquis *b*).

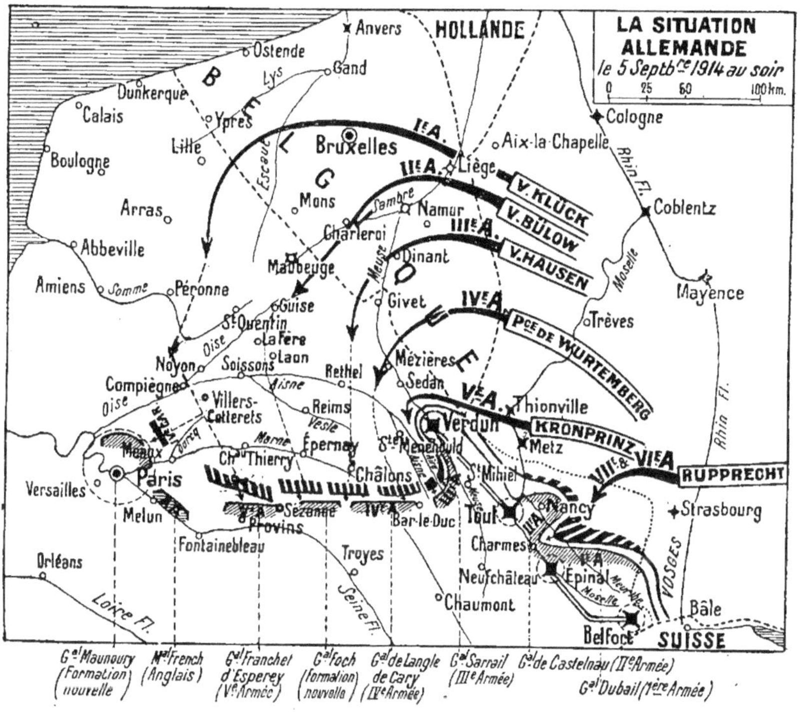

Croquis *b*.
Rôle joué, en 1914, par la barrière défensive; par Verdun, en particulier.

___

(1) « Il nous faut pénétrer en France par la voie la plus rapide et la plus facile, de manière à prendre une bonne avance dans nos opérations et à frapper

Le 5 septembre au soir, notre III⁰ armée combat face à l'ouest; sa droite est toujours appuyée à Verdun, alors que sa gauche est au nord de Bar-le-Duc. Verdun se trouve largement entourée de trois côtés; encore quelques heures de retraite, et le cordon de la III⁰ armée, trop fortement tendu, va se rompre. La Place sera, alors, complètement investie (croquis c).

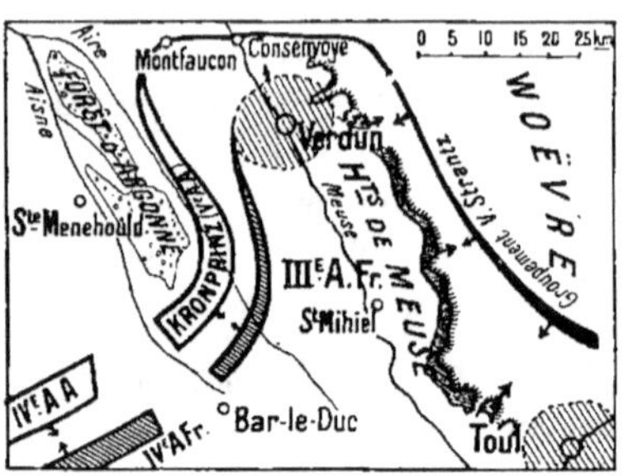

Croquis c.

Le 6 septembre au matin, nous reprenons l'offensive sur l'ensemble du front des armées; la bataille de la Marne commence. La menace d'investissement s'évanouit; devant notre III⁰ armée qui la presse, la V⁰ armée allemande, l'armée du Kronprinz, remonte rapidement la vallée de l'Aire. Elle vient se fixer — pour quatre ans! — au nord et au nord-ouest de Verdun.

Pendant et après la « course à la mer » toutefois, les Allemands poursuivront l'ambition d'isoler, pour le faire tomber, le saillant de Verdun. Ce saillant, en effet, menace de très près la grande voie de rocade, la ligne ferrée Metz - Mézières - Lille, sur laquelle ils comptent pour alimenter leur front.

A la fin de septembre, ils cherchent à forcer les *Hauts de*

quelque coup décisif le plus tôt possible. C'est pour nous une question de vie ou de mort car si nous avions passé par la route plus au sud, nous n'aurions pu, vu le petit nombre de chemins et la force des forteresses, espérer passer sans rencontrer une opposition formidable impliquant une grosse perte de temps. Cette perte de temps aurait été autant de gagné par les Russes pour amener leurs troupes sur la frontière allemande. Agir avec rapidité, voilà le maître atout de l'Allemagne. » (Déclaration de v. Jagow, ministre allemand des affaires étrangères, à sir E. Goschen, ambassadeur d'Angleterre à Berlin, 4 août 1914. *Livre bleu*, pièce 160.)

Devant la violation de la Belgique, l'Angleterre déclare la guerre à l'Allemagne, le 4 août.

Meuse, à la *trouée de Spada*, pour percer ensuite sur *Bar-le-Duc*. C'est ainsi qu'ils enlèvent *Saint-Mihiel;* mais leur succès initial se cristallise dans une *hernie* qu'ils essaient vainement d'élargir (croquis *d* et carte III).

Ils cherchent aussi à isoler la Place par l'ouest, en s'efforçant, sans succès, à déblayer l'Argonne.

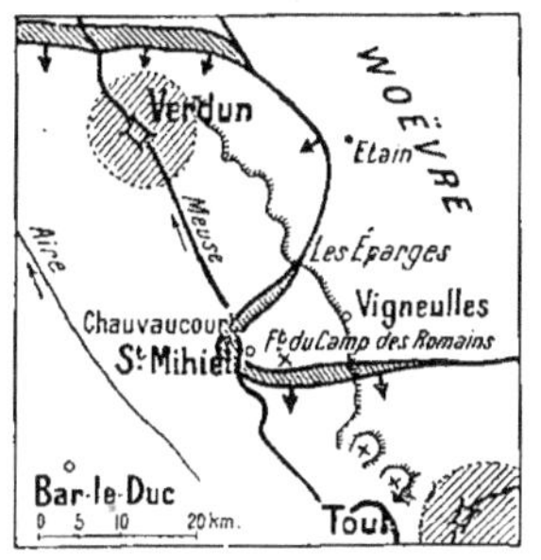

Croquis *d.*

De notre côté, tous nos efforts pour réduire la dangereuse *hernie de Saint-Mihiel* n'aboutissent qu'à la reprise de la crête des *Eparges*. Par contre, entre *Ornes* et les *Eparges*, nous poussons notre front au delà du pied des *côtes de Meuse* jusqu'à l'ouest et près d'*Etain* (croquis *d*).

En 1915, la ville de Verdun est légèrement bombardée; les forts de *Douaumont* et de *Vaux* subissent l'épreuve des gros obusiers allemands, des 420 notamment.

Toutefois, et bien qu'ils conservent devant le front nord de Verdun les forces importantes de leur V^e armée, les Allemands ne feront guère, sur ce front, que des *coups de main* destinés à la capture de quelques prisonniers qui pourront les renseigner sur nos forces, nos travaux et nos projets.

Habilement, du mois d'octobre 1914 au mois de février 1916, *ils avaient laissé tomber en sommeil le front nord de Verdun*.

× ×

Pendant ce temps, chez nous, les idées sur la valeur et l'utilisation des forteresses avaient fortement évolué. Les événements de 1914 et de 1915 avaient complètement ruiné le prestige des places fortes, dans leur rôle isolé du moins. Aussi le décret du 5 août 1915, qui réglait maintenant leur utilisation, les considérait-il simplement comme des *zones fortifiées* sur lesquelles pouvaient, utilement, s'appuyer les armées de campagne.

Pour comprendre les idées qui prévalaient alors, dans l'esprit de notre haut commandement, il suffit de lire les considérants justifiant ce décret :

a) Devant la puissance de destruction de l'artillerie actuelle, les défenses fixes d'une place sont vouées à un écrasement certain. La preuve en est donnée par les exemples de Liége, Namur, Anvers, Maubeuge, par la chute rapide des grands camps retranchés de Russie, après la retraite des armées.

b) La violence et la durée du feu, indispensables dans la défense aussi bien que dans l'attaque, entraînent une consommation illimitée de munitions et exigent, en conséquence, un ravitaillement continu par l'arrière, impossible à réaliser dans une place investie.

c) Une place investie est donc réduite en peu de temps à livrer à l'ennemi les troupes qui composent sa garnison et les approvisionnements qui n'ont pas été consommés ou détruits.

d) Dans ces conditions, la défense du territoire dépend exclusivement des armées de campagne. Il est donc naturel de reporter sur ces armées les ressources qui seraient inutilisées ou perdues dans les places. En particulier, au lieu d'immobiliser des troupes territoriales dans les places, il est plus immédiatement utile de les employer aux travaux du front.

e) Le désarmement des places dont le rôle passif n'est plus acceptable peut, seul, nous procurer sans délai l'artillerie lourde indispensable à nos armées.

Le décret était complété par une instruction du commandant en chef où l'on relevait ces mesures d'application :

Les ouvrages permanents des places fortes doivent être utilisés dans les lignes de défenses successives, en liaison avec celles des armées voisines...
Les places ne conserveront que les garnisons nécessaires à la sécurité des ouvrages dont le maintien aura été décidé.

Le haut commandement français admettait donc qu'une place forte *isolée*, c'est-à-dire réduite à ses propres ressources, devait tomber au bout de quelques jours de siège, *ce qui était vrai*. Mais, si l'on s'en rapporte au premier paragraphe des considérants ci-dessus et aussi à une note du commandant en chef parue dès le mois d'octobre 1914, l'on constate qu'on semblait admettre encore que nos forts les plus solides étaient incapables de résister à un tir de concentration des gros obusiers de l'adversaire et cela *était inexact*. Cette erreur provenait de ce qu'on était, alors, persuadé que notre fort d'arrêt de *Manonviller*, ainsi que le fort de *Dubourdieu* (l'un des forts de *Maubeuge*), établis l'un et l'autre avec la même solidité que nos grands forts de la ceinture extérieure de Verdun, avaient été écrasés par les gros obusiers allemands (I). Opinion erronée, comme nous devions le constater plus tard.

____

(1) Cette croyance était établie sur les photographies d'avion et les rapports de nos agents nous montrant ces forts ruinés de fond en comble. Nous ignorions alors que les Allemands les avaient fait sauter, après s'en être emparés.

Quoi qu'il en soit, à Verdun, sous l'impulsion du général commandant le groupe d'armées dont relevait la Place, l'application du décret du 5 août 1915 fut poursuivie avec une hardiesse que les événements devaient bientôt condamner.

On ne maintint dans les forts que les pièces sous tourelles et le personnel indispensable au service de ces pièces; les canons de 75^{mm} qui, dans leurs *casemates de Bourges*, devaient assurer une action de flanquement extérieur, précieuse pour la défense de la position principale de la Place, furent eux-mêmes dispersés au bénéfice du front. Enfin, alors que, dans un fort moderne, l'utilisation des multiples organes, ainsi que la lutte pied à pied exigeaient un commandement préparé et un personnel bien exercé, — quand il n'était pas spécialisé, — on crut pouvoir admettre que nos forts et ouvrages cuirassés pourraient être utilement défendus par des garnisons de fortune désignées sous la pression des événements. C'est ainsi qu'à Verdun les *garnisons permanentes des forts furent supprimées*.

Quand l'on constate que l'intérêt de cette formidable bataille de Verdun se concentre surtout autour de la possession des forts, en particulier de celle des forts de *Douaumont* et de *Vaux*, semblables mesures ne sont pas sans surprendre! Il convient cependant de se souvenir qu'elles ont été prises pour servir au mieux les intérêts des troupes du front, et aussi qu'elles découlaient naturellement d'une longue éducation du temps de paix nous enseignant le mépris de tout ce qui touchait à la fortification. Or, jusqu'au début de 1916, si la guerre nous avait montré toute l'étendue de notre erreur, pour ce qui était de la *fortification de campagne*, par contre, elle paraissait avoir largement justifié nos préventions à l'égard de la *fortification permanente*, puisque, sur tous les fronts, forts détachés et forteresses étaient tombés comme châteaux de cartes!

LA CONCEPTION ALLEMANDE

C'est avec la volonté de clore la guerre que, le 21 février 1916, les *Allemands* attaquèrent les *Français* sur le front fortifié de Verdun. Cette bataille, la plus formidable de tous les siècles, allait être un duel effroyable entre les deux nations.

La France est arrivée tout près de la limite de son effort militaire, avec un dévouement d'ailleurs admirable. Si l'on parvient à faire comprendre à son peuple qu'il n'a plus rien à espérer au point de vue militaire, la limite sera franchie et l'Angleterre se verra privée de sa meilleure épée!... même en employant des effectifs limités, notre but peut vraisemblablement être atteint.

Derrière le secteur français du front ouest, il existe, à portée accessible, des objectifs pour la conservation desquels le commandement français est obligé d'employer jusqu'à son dernier homme. S'il agit ainsi, les troupes françaises seront épuisées par leurs pertes sanglantes, car il est impossible d'éviter le combat, que nous atteignions ou non notre objectif. Si le commandement français n'agit pas ainsi et laisse tomber l'objectif entre nos mains, l'effet moral produit en France sera énorme...

Les objectifs dont il est question sont Belfort *et* Verdun. *Toutefois, c'est* Verdun *qui mérite la préférence.*

(Extrait de la base du rapport écrit présenté à l'Empereur, Noël 1915. — Erich von Falkenhayn : « Le Commandement Suprême en 1915-1916 ») (1).

Avant d'entrer dans le récit de la bataille, il paraît nécessaire de rappeler les causes du pressant besoin de paix des Allemands ainsi que la situation générale, à la veille du 21 février 1916, et enfin les raisons — d'apparence paradoxale — qui ont amené l'Allemagne à choisir le front *fortifié* de Verdun pour livrer une bataille qu'elle voulait *décisive*.

---

(1) Lavauzelle, Paris.

La course à la paix.

Au cours des événements de Verdun, successivement, deux chefs vont diriger, en fait, les opérations militaires de l'Allemagne : *Falkenhayn* qui, après la Marne, a succédé à *de Moltke*, puis, à compter de la fin d'août 1916, *Ludendorff*, agissant sous le couvert de *Hindenburg*.

Aujourd'hui, l'un et l'autre ont écrit leurs *Mémoires*, mais on ne saurait y trouver, avouée en termes clairs, l'ambition qui présidait essentiellement à l'entreprise de Verdun, celle de *clore la guerre*. Devant l'étendue de la déception et l'éclat de la défaite, chacun d'eux cherchera, au contraire, à la voiler derrière des ambitions de second plan, de même qu'au lendemain de *la Marne* on avait essayé de voiler l'écroulement des rêves allemands (1).

Les instructions, les promesses aux troupes, du Kronprinz et de ses généraux, sont là; toutes montrent la bataille de Verdun comme devant être l'effort final : « Mes amis, nous allons prendre Verdun, et puis nous ferons la paix! », dit notamment le Kronprinz aux troupes qu'il passe en revue.

Mais, admettrait-on que ces promesses fussent à reléguer parmi les illusions que le commandement allemand aimait, bien à tort, à entretenir dans l'esprit du combattant, qu'il ne serait pas besoin d'être psychologue ou expert en matière militaire pour comprendre, à la lueur des événements et aussi à celle des réticences qui parfois échappent à la plume de Falkenhayn ou de Ludendorff — si prudente et si soucieuse pourtant de la réputation des armes allemandes! — que, dans l'esprit du haut commandement allemand, la bataille de Verdun devait bien marquer le terme de la guerre.

× ×

Un court regard en arrière, tout en nous éclairant sur le passé, suffira pour nous montrer que la nécessité de mettre fin aux hostilités s'imposait à l'Allemagne, de manière pressante, au début de 1916.

---

(1) Cependant, le Kronprinz vient de déceler cette ambition, de manière explicite, dans son récit de la bataille de Verdun (« Verdun », par le Kronprinz Guillaume, L Illustration, décembre 1928).

Avant la guerre, ses augures militaires (1) avaient bien proclamé indispensable, pour asseoir l'hégémonie due au rayonnement de la *Kultur* allemande et au génie de la race, le triomphe de l'Empire dans une guerre de coalition. Mais, ils n'avaient pas manqué d'ajouter, — avec beaucoup plus de clairvoyance! — que pour assurer ce triomphe, il était essentiel que l'Allemagne fût en mesure d'écraser rapidement ses adversaires, la mer devant lui être vraisemblablement fermée au cours d'un conflit mondial. Aussi, conseillaient-ils aux diplomates de savoir au besoin faire naître le conflit au moment propice et, au Grand Etat-Major, de préparer une guerre d'allure foudroyante et, par suite, de caractère sauvage, sans s'embarrasser des conventions, lois ou traités existants.

Ils furent compris, on le sait, de manière magistrale. Rien ne fut négligé qui pût contribuer à fixer le triomphe allemand, dans le moindre temps.

Le Grand Etat-Major, pour sa part, élabora tous ses plans en conséquence, sans oublier qu'on ne construit pas sur le sable. Non seulement il demanda qu'on dotât les formations de réserve de cadres particulièrement nombreux, vigoureux et instruits, mais il multiplia aussi ses efforts pour faire assurer aux armées un équipement touchant à la perfection et un armement d'une puissance de feu écrasante. Percevant nettement encore que les conditions de la bataille avaient été bouleversées de fond en comble par l'apparition des armes à tir rapide de l'infanterie, des mitrailleuses surtout, et par celle de la poudre sans fumée, il se pencha avec une curiosité soutenue sur les enseignements des combats des guerres récentes, celles du *Transvaal*, de *Mandchourie* et des *Balkans*, s'efforçant de discerner les possibilités du champ de bataille du moment, et celles que pourrait ouvrir la mise en œuvre d'un matériel répondant vraiment aux derniers progrès de la science appliquée. Aussi est-ce avec le sens des réalités du combat que la tenace méthode allemande prépara en secret, et dans ses moindres détails, une course vertigineuse vers une paix magnifique. Enfin, fidèlement secondé dans son œu-

---

(1) BERNHARDI : « Deutschland und der nächste Krieg »; FROBENIUS : « Deutschen Reiches Schicksalstünde », etc...

vre par le cabinet militaire de l'Empereur et le ministère de la guerre, le Grand Etat-Major le fut, puissamment encore, par une presse qu'il inspirait et qui sut nous endormir, encourager nos idéologues et, aussi, entretenir nos erreurs et nos illusions (1).

Quant à son plan de campagne, il fut aussi simple que rationnel : pendant le temps que se mobiliseraient et se concentreraient les forces russes dispersées sur un immense territoire mal desservi par les communications, par le chemin de fer notamment, l'Allemagne écraserait la France avec la presque totalité de ses forces; puis, sans perdre haleine, elle se tournerait vers l'Est. Alors, la ruine des armées russes, dont elle avait pénétré toutes les faiblesses, ne serait qu'un jeu pour elle.

Aussi, est-ce avec une confiance absolue dans l'avenir que, l'heure venue, l'Empereur d'Allemagne crut pouvoir déclarer aux premières troupes partant pour le front *qu'elles rentreraient dans leurs foyers avant la chute des feuilles!*

Bien qu'imprudente, une telle promesse était justifiée. Le présage se fût accompli si, au cours de l'exécution, le Haut Commandement allemand avait été entre les mains d'un véritable *chef*.

× ×

Pour le juguler en quelques semaines, avec sept de ses armées, représentant la presque totalité de ses forces, l'Allemagne fond sur son principal adversaire, le premier prêt aussi : l'*Otage*, ainsi qu'elle aimait à désigner la France. Et on la voit développer avec une rapidité foudroyante une manœuvre imaginée jadis par *Schlieffen*, l'un des successeurs du *de Moltke* de 1870, dont *l'effet de surprise était essentiellement basé sur la violation de la neutralité belge;* on la voit également, pour désarmer plus vite encore son adversaire par la terreur, donner à la guerre un caractère de cruauté sauvage, sans exemple depuis la fin des temps barbares.

Quinze jours après les premières rencontres sur nos frontières, la France semble désarmée. Fuyant l'enveloppement à

---

(1) Voir l'appendice : la bataille de la Marne en 1914.

tire-d'aile, l'aile gauche de nos forces déployées a découvert Paris, les Allemands sont aux portes de la Capitale et notre Gouvernement est à Bordeaux! Le Monde voit la France vaincue, obligée de subir la déchéance définitive et, avec celle-ci, son démembrement, ainsi que la servitude.

Telle était la situation sur le front d'Occident, le 5 septembre 1914 au soir (1).

Le 6 septembre au matin, commence ce qu'on appelle, très justement, le *miracle de la Marne;* et, avec les derniers battements de la gigantesque bataille, qui vont mourir sur l'Yser, meurt pour l'Allemagne le rêve d'une hégémonie *fondée par la force* (2).

× ×

Le guet-apens avait été, certes, monté de manière magistrale; mais, au moment où elle allait succomber, la victime désignée, dans un sursaut de volonté fabuleux, aux applaudissements du Monde, s'était redressée. La merveilleuse énergie de notre Haut Commandement et de nos armées exploitant l'imprudence de von Klück, le chef de l'armée d'aile droite, ainsi que les fautes commises, en cours d'exécution, par le Haut Commandement allemand représenté alors par *de Moltke junior,* le neveu du *de Moltke* qui avait dirigé les opérations de 1870, faisait que les premiers mois de la guerre se terminaient par une grande victoire de la France. Les armées russes, dont les avant-gardes avaient été cependant battues, étaient maintenant sur pied; quant au *brillant second,* l'Autriche, celle-ci venait de montrer l'inconsistance de son armée.

Obligée, désormais, de contenir les armées anglo-françaises en même temps que les armées russes, l'Allemagne ne disposera plus de moyens suffisants pour triompher *définitivement* sur l'un des fronts. Elle ne saurait donc espérer terminer la guerre par le triomphe *décisif* de ses armes. En perdant la bataille de la Marne, l'Allemagne a perdu la guerre. Pour sortir sans trop de dommages de l'horrible guêpier où l'ont précipitée ses ambitions, il ne lui reste plus qu'à savoir engager, au plus vite, des pourparlers de paix avec ses adversaires.

______

(1) Voir le croquis *b*, page 25.
(2) Voir l'appendice : la bataille de la Marne en 1914.

× ×

En effet, revenus de leur surprise, les Alliés pourront préparer la guerre dans la guerre et. désormais, l'Allemagne devra compter pour autant de défaites les jours qui vont s'écouler. Si la guerre se prolonge, à moins que n'intervienne, chez nous ou chez les Russes, l'un de ces grands bouleversements politiques amenant au pouvoir un parti de désordre et de renoncement national, la paix magnifique dont elle avait rêvé se traduira pour elle par une terrible catastrophe.

Pour éviter l'effondrement qui la guette, elle serait prête à tendre la main à ses adversaires. à leur faire, de suite, avec une hauteur dissimulant sa détresse, ces propositions de *réconciliation* au nom de *l'humanité* (!) que, deux ans plus tard, le 12 décembre 1916, elle aura l'inconscience de leur adresser. Mais, au lendemain de *la Marne*, alors qu'elle fait figure de vaincue, peut-elle attendre des peuples, que son ambition a brutalement précipités dans une guerre atroce, autre chose que sa ruine? Les crimes abominables qu'elle a ordonnés à ses soldats et qu'évoquent les noms douloureux de *Louvain*, d'*Andenne*, de *Tamines*, de *Fosse*, de *Gerbeviller*, de *Nomény*, de *Senlis* et de vingt autres lieux, loin d'en imposer à ses ennemis, n'ont fait qu'exaspérer d'une fureur vengeresse leur volonté de vaincre. Et puis, aux yeux des Alliés, quel crédit pourrait trouver la signature de l'Allemagne, puisque traités, conventions et règles internationales, au bas desquels elle figurait, n'ont été pour les dirigeants et les chefs militaires de l'Empire que *chiffons de papier!*

Avant de songer à demander la paix, l'Allemagne doit donc démontrer aux Alliés que *jamais ils ne pourront la réduire par la force.*

Au demeurant, si elle ne peut désormais entrevoir une victoire décisive, du moins garde-t-elle encore l'espoir de pouvoir donner à ses armes un lustre indiscutable avant que ses ennemis soient en mesure d'exploiter leur supériorité numérique, c'est-à-dire, *avant qu'ils aient pu redresser les multiples et graves imperfections de leur préparation à la guerre.*

A la fin de 1914, les conséquences décisives de *la Marne* échappent au soldat et au peuple allemands : elles se réduisent pour eux, ainsi qu'on a soin de le leur laisser croire, à celles d'un *simple repli stratégique momentané. Aussi*, toujours grisés des multiples et faciles succès du début de la guerre, ont-ils conservé la confiance, l'enthousiasme, les illusions des premiers jours : ils sont prêts à tous les sacrifices. De plus, le Haut Commandement allemand sait que d'autres lois que celle du nombre régissent encore la guerre. Et s'il avait oublié les exploits d'Annibal et de Bonaparte, la facile victoire de *Tannenberg*, remportée sur un ennemi très supérieur en nombre, lui montrerait qu'il peut momentanément dominer, par le seul emploi de forces allemandes relativement restreintes, les armées russes mal armées et dont le défaut de souplesse et de soudure lui offrait de larges possibilités de manœuvre. L'Allemagne, certes, ne saurait nourrir l'ambition de mettre, par les armes, les Russes *définitivement* hors de cause; ceux-ci disposent de l'espace pour se refaire, et il serait par trop imprudent de sa part de s'enfoncer, à leur suite, au cœur de l'Empire des Tsars, pendant que, sur le front d'Occident, elle resterait exposée aux entreprises des armées françaises qui, *insuffisamment outillées et préparées aux réalités du champ de bataille*, sont, par contre, animées d'un admirable esprit de sacrifice et d'une ardente volonté de vaincre, servies par des états-majors excellents et maniées par un commandement manœuvrier, doué d'un esprit agressif extrêmement redoutable.

Toutefois, sur le front d'Occident, le péril est loin d'être imminent. Depuis que les deux adversaires ont accroché leurs ailes à des obstacles infranchissables, l'ère des grandes entreprises, *temporairement*, est close pour les Français. Elle ne s'ouvrira à nouveau pour eux, que lorsque *le temps* leur aura permis de se doter de l'outillage de guerre qui leur fait défaut et d'apprendre à l'utiliser pour faire brèche dans l'épaisse ceinture de retranchements que le commandement allemand, avec *son sens pratique* de la guerre, vient de faire établir en un clin d'œil, de la mer à la Suisse.

Jusqu'à ce jour, l'accès de ces retranchements nous restera interdit par des mitrailleuses courbant impérieusement la volonté française sous des feux implacables *que nous ne pouvons maîtriser.*

En effet, déjà si difficiles à découvrir en rase campagne, les mitrailleurs allemands sont habilement dissimulés dans l'ensemble des retranchements où ils peuvent, d'ailleurs, échapper aux coups de nos armes, — à cette époque uniquement à tir tendu —; ils s'y trouvent, d'autre part, *abrités de la sur-prise*, de jour comme de nuit, par d'épais réseaux de fil de fer barbelé que nous ne savons rompre et dont les abords peuvent être éclairés au moyen d'artifices lumineux.

Ainsi, alors que lui était enlevée toute possibilité de manœuvre, brusquement, en pleine guerre, de manière urgente et dans toute son ampleur, s'était posé à notre Commandement le problème essentiel du champ de bataille de l'époque : *pouvoir maîtriser mitrailleurs et fantassins ennemis* INVISIBLES, CUIRASSÉS PAR LE SOL, et INABORDABLES PAR SURPRISE. La solution du problème demandera à nos ingénieurs et à nos usines des efforts gigantesques, jugés tout d'abord impossibles. Nous devrons nous procurer, en hâte, des masses énormes d'armes à tir courbe : grenades, minenwerfer, obusiers; multiplier le matériel d'artillerie existant et encore nous assurer une production formidable de projectiles de tous genres.

La paralysie momentanée dont sont frappées les armées anglo-françaises permet donc à l'Allemagne de détourner pendant quelque temps ses efforts du front d'Occident, pour les porter contre les Russes et contre les Serbes. De ce côté, avec une partie de ses divisions disponibles, peu nombreuses il est vrai mais bien encadrées et manœuvrières, appuyées d'un matériel puissant, elle espère remporter rapidement de fulgurants succès, de nature à profondément impressionner les Alliés. Puis, ayant mis Russes et Serbes momentanément hors de cause, elle viendra, aussitôt, appliquer ses disponibilités sur un point sensible du front d'Occident. Et là, grâce à la *concentration d'une grande partie de l'artillerie lourde des Empires centraux* (1), elle frappera *par surprise*, un coup écrasant, capable d'anéantir tout au moins le prestige de la meilleure épée des Alliés, celui de l'armée française.

L'Empire allemand pourra, alors, la tête haute, faisant vraiment figure de vainqueur, présenter à ses adversaires des propositions de paix d'apparence honorable pour tous, qui auront toute chance d'être agréées; le généralissime allemand, *Falkenhayn*, le croit du moins.

× ×

Contrairement a son attente, il fallut à l'Allemagne toute

(1) Quand viendra le moment de passer à l'exécution, c'est-à-dire d'entreprendre la bataille de Verdun, l'Autriche refusera de se démunir de son artillerie lourde, qu'elle entend utiliser sur le front d'Italie (voir : Erich von Falkenhayn », « Le Commandement suprême ») (Lavauzelle, Paris).

l'année 1915, pour obtenir les succès et la *liberté d'action
relative* qu'elle était allée chercher sur le front d'Orient, avant
de nous attaquer. Aussi, au début de 1916, était-il extrêmement pressant pour elle de frapper, sur le front occidental, le
grand coup qu'elle méditait. Nos offensives de 1915, celle d'Artois et celle de Champagne, venaient, en effet, de lui montrer
le danger que pourraient faire courir à des forces disposées
en cordon nos nouvelles méthodes de combat, basées maintenant sur *l'exploitation des effets du matériel.*

Enfin, à la veille de la bataille de Verdun, déjà, par centaines de mille, des foyers allemands avaient été endeuillés, et,
par deux fois, les vents d'hiver avaient balayé *les feuilles des
arbres.* La guerre ravageait l'Europe depuis dix-huit mois, et
rien ne faisait présager la paix! L'Allemagne de l'intérieur,
qui souffrait moralement et matériellement, était devenue presque insensible à la gloire des armes; désabusée, elle entendait
maintenant avec une sorte d'indifférence, le son des cloches
lui annonçant les bulletins de victoire. Le peuple allemand
aspirait ardemment à la paix (1)!

Dans ses *Mémoires*, Ludendorff, dont le patriotisme est justement alarmé, le constate avec autant d'amertume que de
surprise. En cela, ce chef remarquable par sa volonté, son
énergie, son audace, sa réceptivité, sa haute culture militaire
et sa prodigieuse force de travail, montre qu'il était encore
incomplet. Il souffre évidemment d'une tare qu'on lui repro-
chera, en 1917 et en 1918, tare très grave chez un chef, commune il est vrai à ceux de sa race : le manque de psychologie.
Un psychologue ne se fût pas indigné, car il eût compris, de
suite, que cette désespérance et cette soif de paix qui tenail-
laient le peuple allemand, au début de 1916, n'étaient que la
conséquence naturelle de l'imprudence de l'Empereur.

Celui-ci, aux premiers jours des hostilités, n'avait-il pas dé-
claré, de manière retentissante, que cette guerre était affaire
de quelques mois! Ce n'est pas impunément qu'on accroche
dans les cœurs, à la guerre surtout, des espérances que des
événements imprévus peuvent anéantir, — comme l'avenir
devait le démontrer.

(1) A deux reprises, Falkenhayn soulignera que c'est pour empêcher de grandir la tension de l'intérieur de l'Empire, qu'on avait dû renoncer, depuis l'été
1915, à organiser de nouvelles grandes unités. (Voir : « Le Commandement
suprême »). D'autre part, Philipp Scheidmann nous parle des grèves qui, au
début de 1916, se multipliaient en Allemagne (voir : Ph. Scheidmann, « L'Effondrement »).

La situation générale
au début de l'année 1916.

Les armées russes battues sont désorganisées et démoralisées. Le grand-duc Nicolas, « ce chef à la volonté ferme »
dont nous parle Ludendorff, a été obligé de se démettre et
le commandement est tombé aux mains débiles du Tsar.

Les Russes ne seront plus capables d'une intervention
sérieuse, avant l'été 1916. (Ils attaqueront bien, en mars, dans
les boues de la région du lac *Narotsch*, mais il ne faut voir là
que la manifestation magnifique d'une généreuse solidarité;
cette attaque, destinée à *soulager le front de Verdun*, ne pouvait qu'aboutir à un échec sanglant) (1).

Les Allemands ont porté leur front sur la Duna et aux
marais de Pinsk. La Galicie a été délivrée; la Bulgarie s'est
déclarée pour les empires centraux; la Serbie a été écrasée.
La Grèce et la Roumanie, un instant hésitantes, se renferment,
maintenant, dans une neutralité prudente, plutôt bienveillante
pour nos adversaires.

Par contre, du côté de l'Occident, l'Italie, qui s'est déclarée
pour les Alliés, immobilise en partie les disponibilités de
l'Autriche. Les divisions anglaises formées par lord Kitchener commencent à prendre de la cohésion sur notre front,
et l'Angleterre, consciente du péril, est sur le point de décré-
ter le service obligatoire pour tous (2).

Enfin, fait d'une extrême importance, qui tend à rétablir
l'équilibre entre les camps, le matériel de guerre commence
à sortir de nos usines et de celles de nos Alliés, en quantité
appréciable.

---

(1) « Le déclenchement d'une tentative de diversion à très grande envergure,
sur la partie nord du front Est, dans la seconde moitié de mars, fut encore plus
surprenante que l'absence de tentative de ce genre, dans l'Ouest. »

(E. VON FALKENHAYN : « *Le Commandement Suprême.* »)

Il convient de remarquer que les suites de cette offensive du lac de *Narotsch*
ne pouvaient qu'être sans portée, vu la désorganisation des forces russes et
le manque de communications de la région. Mais l'événement devait être
exploité et grossi à plaisir par Ludendorff et son principal adjoint, Max Hoff-
mann, heureux l'un et l'autre, sans doute, d'y trouver la justification de leur
manque d'empressement à dégarnir le front oriental au bénéfice de l'entreprise de Falkenhayn à Verdun; par Falkenhayn, d'autre part, qui, de son côté,
n'était pas fâché de voiler son défaut d'audace et d'autorité, en essayant de
montrer combien cet événement justifiait la prudence dont il avait fait preuve
en ne dégarnissant pas le front oriental, pour étoffer l'attaque de Verdun.

(2) Le « Military Service Act » fut voté le 27 janvier 1916.

Les raisons du choix de Verdun.

Pour quelles raisons les Allemands sont-ils venus livrer cette bataille, qu'ils voulaient décisive, sur un front comme celui de Verdun, lequel avait été, dès le temps de paix, fortifié à loisir? Au premier examen, ce choix paraît paradoxal. Aussi, a-t-il fait couler beaucoup d'encre!

Les prime-sautiers déclarèrent sans ambages que ce choix absurde était la condamnation du jugement du Haut Commandement allemand!

× ×

Moins péremptoires, d'autres n'y ont vu qu'une question de sentiment et de superstition.

Verdun restait pour les Allemands « la porte de l'Occident » par où, jadis, passaient les hordes germaines allant dévaster les Gaules.

Attaquer à Verdun, c'était satisfaire aussi l'esprit de superstition dont est imprégnée l'Allemagne et qui veut qu'on ne néglige jamais d'associer à la cause de l'Empire une force occulte pouvant lui être propice.

C'est ainsi, par exemple, que les Allemands se disant « le peuple élu », confisquèrent Dieu dès l'ouverture des hostilités. « Gott mit uns! » — « Dieu est avec nous! » proclament-ils à tout propos. Au demeurant, Dieu, qui n'avait jamais abandonné les Hohenzollern, — au point qu'on pouvait croire qu'il était venu s'installer au Brandebourg, avec Frédéric, le premier margrave, — ne saurait cesser, aujourd'hui, de soigner la splendeur de l'illustre Maison! Dieu est évidemment allemand et, comme pour justifier le célèbre trait de Voltaire (« Dieu a fait l'homme à son image, mais celui-ci le lui rend bien! ») ils le veulent de préoccupations positives, substantielles, exclusives : ses bienfaits désormais s'enfermeront dans les frontières de l'Empire dont la gloire et la puissance résument les intérêts de l'Univers. Entre leurs mains, Dieu, le Dieu de bonté, de charité et d'amour, dont « le Royaume n'est pas de ce Monde », n'est plus que « le vieux bon dieu allemand! »

Par surcroît de précautions, les Allemands lui donnent encore une foule d'auxiliaires, également préposés à la grandeur de l'Empire. Ils font appel aux divinités, idoles ou héros de ces légendes qui, suivant l'expression de Maurice Barrès, « ont, dès le berceau, embrumé la sauvagerie rêveuse de leur esprit ». Ils mettront, par exemple, les diverses positions de leur front d'Occident sous le vocable des héros des *Nibelüngen* : *Krimhilde, Brunehilde, Siegfried, Hagen*... ou encore sous celui du héros de *Tannenberg* : le demi-dieu aux clous d'or, *Hindenburg*.

Mais le nom de *Verdun* n'évoque-t-il pas des souvenirs de gloire allemande? Les eaux qui arrosent la vieille cité ne sont-elles pas lustrales, sacrées pour les Allemands, puisqu'elles arrosent aussi cette autre petite ville au nom prestigieux : *Sedan!* où fut vraiment cimenté l'Empire allemand? La superstitieuse Allemagne considère donc Verdun et les eaux de la Meuse comme essentiellement propices à ses armes; aussi, est-ce sur les rives de la Meuse, et pour Verdun, qu'elle entend livrer la bataille qui, en consacrant sa toute-puissance militaire, lui permettra de clore la guerre.

× ×

D'autres y ont vu une question d'intérêt dynastique : le Kronprinz d'Allemagne commandait aux troupes devant Verdun; la raison était suffisante pour que la bataille fût livrée sur ce front!

C'était là méconnaître la mentalité de Guillaume II, depuis *la Marne*. En 1914, l'Empereur, après de longues hésitations, avait fini par se jeter dans cette guerre qu'on lui présentait comme nécessaire à la grandeur de l'Allemagne. Il y était entré avec une foi aveugle dans ceux qui l'avaient préparée; et bien décidé, alors, à écarter tout scrupule et à faire sien le fameux précepte de Machiavel : « Que le Prince ne se soucie que de vaincre et de maintenir sa domination, les moyens seront toujours tenus pour honorables et loués de chacun! »

Mais, à compter du funeste tournant de *la Marne*, l'Empereur prend peur; il fuit systématiquement toutes les responsabilités : au chancelier le soin des affaires de l'Empire, au chef du Grand Etat-Major celui de la conduite des opérations.

Quant à lui, tout en conservant le titre de *Seigneur de la Guerre*, il s'efforcera de se faire ce personnage humble, douloureux, mystique aussi, qui souffre, avec son peuple, des calamités de cette effroyable guerre. « Je n'ai pas voulu cela! » répétera-t-il à satiété.

Karl Rosner, ce correspondant de guerre, qui vécut de longs mois près du Quartier Général Impérial, nous montre cette physionomie de l'Empereur dans un livre attachant qu'il intitule : *Der König, le Roi.*

L'Empereur d'Allemagne en tenue de campagne (1915). Après la Marne,
l'Empereur d'Allemagne fuit systématiquement les responsabilités.

Nous comprendrons donc que cette abstention dans la conception du plan de campagne que l'Empereur s'impose, il saura l'imposer aux princes de sa Maison, même quand l'un d'eux, comme le Kronprinz, détient, en apparence, un commandement important.

Au demeurant, l'Empereur pouvait-il se faire des illusions sur les capacités militaires et la sûreté de jugement du Kronprinz?

Ce Prince n'était nullement préparé à exercer de manière effective un commandement important, surtout dans une guerre scientifique comme cette guerre de machines et de transports rapides; mais, dans l'armée allemande, on était habitué à voir l'Etat-Major assumer les responsabilités du commandement et l'Etat-Major du Prince Héritier avait été trié sur le volet.

L'avant-guerre nous avait montré le Kronprinz avec les séductions et les emportements de la jeunesse. Sous son coquet uniforme des *Hussards de la Mort*, qui découpait avec élégance sa fine silhouette, il faisait vraiment figure d'un séduisant cavalier : joyeux, cordial, enthousiaste, audacieux, 'l était d'une fougue aveugle : tête basse il fonçait sur l'obstacle! Exempt alors de toute responsabilité directe, il ignorait, — ou feignait d'ignorer, — les responsabilités morales du Prince Héritier. Sans qu'il s'arrêtât jamais aux difficultés de leur conduite et aux risques qu'elles comportaient, les entreprises les plus audacieuses le grisaient, comme le grisaient les grandes chevauchées à la tête de son régiment des hussards de Dantzig. En butte, d'autre part, aux adulations et aussi aux excitations de tous ceux qu'aveuglait l'idée de la *plus grande Allemagne*, le Kronprinz devait bientôt devenir le champion de ceux-ci. C'est ainsi qu'on le vit se mettre avec tapage à la tête des pangermanistes partisans du recours aux armes et, alors que l'Empereur hésitait encore et se cramponnait aux bords de l'abîme où l'emportait le destin, multiplier ses entreprises pour l'y précipiter (1).

---

(1) Sa dépêche lors des incidents de Saverne; ses adieux claironnants à ses hussards de Dantzig; son intervention provocante au Reichstag, au sujet de la politique marocaine; son approbation chaleureuse du livre de Frobenius son livre : « les Allemands en armes » (*die Deutschen in Waffen*), où il exalte l'esprit agressif (*Attackengeist*), etc...

Jusqu'ici, le Prince Héritier n'avait guère fait preuve que d'un manque de jugement (1) et d'une fougue aveugle dont l'Allemagne et la Maison impériale semblaient devoir être les victimes. Il est donc évident que rien ne militait pour que la direction des opérations projetées lui fût confiée, sauf un intérêt dynastique. Mais, maintenant que les événements ont balayé les illusions, que les pires catastrophes menacent sa Maison et son Pays, Guillaume II éclairé — de reste! — sur le manque d'équilibre de son fils, se garderait bien de subordonner le succès d'une entreprise décisive, à la désignation du Prince Héritier pour la conduite de l'opération.

Que le Haut Commandement sauve l'Empire! A la veille de Verdun, un Hohenzollern ne peut avoir d'autre ambition. Le Kronprinz aura la direction *nominale* de la bataille, uniquement parce que son commandement s'exerce déjà, là où l'on croit devoir frapper, c'est-à-dire, à *Verdun*. Certes, *Falkenhayn*, qui était, nous dit-on, très courtisan et qui, de plus, avait été l'éducateur militaire du Prince, peut se réjouir de cette coïncidence. L'insuffisance militaire de son élève ne lui fait pas peur, car il met toute sa confiance dans l'Etat-Major dont il l'a entouré. Le chef de cet Etat-Major, le général *Schmidt von Knobelsdorff* (2), est un homme aussi énergique que cultivé; il sera l'animateur de la bataille, et Falkenhayn, passant par-dessus la tête du Kronprinz, traitera directement avec lui. Enfin n'a-t-on pas détaché près du Prince Héritier, comme conseiller de son Etat-Major, l'illustre octogénaire dont les avis font toujours autorité dans le monde militaire, l'inflexible feld-marschall Comte *Von Hæseler*. Le maréchal a commandé le XIVe corps d'armée, à Metz, pendant treize années, de 1890 à 1903; nul détail de la Woëvre ou de la forteresse de Verdun ne lui échappe : cent fois, avec son Etat-Major, il a étudié l'enlèvement de Verdun par une attaque brusquée lancée par surprise.

____

(1) Rien ne saurait nous déconcerter comme l'inconscience dont souffre le Kronprinz. Dans ses « Mémoires » écrits de 1919 à 1921, au cours de son internement dans l'îlot de Wieringen, alors que son pays, plongé dans l'anarchie, traverse toutes les déchéances et que la malheureuse Europe, au milieu de ses ruines, pleure sa jeunesse fauchée par une épouvantable guerre, qu'il a si puissamment contribué à déchaîner, il tient à nous faire connaître que la gaieté ne l'a jamais abandonné! qu'elle reste le plus précieux de ses biens! Pour le démontrer, il nous rappellera, par exemple, ses éclats de rire de la veille, chez le forgeron du village.

(2) Schmidt v. Knobelsdorff fut le professeur de tactique générale du Kronprinz lorsque ce dernier fut détaché au Grand Etat-Major, en 1913.

(Musée de Vincennes.)

Le Kronprinz d'Allemagne a la conduite « nominale » des opérations devant Verdun.

× ×

D'autres, enfin, y voyaient surtout une question de facilité d'approvisionnement et d'intérêt stratégique. Verdun était proche de la frontière allemande et des ressources de Metz : la bataille pouvait y être facilement alimentée. Il était aussi du plus haut intérêt pour les Allemands de s'emparer du saillant de Verdun; celui-ci, situé à une vingtaine de kilomètres de la grande voie ferrée *Strasbourg - Metz - Mézières - Lille,* rocade qui desservait tout le front de France des Allemands, constituait une menace permanente pour leurs communications.

× ×

Toutes ces raisons, on le comprend, ne pouvaient être que d'un intérêt secondaire aux yeux d'un commandement préoccupé, avant tout, de *mettre fin à la guerre.*

(Photo du Musée de Vincennes.)

Falkenhayn, le Généralissime allemand (fin septembre 1914 à fin août 1916).

Falkenhayn, le généralissime allemand (1), le successeur de
de Moltke junior disgracié après *la Marne*, est bien seul responsable du choix de *Verdun*. Dans ses mémoires (2), il nous
explique les considérations qui l'y ont amené.

Depuis la chute rapide de *Liége*, de *Namur*, d'*Anvers*, de
Maubeuge et des places fortes du front oriental, l'on comprend
qu'une place *investie*, c'est-à-dire livrée à ses propres ressources, est destinée à tomber au bout de quelques jours. Elle ne
saurait, en effet, longtemps faire face aux énormes consom-

---

(1) Bien que l'Empereur eût le titre de « Seigneur de la guerre », le chef
du Grand État-Major était, en fait, le généralissime.
(2) Erich von Falkenhayn : « Le Commandement suprême des armées allemandes en 1915-1916 » (Lavauzelle, Paris).

mations en personnel, munitions et matériel d'une bataille moderne. Aussi, enlever rapidement une forteresse *investie* n'est plus, désormais, un acte de guerre de nature à démoraliser ou même à intimider l'adversaire.

Mais *Verdun* n'est pas *investie*, elle tire toujours ses ressources de l'intérieur de la France, et cette forteresse, qui passe pour extrêmement puissante, renforce de toutes ses ressources la partie du front français dans laquelle elle est enchâssée, notamment de ses organisations à l'épreuve des coups de la grosse artillerie. Le saillant de Verdun paraît être le *pilier le plus solide* du front occidental; aux yeux du Monde, il passe même pour *invulnérable*.

Si, en quelques jours d'une *attaque brusquée* lancée par surprise, les Allemands peuvent s'en emparer, ils auront porté un coup très grave au prestige des armes françaises sur lesquelles reposent, maintenant, toutes les espérances des Alliés; dès lors, la supériorité incontestable de leurs armes leur permettra de proposer la paix.

Mais, si *l'attaque brusquée* venait à échouer, les Allemands pourraient encore la transformer en une *bataille d'usure* où l'infanterie française trouverait son tombeau. En effet, nos *divisions, successivement attirées sur ce front de Verdun par la nécessité de défendre la forteresse dont la possession importe essentiellement au prestige de nos armes, y verraient leur infanterie broyée sous les coups écrasants d'une masse énorme d'artillerie lourde que notre artillerie serait impuissante à combattre, parce que* LES COMMUNICATIONS INDISPENSABLES AUX APPORTS DU MATÉRIEL ET DES MUNITIONS NÉCESSAIRES A UNE GRANDE BATAILLE FONT PRESQUE ENTIÈREMENT DÉFAUT DU CÔTÉ FRANÇAIS, ALORS QU'ELLES SONT SURABONDANTES DU CÔTÉ ALLEMAND.

Depuis que la voie de Verdun à Commercy a été coupée, à *Saint-Mihiel*, une seule voie normale, en effet, relie Verdun à l'intérieur, celle de *Châlons* par *Sainte-Menehould*. Or, celle-ci est déjà sous le canon de l'adversaire, et l'artilleur allemand se fait fort de la couper aux premières heures de la lutte.

Ce n'est pas avec la route et le petit chemin de fer économique qui relient Verdun à Bar-le-Duc que les Français pourront faire face aux besoins d'une formidable bataille (voir carte III).

Donc, suivant l'expression imagée — et très juste — de Ludendorff, une bataille d'usure livrée sur le front de Verdun jouerait bien le rôle D'UNE ÉNORME VENTOUSE CRÉANT L'ABCÈS DÉVORATEUR dans la chair de l'infanterie française.

Enfin, si la fortune des armes lui était contraire, si après avoir vu échouer son *attaque brusquée* sur la forteresse, Falkenhayn devait voir encore, pendant qu'il livrait sa *bataille d'usure* sur le front de Verdun, Joffre crever le front allemand sur un point de la vaste poche que dessinait ce front dans la direction de Paris, rien n'était compromis. Engagées sur le front de Verdun, près de la frontière allemande et à proximité de sa grande rocade *Metz - Mézières*, ses forces pouvaient aisément se dégager, pour essayer de rétablir la situation.

× ×

A côté de ces raisons décisives, il y en avait d'autres, d'importance secondaire, qui faisaient encore du saillant de Verdun un champ de bataille éminemment favorable aux armes allemandes.

Comme tous les saillants, celui de Verdun se prête aux attaques concentriques; de plus, les forces françaises, luttant dans son angle nord-est, y seraient broyées par une artillerie déployée en équerre. — En hiver, la Meuse inonde largement les prairies voisines de ses rives; elle n'est plus franchissable que sur les ponts permanents et leurs digues. Or, ces ponts et ces digues sont, pour la plupart, sous le canon allemand; quelques ponts sont déjà endommagés. Les forces et le matériel français engagés sur la rive droite seraient donc difficilement alimentés; ils seraient fortement compromis en cas de retraite forcée! — Enfin, sur le front nord de la forteresse, du côté allemand, existe une région boisée et profondément découpée, coulisse excellente pour le secret de la préparation d'une attaque *brusquée* dont la réussite repose d'abord sur la *surprise*.

× ×

Quelle que soit leur autorité en matière militaire, les critiques se trompent lorsqu'ils font grief à *Falkenhayn* de n'avoir pas cherché tout d'abord à couper les dernières communications de Verdun, par une action engagée au nord-ouest de la Place forte. La lamentable destinée des forteresses des Alliés, au cours des dix-huit mois de guerre qui précédèrent la bataille de Verdun, est là pour leur prouver qu'ils sont mal inspirés dans leur prétention, quand ils veulent indiquer au Haut Commandement allemand que la chute d'une place privée de ses communications avec l'intérieur est chose inévitable. Ils nous dévoilent, en même temps, que l'idée maîtresse qui a inspiré les actes de Falkenhayn leur a échappé.

Au début de 1916, l'Allemagne ne demandait pas à son généralissime de se livrer au jeu relativement facile de faire tomber une place forte *investie*, — ce qui n'eut guère ajouté au prestige des armées de l'Empire, et diminué la confiance des Alliés; — elle lui demandait, de manière pressante, de permettre à ses dirigeants d'ouvrir, au plus tôt, des négociations *en vue de la paix.*

Pour remplir sa mission, *Falkenhayn* entrevoit deux moyens possibles : ruiner l'armée française *dans son prestige*, ou bien la ruiner, effectivement, *dans sa vie*. Il adopte le premier, de réalisation plus rapide, quitte à essayer du second, en cas d'échec; et cela, *sur le même champ d'action* : la région de Verdun qui s'y prêtait de manière remarquable.

Le généralissime allemand essaiera de détruire *le prestige* de l'armée française par un coup de massue porté avec la rapidité de l'éclair; ce sera *l'attaque brusquée* visant l'enlèvement de Verdun en un tour de main. S'il réussit, l'Allemagne pourra alors, chevaleresque, dire aux Alliés : « Nous avons battu les Russes à plate couture, écrasé la Serbie et nous venons de vous démontrer que cette fameuse armée française, sur qui reposaient vos espérances, était incapable de nous résister, *là où elle était le plus solidement appuyée*. Qu'espérez-vous encore? Sans haine, au nom de l'humanité, nous vous tendons la main, faisons la paix, le sang des peuples a assez coulé! »

Si l'attaque brusquée échouait, *Falkenhayn* essaierait alors d'atteindre l'armée française non plus dans son prestige mais dans sa vie, en lui livrant, sur le front de Verdun, une *bataille décisive* qui produirait sa ruine. On le sait, une telle bataille comprend deux phases : tout d'abord une *phase d'usure* en-

traînant l'absorption des réserves et la ruine du moral de
l'adversaire; puis une *phase d'exploitation* produisant la capitulation ou la désagrégation absolue des forces adverses.

Au cours de la *phase d'usure*, Verdun représentera, pour le
Haut Commandement allemand, moins un but à atteindre
qu'un *pôle attractif* qui amènera l'armée française à s'engager
à fond sous le formidable marteau-pilon des canons allemands.

Quant à la deuxième phase de la bataille, l'exploitation de
l'usure, *Falkenhayn* et *Ludendorff*, — dont les mémoires ca-
mouflent déjà avec tant de soin la véritable ambition allemande
en 1916, — se garderont bien de nous dire comment ils entendaient la conduire pour cueillir au mieux les fruits de l'usure!
Mais il suffit de jeter les yeux sur une carte de la guerre pour
comprendre que la *hernie de Saint-Mihiel* permettait, le moment venu, et dès que le printemps aurait rendu plus solide
le sol de *la Woëvre*, d'y produire, en direction de *Bar-le-Duc*,
une pression particulièrement dangereuse pour les forces françaises engagées dans une grande bataille sur le front nord
de Verdun, pression de nature tout au moins à aspirer nos
dernières disponibilités. Dès lors, une attaque sur le flanc Est
de l'Argonne, en direction nord-sud, pouvait amener *l'Evéne-
ment* dont parle Napoléon, le coup de tonnerre produisant l'irréparable désastre! (voir carte III) (1).

Mais, pour cela, les Allemands devaient se hâter et agir en
grands joueurs! Il leur fallait savoir produire cette décision.
au plus vite, alors qu'ils avaient les mains libres du côté de
l'Orient, avant que les Russes aient pu se remettre de leurs
défaites, c'est-à-dire vraisemblablement, avant l'été de 1916.

---

(1) Le livre du général von KÜHL : « L'origine, l'exécution et l'écroulement
de l'offensive de 1918 » (*die Enstehung, Durchführung, und Zusammenbrüch
der Offensive von* 1918), nous montre qu'au début de 1918, le chef d'état-major
du Kronprinz, le général comte de *Schülenbürg*, considérait encore une telle
entreprise comme devant produire, sur le front occidental, les plus grands
résultats matériels et moraux. Mais, cette fois, les Allemands auraient, au début, négligé la forteresse, pour l'investir par deux attaques déclenchées, l'une
par la hernie de *Saint-Mihiel*, l'autre par l'est de l'Argonne. Il ne faut pas
oublier que la situation de l'Allemagne, en 1918, était toute différente de celle
de 1916. Après la défaite russe, l'Allemagne *disposait contre nous de toutes
ses forces*. Elle pouvait alors envisager une attaque centrale en direction de
Bar-le-Duc, qui eût disloqué notre front entre la rive gauche de la Meuse et
l'Argonne et lui eût permis de poursuivre, en somme, l'exécution du plan
conçu par de Moltke, le 4 septembre 1914, à la veille de la bataille de la
Marne. Vu la situation réciproque des deux camps. la conception allemande
de 1918 ne pouvait avoir rien de commun avec celle de 1916. (Voir l'appendice : « La bataille de la Marne en 1914 ».)

× ×

Le choix de la région de Verdun comme point d'application de l'effort allemand en 1916, était parfaitement justifié. Mais, où le généralissime allemand va se montrer nettement inférieur à sa mission, c'est dans l'insuffisance des moyens initiaux, en infanterie, qu'il réunira pour livrer cette bataille qu'il veut *décisive*.

Comme son prédécesseur *de Moltke junior*, *Falkenhayn* est un timide; il n'a pas ce goût du risque indispensable au chef qui, dans ses inspirations éclairées, doit être un grand audacieux, s'il veut voir celles-ci se réaliser. Il ne sait pas forcer la main à ses commandants de groupe d'armées qui, tous, lui montrent la nécessité de maintenir les forces dont ils disposent sur leurs fronts respectifs. Sous prétexte de *difficultés de transport*, il renonce aussi à utiliser, sur le front d'Occident, l'infanterie que, généreusement, la Turquie met à son entière disposition (1).

En fin de compte, si, pour entreprendre l'attaque, il réunit un matériel d'artillerie d'une puissance formidable, il ne renforcera les divisions d'infanterie de la Ve armée, déjà en place sur le front nord de la forteresse, que de neuf divisions, particulièrement entraînées, il est vrai.

C'est ainsi qu'il va entreprendre *sur un front trop étroit* cette bataille qui, dans la suite, dévorera tant de divisions allemandes! Après avoir manqué son attaque *brusquée*, il manquera sa bataille d'*usure*. La blessure qu'il va nous faire sera extrêmement grave, très profonde, mais non mortelle, parce que *trop lente*.

Il donnera aux Alliés le temps de lui imposer, à leur tour, *leur volonté*, sur le front oriental et *sur la Somme*.

Sa disgrâce sera justifiée.

× ×

Dans la base du rapport de *Falkenhayn* à l'Empereur (Noël 1915), nous lisons :

La zone dans laquelle se développe l'opération étant nette-

---

(1) Brave, l'infanterie turque aurait pu tenir certains secteurs du front de France. Elle aurait ainsi rendu disponibles des forces allemandes, pour l'offensive de Verdun.

ment limitée, l'Allemagne ne sera pas forcée d'employer des effectifs tels que tous les autres fronts seraient dégarnis de manière inquiétante. (« Le Commandement suprême ».)

Ainsi, à la veille d'une entreprise qui devait produire la démoralisation des Alliés, et qui, par suite, devait être de caractère foudroyant, le généralissime allemand se montre dominé bien moins par la volonté de réussir à tout prix que par celle de rester en mesure de parer aux diverses éventualités. En somme, il entend vaincre sans risques, en restant fort partout; excellente manière de ne l'être nulle part! Il serait intéressant de connaître les appréciations d'un généralissime de ce tempérament sur certaines manœuvres de Napoléon, sur celle de *Marengo*, par exemple.

En 1800, délibérément, le Premier Consul met entre lui et le territoire national l'énorme barrière des Alpes que son armée franchit, au prix de mille peines, à travers les neiges du *Grand Saint-Bernard*, pour venir dans les plaines du Piémont offrir la bataille à FRONT RENVERSÉ (!) aux Autrichiens du baron Mélas.

Battu, — et il s'en fallut de peu! — c'était vraisemblablement la ruine de sa fortune, comme celle de son armée. Mais Bonaparte avait foi dans son étoile et dans son génie.

Par cet exemple typique, le Maître de la guerre, nous montre qu'il entend que le meilleur moyen d'assurer l'avenir n'est pas dans les demi-mesures; qu'il faut au contraire savoir, le moment venu, réaliser le plus clair de son avoir pour le jouer sans arrière-pensée, avec une suprême audace; ce qui ne signifie pas qu'il faille le jouer en aveugle, mais bien en psychologue, de manière à en imposer, de suite, à son adversaire et à paralyser sa volonté par *une surprise* qu'exploitera une force matérielle AUSSI PUISSANTE QUE POSSIBLE. Le génie de la guerre, Napoléon nous le dit, est fils d'une déesse et d'un mortel. d'essence divine et humaine, et il se traduit par des combinaisons hardies, d'ordre *moral* et *matériel*.

De même que *de Moltke junior*, *Falkenhayn* était vraisemblablement un lauréat d'école, un esprit distingué, ayant l'étoffe de l'excellent chef d'Etat-Major, ainsi du moins que dans l'armée française nous comprenons celui-ci, c'est-à-dire un homme de caractère souple, d'intelligence vive, de mémoire exceptionnelle, de force de travail inépuisable : un auxiliaire précieux et nécessaire pour enregistrer et traduire en ordres la pensée du chef — comme le fut, par exemple, *Berthier* pour Napoléon. — Mais, le malheur de l'Allemagne — et l'Allemagne nous permettra de nous en féliciter! — a été de confier sa destinée successivement à deux militaires, *de Moltke* et *Falkenhayn*, que l'histoire montrera notoirement privés de ces dons indispensables au chef, à un généralissime surtout : un amour passionné des responsabilités au service d'une intuition aiguë, d'une volonté indomptable, toujours agissante, et d'une audace de grand joueur *averti*.

LA BATAILLE

Elle se divise en trois grandes phases :

Ire PHASE. — *L'attaque brusquée.*

Les Allemands cherchent à enlever la forteresse en quelques jours et d'une seule haleine, au moyen d'une attaque
lancée *par surprise*, sur le front nord, par les *Hauts de Meuse*
de la *rive droite*.

Après onze jours d'une étreinte furieuse, du 21 février au
4 mars 1916, l'attaque échoue; elle s'éteint sur la ligne II
(carte I).

IIe PHASE. — *La bataille d'usure.*

Les Allemands attaquent sur les deux rives de la Meuse et
transforment leur attaque brusquée en une grande *bataille
d'usure*, au cours de laquelle leurs progrès vers le Corps de
Place ne dépassent pas la ligne III (carte I).

Elle dure six mois, du 5 mars au 2 septembre 1916.

IIIe PHASE. — *La contre-offensive française.*

Les Français prennent l'initiative des opérations et battent les
Allemands au cours des deux journées du 24 octobre et du
15 décembre 1916 (carte II).

Ils complètent les résultats de ces journées en 1917 (carte I).

Iʳᵉ PHASE
L'Attaque brusquée.

---

a). — Les préparatifs de l'attaque.

b). — Le signal du jour J. - Le soldat allemand.

c). — La préparation d'artillerie.

d). — L'attaque.

Les journées des 21, 22, 23 février.
La journée du 24.
La journée du 25.
La nuit du 25 au 26.

e). — Avortement de l'attaque.

(Photo du Musée de Vincennes.)

Médaille allemande 1916.

Mon Dieu, n'abandonne pas les Allemands !   Avec chaque épi fleurit l'Espérance.

Ire PHASE

L'attaque brusquée.

(Voir les cartes I et II.)

---

a) Les préparatifs de l'attaque.

Dans les derniers jours de décembre 1915, le courant de janvier et les premières semaines de février 1916, le Haut Commandement allemand fait assurer les préparatifs de l'attaque avec une activité fébrile et dans le plus grand secret, à la faveur de la nuit et des couverts du sol (1). Ses précautions pour assurer le secret vont jusqu'à ne communiquer à l'Empereur le plan d'opérations pour 1916, que le plus tard possible, à la Noël. Il redoutait, en effet, les indiscrétions de l'entourage du Kaiser.

En même temps, afin de détourner notre attention et nos disponibilités du front de Verdun, il fait courir de faux bruits sur ses projets et multiplier les démonstrations offensives sur l'ensemble du front, sur des points excentriques en particulier, à Belfort notamment.

Longtemps avant qu'on eût communiqué aux services intéressés la décision concernant l'attaque dans la région de la Meuse, avec direction Verdun, on avait prescrit dans la Haute-Alsace, au détachement d'armée Gaede, d'exécuter des travaux préparatoires d'attaque importants, en vue d'induire en erreur non seulement les ennemis, mais aussi les amis. Des ordres semblables furent donnés, mais dans une mesure plus restreinte, aux IVe, V^e, VIe et IIIe armées. Les travaux furent continués, même lorsque les préparatifs pour l'opération projetée dans la région de la Meuse, après les fêtes de Noël 1915, commencèrent sérieusement. De cette façon, on réussit, en réalité, à laisser l'ennemi longtemps dans l'incertitude sur le choix du secteur d'attaque. Les premiers renseignements certains sur

---

(1) Tous les travaux d'approche furent interdits, si bien que, sur certains points, les lignes allemandes se trouveront encore à 1.000-1.200 mètres de nos premiers retranchements, le 21 février 1916.

ce projet semblent n'être parvenus à la connaissance de l'en-
nemi que dans les premiers jours de janvier ou même seule-
ment en février, grâce à une indiscrétion commise dans la so-
ciété berlinoise, et par un déserteur.

Un peu avant les fêtes de Noël 1915, l'Etat-Major du groupe
d'armées Kronprinz Wilhelm, dont le chef d'Etat-Major était
le général Schmidt von Knobelsdorf, reçut enfin, mais seule-
ment verbalement, pour que le secret fût gardé, l'ordre d'atta-
quer les positions françaises au Nord de Verdun, à l'est de la
Meuse.

(Erich von FALKENHAYN : « Le Commandement Suprême ».)

Pourtant, au Grand Quartier Général français, dès la fin de décembre et dans le courant de janvier, arrivent des renseignements qui dessinent les véritables intentions allemandes. Toutefois, le général Joffre n'entend pas aliéner *sa liberté d'action* en dépensant prématurément ses réserves sur de simples renseignements. Il se contente d'étoffer légèrement en infanterie et en artillerie le front nord de Verdun; mais il prend ses mesures pour assurer, dans la zone de Bar-le-Duc, à une cinquantaine de kilomètres, c'est-à-dire à deux étapes du front nord de la forteresse, la réunion de deux Corps d'armée, les XXe et 1er corps.

b) **Le signal de l'attaque.**

Le soldat allemand.

Les préparatifs terminés, le jour J, c'est-à-dire le premier jour de la bataille, a été fixé au 12 février. Mais, la pluie et le brouillard n'ayant cessé de régner sur *les Hauts de Meuse,* au dimanche 20 février, l'attaque n'a pu encore être déclenchée.

Ce jour-là, le baromètre monte; dans l'après-midi le ciel se dégage, le froid s'établit.

J est fixé au lendemain.

Dans la nuit du 20 au 21, le front nord de la forteresse est relativement calme. L'on reposait dans Verdun, quand, au pied du chœur de la cathédrale, vient éclater avec fracas un énorme obus de 380 de marine.

Le Kronprinz annonce à ses troupes et au Monde le premier jour de la bataille!

× ×

Il est 4 heures du matin.

« C'était le signal « *de réjouissance* », ouvrant les grands combats... » écrit quelques jours plus tard un correspondant de guerre auprès du Quartier Général du Kronprinz (1), à son journal *La Gazette de Francfort*.

L'on se demande si ce correspondant de guerre entend être courtisan ou cruel à l'égard du Prince Héritier dont les définitions de la guerre restent justement célèbres : *la guerre fraîche et joyeuse! — La guerre, moment de félicité suprême pour le soldat!* (2). Plus vraisemblablement, veut-il, par de claironnantes et confiantes paroles, réveiller dans l'Empire un esprit guerrier endormi et y raffermir un moral chancelant.

Mais que pouvait bien penser de cette promesse de *réjouissance*, le 21 février 1916, *Michel* devenu *Fritz*, soldat allemand? S'il en était besoin, les récits et les mémoires de combattants allemands publiés depuis la guerre, les dépositions et les confidences des prisonniers faits à Verdun, au cours des combats, nous éclaireraient sur sa psychologie à la veille de la bataille.

---

(1) Le Q. G. du Kronprinz était installé à Jametz.

L'Empereur, qui se préparait à une entrée théâtrale dans Verdun, avait installé le sien non loin de celui du Prince Héritier.

L'attaque brusquée fut dirigée directement par l'Etat-Major du Kronprinz, bien que le Kronprinz exerçât le commandement du groupe d'armées. Après l'échec de l'attaque brusquée, *von Mudra* commandera sur la rive droite, *von Galwitz*, sur la rive gauche, tous deux relevant du groupe d'armées Kronprinz. En avril, *von Mudra* sera remplacé par *von Lochow*; en juillet, *von Galwitz* le sera par *von François*.

Il peut paraître surprenant que *von Mudra* qui, avant l'attaque, commandait sur la rive gauche, ait été appelé à commander sur la rive droite. Mais, si l'on se souvient que *von Mudra* avait été gouverneur de *Metz*, immédiatement avant la guerre, on comprendra, de reste, que sa connaissance parfaite de la plaine de *Woëvre* et de la forteresse de Verdun ait pu le faire désigner pour commander là où devait se développer *l'attaque principale, c'est-à-dire* sur la rive droite.

(2) Lorsque le Roi appellera et que le signal « Marche! Marche! » retentira, pensez à celui dont le désir le plus ardent a toujours été de pouvoir vivre avec vous *ce moment de suprême félicité pour le soldat!* (Adieux du Kronprinz à ses hussards de Dantzig).

Depuis longtemps, *Fritz* a perdu l'illusion naïve d'une *guerre fraîche et joyeuse!* Au contact des dures réalités de l'impitoyable lutte, les brûlants enthousiasmes des premiers jours se sont évanouis; l'ivresse qui l'emportait, irrésistible, vers la *terre promise,* — dans sa ruée *nach Paris!* — a fait place, chez lui, à la volonté *d'en finir,* de mettre, au plus tôt, un terme à ses souffrances.

En dépit de promesses d'un triomphe définitif, toujours renouvelées, un sentiment nouveau, confus encore : le doute, s'est glissé dans son âme. A mesure, en effet, que passent les jours, la bravoure, l'inébranlable esprit de sacrifice, et aussi la puissance croissante de son adversaire lui éclairent mieux l'avenir. De plus, maintenant, un lourd malaise le tourmente, de mauvais souvenirs l'assiègent, les abominables scènes du Passé reviennent à son esprit! Jadis, ses chefs, qui les avaient ordonnées, apaisaient sa conscience en les lui montrant inséparables de la guerre et nécessaires aussi au prestige du vainqueur; mais, aujourd'hui, sans doute pour prévenir chez lui une défaillance possible, ils se font un devoir d'en évoquer pour lui le spectre menaçant et odieux.

Les ruines, les hontes et les douleurs qui s'étaient abattues sur le pays de l'adversaire pourraient-elles bientôt s'abattre sur le sien? Comme en France et en Belgique, le fléau de la guerre viendrait-il en Allemagne ruiner le pays, détruire ses mines, ses usines, ses fermes, ses villages et ses cités, anéantir aussi ses musées, ses bibliothèques, ses monuments et ses vieilles cathédrales : tous les souvenirs et tous les trésors de la Patrie, expressions de la grandeur et du génie de la race, pieusement amassés ou édifiés et conservés au cours des siècles? A son tour, *le peuple élu* allait-il connaître les exodes douloureux, voir les enfants, les femmes, les vieillards allemands éperdus, fuir l'invasion et leurs foyers en flammes? Allait-il subir aussi les déportations en masses de paisibles populations condamnées à la honte de besognes sacrilèges, à consommer de leurs mains la ruine de la Patrie?

Enfin, les massacres d'otages innocents allaient-ils ensanglanter l'Allemagne?

Dieu ne pouvait le permettre!

Pour grandir son courage, ses chefs lui répètent que Verdun est le *cœur de la France* et que, ce cœur brisé, *la paix sera signée*. Mais, le sentiment qu'il combat, aujourd'hui, bien moins *pour la plus grande Allemagne* que pour sauver son foyer et son pays suffit à tremper sa volonté de manière impérieuse et emplit son âme d'une résolution farouche. Quand sonnera l'heure de l'attaque, l'on verra ce vigoureux soldat s'élancer avec fougue sur le chemin de Verdun!

Mais, pendant qu'il attend *l'heure H* (1), l'angoisse le tourmente. Alors qu'il grelotte dans le froid de la nuit, sous sa capote lourde de la terre lorraine, son cœur bat à se rompre! Anxieusement, il consulte son amulette, l'une de celles qui ne quittent guère le soldat : un scapulaire que la mère arrosa de ses larmes; une médaille bénite; un portrait de l'être chéri; une lettre pleine de prières, de tendresse ou d'amour...; un petit morceau de métal, qui troua sa capote alors que tombaient ses camarades autour de lui...

× ×

En réalité, ce signal de *réjouissance* lui annonce le prélude de la plus sombre tragédie des Siècles, celui d'une lutte de Titans, de cette formidable bataille que le soldat allemand appellera, bientôt, *le charnier de l'Allemagne!*

Pour les Allemands, comme pour les Français, c'est *l'Enfer de Verdun* qui s'ouvre! Par centaines de mille, les meilleurs enfants de France et d'Allemagne vont y trouver leur tombeau; d'autres encore, par centaines de mille aussi y seront mutilés; les plus heureux, enfin, n'en sortiront qu'avec des visions d'horreur et d'épouvante.

c) La préparation d'artillerie (2).

A 7 h. 15, à l'aube, dans un bruit de tonnerre, le volcan s'allume. Une masse formidable de minenwerfers et de canons, où dominent les gros calibres, ouvrent simultanément

---

(1) Il l'a attendue, dans la boue des emplacements de départ, à partir du 12 février (voir : « Verdun », par le Kronprinz Guillaume) (*L'Illustration*, décembre 1928).

(2) Voir « Le combat », général PASSAGA. — (LAVAUZELLE, Paris.)

le feu et crachent leurs projectiles sur nos organisations, nos forts, nos ouvrages et les communications du front nord de la Place.

Le ciel se couvre d'avions allemands qui forcent les nôtres à rentrer dans nos lignes.

Dans l'après-midi, à 15 heures, la cadence du feu s'accentue encore. Elle devient furieuse à partir de 16 heures.

L'ébranlement produit par ce *trommelfeuer* est tel qu'il se propage à plus de 150 kilomètres au sud de Verdun. Dans les Vosges, près du *lac Noir*, où se trouve alors mon poste de commandement, je perçois nettement par le sol de mon abri un roulement de tambour incessant, ponctué de rapides coups de grosse caisse.

Ceux qui n'ont pas vécu dans ces déchaînements de fer et de feu peuvent se demander ce qu'ils pouvaient être et ce que devenait *l'homme, le défenseur des retranchements*, dans un pareil milieu.

× ×

Ce qu'étaient ces déchaînements? — *L'enfer!*

C'étaient des ébranlements formidables, des explosions déchirantes, des gerbes de flammes, des tourbillons de fumée, une pluie de terre, de pierres, de fer! Le souffle des explosions bousculait les choses et les hommes. Il y avait des armes, des munitions détruites, dispersées, enfouies; des tranchées dérasées, comblées; des abris écrasés, des hommes enterrés vivants; des blessés, des morts!.....

Ce que devenait le défenseur? — *Une loque!*

A travers les ronflements des obus, les miaulements et les sifflements de leurs éclats, le fracas des explosions, la Mort le menaçait, le fascinait.

L'homme allait se blottir dans un abri, s'il le pouvait, ou bien au profond de la tranchée, ou encore derrière le moindre couvert qui lui paraissait protecteur. Il s'y faisait petit, petit, se tassait, se recroquevillait au possible. Hébété, tête vide, l'œil fixe, hagard, la pupille dilatée, les vaisseaux sanguins contractés à l'extrême, il avait les nerfs brisés. Et l'œuvre infernale se poursuivait, les projectiles tombaient! tombaient!... Le défenseur du retranchement n'existait plus, parce que, momentanément du moins, *sa volonté était abolie* : il était littéralement réduit à l'état de *loque humaine!*

Mais, si elle voulait que son infanterie puisse envahir le retranchement, l'artillerie de l'attaque était évidemment obligée d'allonger légèrement son tir, c'est-à-dire de transporter un peu au delà de ce retranchement les obus qui le broyaient.

Dès lors, autour du défenseur, la terre tremblait moins; les sifflements, les éclatements s'atténuaient; l'infernal cyclone semblait bien sévir plus loin... Sans aucun doute, la mort s'éloignait! Maintenant, *progressivement*, le défenseur se reprenait. L'angoisse qui l'oppressait *progressivement* diminuait, parce que petit à petit diminuait la contraction des vaisseaux sanguins. Son œil commençait de percevoir, et, avec la perception des choses extérieures, le défenseur reprenait *progressivement* celle du devoir : il cherchait son arme, ses munitions, reprenait son poste, et, bientôt enfin, retrouvait la *volonté de servir son arme.*

Si l'adversaire n'avait pas su aborder les retranchements avant cet instant, il était trop tard! L'arme du défenseur était prête désormais, à répandre, à son tour, l'épouvante et la mort!

Le temps qui s'écoulait entre le moment où l'artillerie ennemie allongeait son tir et celui où le défenseur retrouvait, enfin, la volonté de servir son arme, *nous représente toute l'économie du combat de l'époque.*

Ce temps, on le comprend, était de durée essentiellement variable : *plus ou moins long*, suivant que le bombardement était plus ou moins massif, plus ou moins précis. *Plus ou moins bref*, suivant que la troupe était plus ou moins brave, plus ou moins aguerrie, plus ou moins instruite, plus ou moins bien commandée et encadrée. Mais quelle que fût sa durée, il portait vraiment en lui le destin de l'attaque : celle-ci était invariablement couronnée de succès si l'infanterie assaillante savait le mettre à profit; dans le cas contraire, presque toujours, — à moins de possibilités de manœuvre — l'attaque se transformait en un échec sanglant.

Aujourd'hui, l'infanterie possède des armes terribles, armes automatiques sur appui, fusils mitrailleurs et surtout mitrailleuses qui la rendent inabordable, tant qu'elle conserve la volonté d'en faire usage.

Pour l'aborder, il n'est donc point d'autres moyens que d'abolir cette volonté, momentanément tout au moins — et de *savoir en profiter!*

d) **L'attaque.**

Les journées des 21, 22 et 23.

Le 21 février au soir, la neige commence à tomber par légers flocons, lorsque, à 16 h. 45, sur un front de dix kilomètres, entre la rive droite de la Meuse et la falaise orientale des *Hauts de Meuse*, l'infanterie de trois Corps d'Armée allemands (soit six divisions, dont une en soutien) aborde nos premières organisations. Cette partie du front était défendue par les deux divisions de notre XXX⁰ Corps d'Armée (général *Chrétien*), à droite la division *Boullangé* (51⁰), à gauche la division *Bapst* (72⁰) (1).

Quelques minutes auparavant, les batteries qui martelaient nos premiers retranchements avaient allongé leur tir pour en permettre l'accès à l'infanterie allemande. Presque partout, celle-ci pénètre dans nos tranchées de première ligne, dont les défenseurs n'ont pas eu le temps de recouvrer leur volonté. Il n'en est pas de même pour nos tranchées de soutien devant lesquelles l'ennemi est arrêté, sauf cependant au bois *d'Haumont* qui tombe, après avoir été encerclé.

Le bombardement général se poursuit, furieux, toute la nuit.

Le 22, à l'aube, la neige tombe épaisse quand l'attaque reprend. Comme la veille, c'est une légère progression des Allemands sur l'ensemble du front; cette fois, c'est le bois *la Ville* qui tombe.

Dès lors, très habilement, pendant qu'ils poursuivent leur pression sur l'ensemble du front, les Allemands exploitent ces deux brèches : *bois d'Haumont, bois la Ville*, pour s'infiltrer, déborder et prendre à revers les divers points d'appui de nos lignes, qui tombent après des résistances opiniâtres, dont les plus fréquemment citées sont celle du *bois des Caures*, que défendaient les chasseurs du lieutenant-colonel *Driant*, et celle du village *d'Haumont*, défendu par les fantassins du 362⁰ régiment, commandés par le lieutenant-colonel *Bonviolle*.

---

(1) Leur infanterie était distribuée en partie sur la *première position* dont le front, s'appuyant à la rive gauche de la Meuse, était jalonné par la hauteur à l'ouest du bois d'Haumont, le bois d'Haumont, le bois des Caures, le bois

Depuis 7 h. 30 du matin, le village d'*Haumont* est écrasé par l'artillerie. A 8 h. 30, après une première attaque infructueuse de l'infanterie allemande, le bombardement redouble de violence.

« Les ruines d'*Haumont* changeaient d'aspect à chaque instant; le village s'effondrait et s'enfonçait dans la terre. Le réduit bétonné s'est écroulé, lui aussi, ensevelissant 80 hommes, le dépôt de munitions et deux mitrailleuses.

» L'abri du colonel, moins résistant, était miraculeusement épargné.

» A 15 heures, les éléments des huit compagnies du 362e, terrés dans *Haumont*, ne présentaient pas un effectif de plus de 500 hommes. La plupart des officiers étaient tués ou blessés, comme les capitaines *Claisse* et *Lampe*, les sous-lieutenants *Groff* et *Vilain*, ou bien avaient disparu, ensevelis sans doute. De tous côtés, parmi le fracas des explosions, des cris déchirants, des plaintes sourdes et des râles sortaient des gravats. Terrassés par la fatigue, privés de sommeil et de nourriture depuis plus de quarante-huit heures, sachant qu'aucun secours ne pouvait leur parvenir, ne disposant, comme munitions, que des cartouches restées dans leurs cartouchières ou dans celles des morts, leurs fusils d'ailleurs tordus ou remplis de terre pour la plupart, les survivants étaient bien dans ce cataclysme, hors d'état de résister à une attaque sérieuse.

» Cette attaque se déclencha à 16 heures, de trois côtés.

---

la Ville, l'Herbebois (est du bois la Ville), le village d'Ornes. Cette position comprenait une première ligne, une ligne de soutien et une ligne de réduits, dont l'accès était défendu par des abatis et des fils de fer.

L'autre partie de l'infanterie stationnait, en réserve, sur la *deuxième position, avec l'ordre d'assurer par des contre-attaques l'intégrité de la première position.* (Voir le renvoi de la page 195.)

Le front de la *deuxième position* était jalonné par le village de Samogneux, la cote 344, le village de Beaumont, le bois des Caurières, le village de Bezonvaux. Comme la première, elle comportait trois lignes. Mais, faute de main-d'œuvre, son organisation n'était que rudimentaire, le 21 février.

En arrière, se trouvait la *position principale :* Bras - Froideterre, Thiaumont - village de Douaumont - fort de Douaumont - plateau d'Hardaumont. Dès le début de la guerre, cette position avait été très solidement organisée; depuis, les pluies avaient fait couler les terres des terrassements. *Cette position ne comptait pas de garnisons de sûreté; elle devait être occupée au moment du besoin.*

Enfin, entre la *deuxième position* et la *position principale*, on avait bien prévu une *position intermédiaire*, mais, la main-d'œuvre faisant défaut, son organisation n'était qu'esquissée. Aucun élément d'infanterie n'y était immobilisé.

» ...Des réseaux de fil de fer existent à l'ouest du village; l'attaque est enrayée de ce côté. Mais au nord et à l'est, où tout est détruit, l'ennemi s'infiltre dans les ruines. Tournés, désarmés pour la plupart, les nôtres se replient ou sont enlevés.

» Se glissant dans le presbytère, les Allemands ont atteint à revers le P. C. du lieutenant-colonel *Bonviolle*. Par les soupiraux, ils y projettent des flammes. Le lieutenant-colonel sort avec son état-major et, encore une fois, il passe indemne, avec sa capote brûlée et des balles dans ses vêtements, au travers des baïonnettes et du barrage des mitrailleuses. A 18 heures, il est à *Samogneux* avec 5 officiers et 12 soldats.

» Une cinquantaine d'hommes avaient pu se glisser vers le sud, par le ravin du *bois des Caures;* c'est tout ce qui restait du 362ᵉ régiment. »

Au *bois des Caures*, vers 16 heures, les deux bataillons de chasseurs du lieutenant-colonel *Driant* sont décimés, la ligne des réduits va tomber, et l'ennemi, débordant le bois, est sur le point d'encercler les derniers survivants.

« *Driant* sent bien que c'est la fin. L'ennemi est en nombre; il est mordant. Dans une demi-heure, la direction de *Beaumont* sera coupée, comme les autres, et les survivants des deux bataillons seront prisonniers. Le commandant *Renouard* et le capitaine *Vincent* (1) sont à ses côtés : « Je crois, leur dit-il, » qu'il serait plus sage de nous retirer sur une position plus » en arrière... » Plus sage, oui. La réalité est simple et tragique. On a le choix entre un repli qui conservera quelques combattants pour demain, ou la mort... Le capitaine *Hamel*, qui était près d'eux, remarqua l'émotion des trois héros : « C'est dur, disait le capitaine *Vincent*, je préférerais mourir... »

» L'ordre de repli est donné...

» Trois groupes s'organisent : une quinzaine de chasseurs du 56ᵉ bataillon, avec le capitaine *Vincent;* à peu près autant avec le commandant *Renouard;* la liaison et les télégraphistes avec le colonel. Le groupe *Vincent* part le premier, l'échine

---

(1) Le commandant *Renouard* commandait le 59ᵉ bataillon, le capitaine *Vincent* le 56ᵉ.

courbée, l'arme prête. Celui du colonel suit, quelques minutes plus tard. Le groupe *Renouard* part le dernier. Le commandant ferme la marche ayant près de lui le fourrier *Murat*. La pièce de 77 tire à toute vitesse, décimant les débris qui cheminent maintenant de trou d'obus en trou d'obus. Les jeunes gens du commandant *Renouard* seraient tentés de courir pour rejoindre leurs camarades : « En voilà, des chasseurs! » dit le commandant qui les réconforte par son calme. Et sous la mitraille, le mouvement de ce groupe qui doit couvrir les autres, se ralentit. Des hommes trébuchent, par exemple, qui ne se relèvent pas...

» Les groupes décimés se sont disloqués, mais les chasseurs sont « tirés » l'un après l'autre. Le capitaine *Vincent* est blessé. Le colonel *Driant* venait de faire un pansement provisoire dans un trou d'obus, au chasseur *Papin* atteint d'une balle, et il continuait seul son chemin. Une balle l'atteignit au front. Il tomba sans un cri. Quelques minutes après, le commandant *Renouard* tombait aussi, mortellement frappé.

» Descendirent seuls, ce soir-là, du *bois des Caures*, en petites fractions qui se rassemblèrent peu à peu à *Vacherauville* : du 56° bataillon, le capitaine *Vincent*, atteint de deux blessures, le capitaine *Hamel*, le capitaine *Berweiler*, le lieutenant *Raux* et le sous-lieutenant *Grasset*, avec une soixantaine de chasseurs; du 59° bataillon, le lieutenant *Simon*, les sous-lieutenants *Leroy* et *Malavault* avec 50 chasseurs. C'est tout ce qui restait des 1.200 combattants des deux bataillons de Driant (1). »

Les 22 et 23, les Allemands progressent à travers nos positions sur l'ensemble du front d'attaque; lentement, mais de manière sensiblement uniforme (2).

Le 23, le général commandant le front fortifié de Verdun fait appuyer le XXX° corps par des éléments d'une division d'Afrique, la 37°. Cette division sera engagée tout entière, le 24.

---

(1) Lieutenant-colonel Grasset : « Verdun. Le premier choc à la 72° division. »
(2) Le village de Brabant menacé d'encerclement fut évacué sur l'ordre du général commandant la 72° division.

La journée du 24 février.

A compter du 24, notre artillerie de la rive gauche, que maîtrise insuffisamment l'artillerie allemande, et qui prend d'enfilade ou d'écharpe la droite de l'attaque allemande, amène celle-ci à piétiner sur place, après la prise de *Samogneux*. pendant que le centre enlève *Beaumont*, le *bois des Fosses* et *les Chambrettes*, et que l'aile gauche fait des progrès extrêmement inquiétants dans la direction du fort de *Douaumont*. Dans l'après-midi, après avoir enlevé le *plateau des Caurières*, les Allemands franchissent le *ravin des Rousses*, accèdent près *de la cote 347*, et entrent dans le *bois la Vauche*.

Nos troupes qui tiennent le *village d'Ornes*, menacées d'encerclement, se replient sur *Bezonvaux* où elles ne se trouvent guère en meilleure posture.

Ainsi, à notre centre et à notre droite viennent de tomber tous les points d'appui de notre *deuxième position* sur laquelle nous espérions voir les troupes de la défense reprendre leur équilibre.

En arrière de cette *deuxième position*, et jusqu'à la *position principale* (ligne des forts), l'organisation du terrain n'est plus qu'ébauchée.

× ×

C'est vraiment dans la soirée du 24 que se décide le sort de Verdun, au cours de l'attaque brusquée.

Si, pour exploiter à fond, avec la vigueur et aussi la rapidité nécessaires, un succès comme celui que venait de remporter sa gauche, l'ennemi avait disposé de troupes fraîches talonnant puis dépassant celles épuisées par le combat, il aurait pu sinon entrer dans Verdun, tout au moins s'emparer de notre position principale, au cours de la nuit du 24.

En effet, la route de Verdun était ouverte devant les troupes du IIIe corps; celles-ci n'avaient plus devant elles que de faibles éléments épuisés et dissociés, définitivement hors de cause. Que, sans perdre une minute, l'ennemi ait poussé sur Verdun, il eût trouvé notre *position principale* (*Hardaumont - Douaumont - Froideterre*) ainsi que sa *position de soutien*

(*Sourville - Saint-Michel - Belleville*) privées de défenseurs!
En cours de route, il se serait heurté aux colonnes de la
brigade *Reibell* (VIIIᵉ corps) et de la brigade *Chéré* (XXᵉ
corps) qui, à la nuit tombante, venaient à la rescousse, igno-
rant la véritable situation et l'organisation défensive du terrain, avec l'ordre d'aller prendre position entre la *hauteur
378* et le village de *Bezonvaux*. Mais, quelle que fût leur
vigueur, auraient-elles pu lui résister victorieusement ces
troupes surprises en formation de marche ou d'approche,
par un ennemi surgissant dans la demi-obscurité du soir
ou dans la nuit, étroitement accroché à la débandade de nos
isolés et de nos équipages fuyant la capture? Par bonheur
pour nos armes, le 24 au soir, les Brandebourgeois du IIIᵉ
corps s'en tinrent à leur conquête *du bois la Vauche!* (1).

× ×

Dans l'après-midi du 24, les brigades *Reibell* et *Chéré*
arrivent, en effet, aux abords de la ville de Verdun, épuisées par une marche forcée, leurs vivres et leurs munitions incomplets. Le général *Herr* prescrit néanmoins à
leurs chefs de se rendre, aussitôt, au poste de commandement du XXXᵉ corps, à *Souville*, où ils se mettront à la disposition du général *Chrétien*.

« Devançant leurs troupes, ces officiers généraux arrivent
à 17 heures à *Souville*. Les généraux *Reibell* et *Chéré* expo-
sent que leurs hommes ne sont pas en état d'entrer en ligne
pour les raisons mentionnées plus haut, et à cause d'une
extrême fatigue. Le général *Chrétien* répond qu'à *la Marne*,
les troupes étaient exténuées, mais qu'elles ne le furent plus
quand on leur ordonna de faire demi-tour et de marcher à
l'ennemi. Il décide que les deux brigades entreront en ligne,
dès leur arrivée sur le terrain, et adresse à l'énergie de tous
un appel qui est entendu.

» L'approvisionnement en cartouches sera complété au
passage à *Souville* et les vivres seront assurés.

» Le général *Deligny* reçoit alors le commandement du

______

(1) « Le capitaine v. Brandis, qui a pris d'assaut le fort de Douaumont,
m'a raconté lui-même qu'il n'y avait pas un Français dans la région Douaumont - Souville - Tavannes. Malheureusement, les troupes dont nous dispo-
sions étaient à bout de forces. » (Mémoires du Kronprinz, Payot).
Vraisemblablement, Brandis s'appuyait sur les déclarations des prisonniers capturés par les Allemands, le 24.

groupement formé par les brigades *Reibell* et *Chéré*, avec la mission suivante :

» Marcher sans délai, par brigades accolées, droit au nord, de manière à atteindre, le plus tôt possible, le front cote 378 - ravin de *Bezonvaux* - *Bezonvaux*; se fortifier sur ce front, pousser des éléments de sûreté en avant (1). »

Mais la nuit tombe, et la situation, au nord de Douaumont, n'est plus celle qu'envisage le commandant du XXXe C. A.

Dans quelles conditions va s'exécuter l'ordre du général *Chrétien?*

Rien ne peut le mieux faire comprendre que ce récit d'un témoin oculaire :

« La tête du 95e régiment (brigade *Reibell*) arrive, vers 3 heures de l'après-midi, au Sud et près du village de *Fleury*. Elle s'y arrête en attendant les ordres.

» Sur la route, un canon apparaît fuyant la bataille, puis un autre, puis un autre encore, et bientôt les caissons, les voitures, les ridelles, les cuisines roulantes, se succèdent en une interminable file.

» Les conducteurs sont nerveux; les bêtes sont épuisées; les véhicules eux-mêmes paraissent exténués. C'est un fracas de jurons, de coups de fouet, d'essieux grinçants. Beaucoup de fuyards vont tête nue. Dans les yeux, on lit une épouvante animale et certains regards furtifs, jetés en arrière disent la peur de la poursuite possible.

» Anxieusement, je guette des nouvelles.

» — Des nouvelles? me répond un conducteur de roulante à l'uniforme indécis. Ah! elles sont jolies, les nouvelles! les Boches ont rompu nos lignes. On se bat en rase campagne. »

. . . .

Le régiment se met en route, avec ordre d'arrêter l'ennemi, coûte que coûte. La nuit tombe, quant il arrive à la hauteur du *fort de Douaumont;* il poursuit sa route vers le nord et atteint, la nuit close, la *cote 347* (à hauteur et à l'ouest de la pointe sud du *bois la Vauche*).

« Une halte. Le commandant envoie des patrouilles à

(1) Lieutenant-colonel DE THOMASSON : « Les Préliminaires de Verdun d'après des documents inédits. »

droite, à gauche et en avant, et fait commencer une tranchée en arrière du réseau qui couronne la colline.

. . . .

» Cependant, les patrouilles envoyées par le commandant reviennent de leur expédition; c'est en vain qu'elles ont fouillé le sommet de la colline et les alentours; des troupes françaises qui, d'après les communications de l'Etat-Major devaient se tenir en avant de nous, aucune trace.

» Où sont-elles? en fuite ou prisonnières...

» Et le régiment reste seul, sur cette partie du front, seul avec ses trois bataillons qui viennent de couvrir 52 kilomètres en trente-six heures, seul contre les corps d'armées ennemis dont l'offensive triomphante se poursuit sans arrêt depuis trois jours...

» Cette situation angoissante, nos chefs la devinent, mais ils n'osent l'envisager dans son ensemble, tant elle leur paraît invraisemblable.

» C'est ainsi que, lorsque le colonel *de Bélenet*, après sa reconnaissance à *Douaumont*, aura décidé de prendre le village comme centre de résistance, le commandant *C...* sortira de son manteau sa corne d'exercice, et comme à l'exercice, tuturera pour réunir à lui les commandants de compagnie et leur communiquer les ordres. »

Alors, dans les ténèbres, le régiment fait demi-tour pour aller occuper le village de *Douaumont* et l'espace libre entre le village et le fort.

« Et nous apprendrons plus tard que les Boches étaient tapis derrière les réseaux de la colline, à l'affût de la manœuvre!

» Qu'à ce moment, ils aient eu un peu d'audace, qu'ils se soient jetés en masses sur nos unités inaverties et ils enfonçaient nos rangs et ils déferlaient dans une seule vague jusqu'à Verdun (1). »

Et c'est ainsi que, dans la confusion de la nuit du 24 au 25, une partie des deux brigades *Reibell* et *Chéré* cherchera à relier, tant bien que mal, les défenseurs de la *cote 378* à ceux du village de *Bezonvaux*, pendant que l'autre partie s'établira en soutien, sensiblement à hauteur du *fort de*

---

(1) Jacques Péricard : « Ceux de Verdun. »

Douaumont, entre le massif d'*Hardaumont* et le *village de Douaumont.*

× ×

Pendant ce temps, notre commandement allait prendre les décisions les plus graves.

Parti en reconnaissance dans *la Woëvre,* dès le matin, le général *de Langle de Cary* ne rentrait à *Dugny,* quartier général du général Herr, qu'à la nuit close, vers 20 heures.

« Mis au courant de l'état des choses sur la rive droite, il décide l'abandon de la Woëvre... il téléphone lui-même au Grand Quartier général et se met en communication avec le général *de Castelnau,* puis avec le général *Joffre.* Il déclare à plusieurs reprises prendre la pleine responsabilité de cette mesure, affirmant qu'il n'y a pas d'autre parti à prendre. Il voudrait arrêter l'effort allemand sur le front *côte du Talou - Louvemont - Douaumont - Vaux, pour permettre l'évacuation de tous les éléments de la rive droite.* C'est dans cette idée qu'il arrête les éléments du XX° corps, qui arrivent à *Regret,* et interdit de les engager sur la rive droite (1) »

D'autre part, pendant que le général commandant le groupe d'armées du Centre, envisageant la nécessité d'une retraite générale vers la rive gauche, ordonnait de suspendre tout mouvement de troupes vers la rive droite de la Meuse, le général Herr, commandant la région fortifiée de Verdun prescrivait de préparer la destruction des ponts de la Meuse, du tunnel de Tavannes, des forts et ouvrages cuirassés de la rive droite, ainsi que, sur la rive gauche, celle du fort de *Vacherauville.*

A cette heure décisive, en effet, les appréhensions les plus graves assiégeaient l'esprit de notre commandement.

Notre poche de la Woëvre effacée, il fallait nous attendre à voir bientôt se développer, sur le front Est des *Hauts de Meuse,* des attaques se conjuguant avec celles du front Nord. Dès lors, nos forces de la rive droite, prises dans les mâchoires d'une solide tenaille, se trouveront en butte aux efforts concentriques de l'adversaire.

---

(1) Lieutenant-colonel DE THOMASSON : « Les Préliminaires de Verdun d'après des documents inédits. »

Attaquées de face et de flanc par l'infanterie, soumises aux feux de front, de flanc et d'écharpe d'une artillerie écrasante, des troupes accumulées sur ces étroits plateaux des *Hauts de Meuse* lutteraient dans des conditions déplorables! Exposées aux pertes les plus lourdes, pourraient-elles tenir? Quelle que fût leur confiance dans l'esprit de sacrifice de nos fantassins et de nos artilleurs, le commandant du groupe d'armées, comme celui du front fortifié de Verdun, ne pouvaient s'empêcher d'envisager les terribles conséquences d'une retraite sur la rive gauche de la Meuse, exécutée sous la pression de l'ennemi. Les inondations du fleuve avaient atteint à ce moment leur plein développement; largement débordée, la Meuse n'était guère franchissable que sur ses ponts permanents; or, la plupart de ceux-ci, déjà, étaient sous le canon allemand; quelques-uns étaient endommagés.

Au lieu d'accepter la bataille sur cette rive droite, qui allait devenir un enfer, de l'y soutenir à fond en l'alimentant avec toutes les disponibilités, ne convenait-il pas, plutôt, de se limiter à disputer avec des forces relativement restreintes le terrain de la rive droite, pendant qu'on évacuerait, sur la rive gauche, l'énorme matériel déjà accumulé à l'est du fleuve, notamment cette artillerie lourde qui nous était si précieuse?

Une telle tactique était bien de nature à écarter l'éventualité d'un *désastre matériel*, mais elle impliquait la perte de Verdun, c'est-à-dire, aux yeux du monde, un irréparable *désastre moral*, sous l'effet duquel, *ainsi que l'escomptait le commandement allemand*, pouvait définitivement sombrer la confiance des Alliés.

Notre généralissime ne s'y méprend pas! La guerre n'est qu'un conflit moral; donc, *il faut sauver Verdun* en acceptant la bataille là où celle-ci peut le sauver, c'est-à-dire *sur la rive droite,* si déplorables que soient pour nous les conditions dans lesquelles elle se présente.

Et, comme pour l'ordre immortel du 4 septembre 1914 engageant la bataille de la Marne, c'est sans trembler que sa main dessina la fine et menue signature du commandant en chef, sous la minute du message qui allait engager la plus terrible lutte des Temps et qui portait en lui non pas seulement la réputation du général Joffre, mais peut-être encore les destinées du monde!

Message du général Joffre au commandant du groupe
d'armées du Centre. 24 février, 21 heures.

1° *J'approuve par avance les décisions que vous prendrez en ce qui concerne le repli sur les Hauts de Meuse des troupes dispersées dans la poche de la Woëvre, si vous le jugez nécessaire. Vous êtes seul juge des nécessités du combat.*

2° Mais vous devez tenir face au nord, sur le front entre la Meuse et la Woëvre, par tous les moyens dont vous disposez.

Employez-y le XXe corps sans hésiter. Son engagement est certainement nécessaire pour permettre l'arrivée des divisions de renfort dont vous devez hâter la marche sur la Meuse.

Cette décision fixe la destinée de Verdun. Expression du tempérament d'un inébranlable lutteur, elle présidera impérieusement à tous les actes des exécutants et dominera toute la bataille.

Aussi, à côté de celui de la Marne, l'Histoire attachera-t-elle le nom de Verdun à la gloire du général Joffre.

× ×

Les troupes de la Woëvre profitent de la nuit du 24 au 25 et de la matinée du 25, pour se replier en hâte sur la falaise des *Hauts de Meuse*, qu'elles tiendront face à l'Est, entre *Bezonvaux* et *les Eparges*. Ce mouvement, d'ailleurs prévu et préparé, s'effectue sans être inquiété par l'adversaire.

Enfin, l'entrée en ligne des brigades *Chéré* et *Reibell*, et l'arrivée, dans la journée du 25, de toutes les troupes du XXe corps vont permettre de relever le XXXe corps.

Il était temps! Les deux belles divisions de ce corps d'armée étaient épuisées. Depuis trois jours et quatre nuits, aux prises avec un ennemi trois fois supérieur en nombre, sous le coup d'une artillerie écrasante, elles luttaient dans la neige, se cramponnant à chaque parcelle du sol. Leurs pertes étaient formidables, en officiers surtout; elles représentaient les deux tiers des effectifs. Mais leur sacrifice n'avait pas été inutile; il avait donné aux premières troupes de nos réserves le temps d'arriver sur le champ de bataille, *avant que l'ennemi ait pu aborder la position principale de la forteresse,* ALORS QUE CELLE-CI ÉTAIT PRIVÉE DE DÉFENSEURS!

Le XXXe corps avait magnifiquement rempli son rôle de couverture.

× ×

Il semblait, maintenant, que le mauvais pas était franchi et qu'on allait tout au moins pouvoir souffler, puisque des troupes fraîches, éprouvées, pleines de flamme, arrivaient à temps pour défendre cette *position principale* du front nord-est, la plus solide de toutes celles qui avaient été organisées, dès le temps de paix, sur la ceinture extérieure de Verdun.

Son épine dorsale était jalonnée par l'ouvrage d'*Hardaumont,* le fort de *Douaumont,* les ouvrages de *Thiaumont* et de *Froideterre;* on y avait accumulé les abris de combat, les dépôts et les niches à munitions, bétonnés; elle comptait des tourelles pour canons et mitrailleuses et des observatoires cuirassés extrêmement résistants, de construction récente. Au centre, *le fort de Douaumont* la flanquait vers la gauche, par les canons de 75^{mm} de *sa casemate de Bourges* (1); vers la droite, par sa tourelle extérieure de 75^{mm} (2).

Ce fort était vraiment la *cheville ouvrière* de cette forte position.

Comme on le sait, dès le début des hostilités, au mois d'octobre 1914, devant la chute rapide des forts belges et français, le général Joffre avait cru devoir appeler l'attention des gouverneurs de nos Places sur le peu de résistance des forts aux coups des gros obusiers allemands. Cependant, à la surprise de tous, en 1915, on avait vu *Douaumont* résister à l'épreuve du 420 allemand. Ses parapets et son terre-plein avaient été bouleversés, mais ses œuvres vives, ses casemates, ses coffres flanquants, pas plus que ses observatoires et ses tourelles n'avaient bronché.

------

(1) *Cette casemate de Bourges avait bien été désarmée, en 1915, mais on pouvait l'armer à nouveau.*

(2) Cette tourelle devait rester sans être armée de ses canons.

Le colosse paraissait invulnérable, dans ses œuvres vives. du moins.

Sur les flancs et en avant de cette épine dorsale, s'étaient greffés les travaux de campagne de la *position principale*. A l'Est, le plateau boisé *d'Hardaumont*, avec ses ouvrages bétonnés *d'Hardaumont* et de *Bezonvaux*, ses ouvrages terrassés du *Muguet*, de *Lorient*, de *Josémont*, ses tranchées et ses multiples réseaux de fils de fer, représentait un formidable bastion; à l'Ouest, le village de *Bras*, ses abords, les contreforts et les ravins qui le séparent du *village de Douaumont*, et ce dernier village étaient organisés. Le tout était couvert d'épais réseaux barbelés, hauts et bas. Enfin, à la gorge de la position, dans chacun des ravins *du Bazil* et *des Vignes*, un bel abri-caverne creusé dans le roc, dès le temps de paix, permettait d'abriter en toute sécurité une réserve partielle, à petite portée d'intervention.

La journée du 25 février.

Le 25 février, cette solide barrière, profonde, et de plus de huit kilomètres de développement, barrait le chemin du Corps de Place, entre la falaise des *Hauts de Meuse* et la rive droite de la Meuse. Elle paraissait d'autant mieux à l'abri d'une entreprise de vive force que, par son éloignement de la zone du déploiement initial de l'artillerie allemande, elle échappait aux coups du plus grand nombre des batteries de petit et de moyen calibre; tout au moins, tant que ces batteries ne seraient pas poussées en avant. Or, ces déplacements, on le sait, n'entraînaient pas seulement une perte de temps, mais encore troublaient gravement, momentanément, l'harmonie des efforts de l'ensemble de l'artillerie.

× ×

Dans la nuit du 24 au 25, le général *de Castelnau*, adjoint au général *Joffre*, avait quitté le Grand Quartier en automobile pour gagner Verdun, afin de se renseigner sur place, de voir si toutes les mesures que comportait la mise en œuvre de la décision du général en chef avaient bien été prises. Par précaution, en cours de route, dès son passage à *Avize*, où se trouvait le *Q. G.* du groupe d'armées du Centre, il avait adressé, à 5 h. 45, au général *Herr*, un message téléphoné (1) précisant à ce dernier, de manière nette et impérative, l'esprit de cette décision. Avant midi, il était à Verdun, muni de *pleins pouvoirs*, prêt à donner à la défense de la rive droite, s'il en était besoin, l'impulsion la plus vigoureuse.

× ×

La journée du 25 pourtant, devait faire naître dans le camp allemand les plus belles espérances!

---

(1) D'Avize, message téléphoné au général commandant la région fortifiée de Verdun, le 25 février, 5 h. 45.

Comme confirmation des ordres du général en chef, le général de Castelnau prescrit que le front nord de Verdun, entre Douaumont et la Meuse, et le front est, sur la ligne des Hauts de Meuse, devront être tenus coûte que coûte....

La défense de la Meuse se fait sur la rive droite.

Avant midi, l'infanterie allemande reprend l'attaque (1);
mal soudés entre eux et avec les troupes qui tiennent *Louvemont* et *Bezonvaux*, les éléments avancés des brigades
Reibell et *Chéré* se voient bientôt débordés par les infiltra-
tions allemandes. Pour échapper à l'enveloppement, ils se
décrochent, comme ils peuvent, de l'emprise adverse et se
replient dans la direction générale du fort qu'ils démasquent,
dans la soirée, en s'écoulant par ses flancs.

Ces troupes avaient été bousculées par les Brandebourgeois du IIIe corps prussien (général *von Lochow*). Deux fortes attaques avaient pris par les ravins boisés encadrant, à
l'est et à l'ouest, la longue croupe dénudée qui s'élève lentement de la *ferme des Chambrettes* vers le *fort de Douaumont*.
Celle de l'est s'efforçant à prendre pied entre le plateau
d'Hardaumont et le fort, pendant que l'attaque de l'ouest
cherchait à s'emparer du *village de Douaumont* et de la
ferme de Thiaumont.

Elles étaient reliées par une attaque centrale constituée par
des éléments du 34e régiment d'infanterie du Brandebourg.
Celle-ci marchait droit sur le fort, à cheval sur la croupe
dénudée qu'elle devait tout d'abord nettoyer. En fin d'action,
elle avait l'ordre de s'arrêter provisoirement à huit cents
mètres en avant du *fort de Douaumont*, afin, sans doute, de
permettre à l'artillerie allemande d'écraser le fort sous une
concentration massive de ses obusiers, avant l'assaut.

Vers 16 heures, l'attaque centrale était parvenue à la distance assignée. La neige qui, depuis le matin, avait cessé de
tomber, reprenait à nouveau, d'abord par légers flocons.

Les hommes, harassés, vont se jeter dans les trous d'obus,
heureux de pouvoir s'y abriter et s'y reposer.

A ce moment, grisé par la vue de nos troupes qui battent
en retraite et s'éclipsent derrière *Douaumont*, et aussi,
comme frappé d'hallucination et pris de vertige devant la
masse neigeuse du grand fort qui se découpe dans le ciel, à
travers les flocons de neige, le commandant d'une compa-

---

(1) Le Kronprinz nous apprend que les Allemands avaient utilisé la nuit
du 24 au 25 et la matinée du 25, à faire avancer une partie de leur artillerie avant de prononcer l'attaque de l'infanterie. — « Verdun », par le Kronprinz Guillaume (l'*Illustration*, décembre 1928).

Le Général de Castelnau
Adjoint au Général Joffre.

(Photo MELCY.)

» Comme confirmation des ordres du Général Joffre ..
. . . .
» La défense de la Meuse se fait sur la rive droite. »
(Message daté d'Avize, le 25 fév., 5 h. 45, au Général
commandant la Région fortifiée de Verdun.)

gnie, le lieutenant *Brandis*, crie à ses hommes : « Direction *Douaumont!* » Mais « les obus tombaient de tous côtés; on était pris entre deux feux. Les hommes refusaient de marcher; ils voulaient faire demi-tour », quand un loustic, qui s'élance en criant : « Il y aura des lits là-haut! » entraîne derrière lui les gradés et les plus braves.

Maintenant, *Brandis* comprend toute la **gravité** de son acte : en même temps qu'il risque de faire manquer l'assaut général, il risque aussi de faire écraser ses hommes par l'artillerie allemande! « Il ne souhaiterait pas à son pire ennemi de vivre un pareil moment! » dit-il, dans sa relation (*die Stürmer von Douaumont. — Ceux qui donnèrent l'assaut à Douaumont*).

Mais, il n'y a plus à hésiter : le vin est tiré, il faut le boire! En avant! En avant!

La petite troupe arrive aux réseaux couvrant le fossé du fort; elle les coupe à la cisaille; puis, après s'être assurée par des patrouilles que les coffres flanquants sont vides de défenseurs, elle se laisse glisser dans le fossé, le long de perches. Alors, « elle remonte le mur d'escarpe sur un talus de neige et entre dans le fort sans aucune résistance. Elle y trouve un petit lot de dix-neuf Français; une nouvelle perquisition en ramena une cinquantaine d'autres ».

Quelques instants après, le capitaine *Haupt*, le commandant de la compagnie qui avoisine celle de *Brandis* entre à son tour dans le fort. Il a suivi les traces de *Brandis*.

Alors, les Allemands se comptent; ils sont quatre-vingt-dix-huit, dont dix-neuf officiers ou gradés. C'est peu pour assurer la défense d'un grand fort comme celui de *Douaumont*, dont la garnison normale était de plus de trois cents hommes!

Brandis doit retourner vers l'arrière, pour y chercher des renforts, des vivres et des munitions. Dans la nuit, sous la neige, accompagné de quelques hommes, il se dirigeait à la boussole, lorsqu'il tombe sur une foule de lâcheurs de sa compagnie et de la compagnie *Haupt*. Ils sont près de trois cents, embusqués dans les trous d'obus! Sur les instances de *Brandis* et l'assurance que la route est libre, qu'ils trouveront dans le fort « des vivres, des lits et des poêles », ces hommes se décident enfin à se porter en avant.

La garnison de *Douaumont* compte, dès lors, trois cent cinquante Brandebourgeois.

Telle est, en substance, la version du lieutenant *Brandis;* sa modestie garantit son exactitude (1).

D'autre part, du *village de Douaumont*, situé à 400 mètres environ à l'ouest-nord-ouest du fort, et à trente mètres en contre-bas, l'on voyait du côté du fort, entre 4 heures et la tombée de la nuit, des Allemands portant le costume de nos zouaves.

Depuis la nuit précédente, le village de Douaumont et ses abords étaient occupés par le 95ᵉ, « les gars du colonel *de Bélenet* », qui s'étaient illustrés au nord de *Toul*, notamment au *bois Brûlé*, où l'adjudant *Jacques Péricard* appelait les Morts à la rescousse (2).

Or, Jacques Péricard, devenu lieutenant, est toujours au 95ᵉ régiment, et sa compagnie tient le flanc Est de la défense extérieure du *village de Douaumont*. Voici ce qu'il raconte dans son livre *Ceux de Verdun*.

« ...Puis, le bruit court qui nous serre le cœur : le fort est aux Boches!

» Pourtant, ô surprise, ce sont des zouaves qui s'affairent sous nos yeux autour des fortifications. Serions-nous dupes de l'obscurité qui commence?

» Des yeux et des jumelles nous regardons, indécis. Toute notre conviction crie : « Ce sont des Boches! ils sont venus » de par-là, de l'ennemi; les fusées qui les précèdent, ce sont

---

(1) D'après une analyse du *Literary Times* du 21 août 1919, du récit de Brandis (*die Stürmer von Douaumont*, Berlin, 1919). Récit reproduit par Louis Gillet « La Bataille de Verdun ».

(2) Au *bois Brûlé*, Jacques Péricard se précipite à la tête de quelques volontaires, pour appuyer la défense d'un boyau sur le point d'être envahi par les Allemands.

Sentant ses hommes faiblir et ne voyant que des morts et des blessés autour de lui, l'adjudant Jacques Péricard s'écria : « Debout les Morts! » (Rapport du général Gallieni, Ministre de la guerre, à la Commission sénatoriale d'enquête).

» des fusées allemandes; il faut tirer sur eux, tirer, tirer,
» pendant qu'ils se présentent sous notre feu, bien en vue... »

» Avec une angoisse qui étrangle les paroles au passage,
je commande :

» — Feu par salves!...

» De son côté, le capitaine *Delarue* démusèle ses mitrailleuses.

» Et une ligne entière d'hommes s'abat sur les pentes du
fort.

» Mais cet ordre n'est pas plutôt donné que nous crions
l'ordre contraire :

» — Cessez le feu!

» C'est que ceux qui sont devant nous ont agité les bras
avec frénésie, crié des appels...

» Alors quoi? Nous sommes-nous trompés? Avons-nous tiré
sur les nôtres!

» Le remords me pétrit le cœur.

» Le capitaine *Delarue* ne comprend pas mes scrupules.
Pour lui, aucun doute possible : nous avons devant nous des
Boches. Ses mitrailleuses continuent la fusillade.

» Je le supplie d'arrêter son feu. L'émotion m'étrangle.
Mes yeux sont pleins de larmes.

» Le capitaine se laisse enfin convaincre. Mais qui a raison de nous deux? Je n'en sais rien.

» Soudain, de la tranchée, l'adjudant *Durassié* bondit.
Méprisant les balles, il s'avance seul, à demi-distance du fort,
puis, la jumelle aux yeux, regarde.

» Il revient :

» — Ce sont bien des zouaves; il n'y a pas d'erreur : ché-
chias et vestes courtes, l'uniforme est complet.

» Parbleu!

» Donc j'ai commandé le feu sur des soldats français!
Ceux qui gisent là-bas, c'est moi leur assassin!

» Je me sens envahi par une immense détresse. »

Jacques Péricard court à travers le village où il trouve
l'adjoint au colonel, le capitaine *Ferrère*, auquel il rend
compte de la situation.

» — Mais non, me répond-il, le fort est bien aux Boches.
Votre adjudant a mal vu. »

Jacques Péricard retourne alors à sa compagnie.

« Cette incertitude est pire que la mort. L'adjudant *Durassié* sort de nouveau de sa tranchée.

» Dans son impatience héroïque de découvrir la vérité, il n'attend pas même que tous nos fusils se soient tus.

» Il s'avance cette fois jusqu'aux réseaux des fils qui bordent le fort, parcourant, seul entre les deux lignes, les quelques centaines de mètres qui nous séparent de la ligne douteuse. De l'autre côté du réseau, un homme se tient, habillé en zouave, mais qui, avec un accent qui ne peut tromper lui dit :

» — *Posse fussil!* (Pose ton fusil). »

» *Durassié* est fixé. Il saute dans un trou d'obus, s'aplatit et agite les bras au-dessus de lui. Nous comprenons le geste... »

Le fait qu'au nord-ouest du fort se sont montrés des Allemands habillés en zouaves paraît certain. Il n'a, du reste, rien qui puisse nous surprendre; *cette ruse*, contraire aux lois de la guerre, et que les Français jugent contraire aussi à l'honneur militaire, était assez familière aux Allemands, — avec bien d'autres de caractère moins chevaleresque encore. — Il doit nous sembler d'autant moins étrange, que la veille, le 24, les *Brandebourgeois* avaient fait prisonniers des zouaves et des tirailleurs de notre 37ᵉ division.

A quel élément appartenaient ces faux zouaves? Pas à celui de *Brandis*, sûrement; non plus, vraisemblablement, à celui de *Haupt* (1). Mais, plutôt à un détachement essayant, après la prise du fort, de se glisser entre le fort et le village, pour faire tomber ce dernier par l'enveloppement. L'hypothèse est d'autant plus admissible que vers 4 heures du soir l'occupation du fort par les Allemands était un fait accompli, et que les faits observés par les défenseurs du village l'ont été immédiatement avant la tombée de la nuit (2).

Tout ce qu'on peut affirmer, c'est que les quelques Français trouvés dans le fort par *Brandis* et *Haupt* n'ont pas vu *d'Allemands habillés en zouaves*, au moment de l'irruption de l'adversaire dans les casemates. Toutefois, il convient d'ajouter qu'après leur capture, nos hommes n'ont pu voir

---

(1) Voir les déclarations du gardien de batterie Chenot.
(2) Le 25 février la nuit n'est close que vers 5 h. 45 du soir.

ce qui se passait dans le fort, n'ayant pas quitté la casemate où on les tint enfermés, jusqu'au moment de leur évacuation sur le village d'*Ornes*, le 27 février au matin.

Par ailleurs, tout dénote l'exactitude du récit de *Brandis*. Dans l'après-midi du 25 février, *il suffisait d'oser*, pour occuper le fort sans coup férir — et cela ne diminue en rien le mérite de *Brandis!* — Il faut reconnaître aussi, que la simplicité et la sincérité de ce récit ne sont pas exemptes d'un réel courage, puisqu'elles détruisent les fils d'or d'une légende que l'Empereur avait établie et soigneusement entretenue, pour la plus grande gloire du Brandebourg, berceau de son illustre Maison.

Aussi, depuis, le Kronprinz a-t-il effacé de sa mémoire le nom de *Brandis*.

Au cours de la bataille de Verdun, pour soigner sa gloire et sa popularité, le Prince héritier avait fait répandre en Allemagne une photographie le représentant donnant le bras aux deux officiers entrés les premiers, l'un au *fort de Douaumont*, l'autre au *fort de Vaux : Brandis* et *Rackow* (1). Depuis, la modestie du récit de Brandis a fait oublier au Kronprinz l'un des héros de la bataille; froidement, il passe le nom de *Brandis* sous silence dans ce récit qu'il vient de faire publier :

« Des hommes du second et le troisième bataillon du *34e régiment* d'infanterie, originaires des basses plaines au nord de Berlin, avaient réussi à enlever une position française avancée. Dissimulés dans un pli de terrain, ils étaient parvenus jusqu'à la colline qui domine le fort (2), puis s'étaient infiltrés par surprise jusque dans les fossés. Comme l'artillerie lourde allemande dirigeait alors sur Douaumont de furieuses rafales, il ne semblait pas raisonnable qu'ils s'approchassent davantage.

» Ils essayèrent d'entrer en communication avec nos batteries par signaux optiques et envoyèrent des agents de liaison sur l'arrière, en espérant qu'ils trouveraient un téléphone en état. Ce fut en vain. Sans arrêt, les gros obus allemands sifflaient dans les airs et explosaient tout près d'eux, soit sur les murailles, soit sur les glacis extérieurs.

____

(1) Voir la photo, page 185.
(2) Le fort de Douaumont est assis sur le point culminant de la région.

» En de pareils moments, il ne peut y avoir d'hésitation. Le capitaine *Haupt*, levant son stick, désigna le fort et cria : « Debout et allons-y! le fort est à nous! » Et comme quelques-uns de nos hommes hésitaient à s'aventurer sous la grêle des obus allemands, le capitaine se retourna et dit simplement : « Alors, mes amis, allez-vous me laisser en panne? » Ils se frayèrent un passage à travers un double réseau de fils de fer barbelés.

» Nos obus ayant largement entamé la carapace bétonnée, quelques officiers et soldats se glissèrent dans la brèche. Il leur fallut quelque temps avant de trouver la porte d'accès des casemates. Le chef de la garnison française rendit son épée. A 5 heures et quelques minutes, le capitaine *Haupt* était devenu commandant du fort de Douaumont (1). »

Dans ce récit, tout dénote que le Kronprinz cède à la préoccupation d'effacer l'effet désastreux de la trop humble version de *Brandis*, pour laisser aux cœurs allemands un peu des illusions de la légende que lui et son Auguste Père avaient si puissamment contribué à établir, en 1916 (2).

C'est ainsi qu'on écrit l'histoire. Plus tard, le récit de Brandis oublié, on pourra voir, en Allemagne, dans quelque Panthéon de guerre, une puissante Germania portant l'étincelante armure de Siegfried et recevant l'épée d'un farouche Gaulois coiffé du casque aux ailes déployées : ce sera l'allégorie de la prise de *Douaumont*. Mais, si l'histoire n'était pas, comme le dit *Joseph de Maistre*, « une conspiration contre la vérité », le Gaulois devrait représenter mon vieil ami, l'humble gardien de batterie *Chenot*, dont les traits, quoique rehaussés de longues moustaches retombantes, à la gauloise, portaient surtout l'empreinte de la mélancolie de ces *Hauts-de-Meuse*, qui avaient vu, au cours de longues années, le labeur aussi soutenu que consciencieux du digne serviteur.

---

(1) « Verdun », par le Kronprinz Guillaume (*l'Illustration*, décembre 1928). Il y a lieu de remarquer que l'heure de l'Europe centrale avance d'une heure sur la nôtre.

(2) La prise de Douaumont était considérée en Allemagne comme le plus beau fait d'armes de la guerre. « Dans cette bataille de Verdun, le nom de Douaumont brille comme un flambeau de l'héroïsme allemand, flambeau que l'on aperçoit des contrées les plus lointaines du front oriental. » («Ma Vie », v. Hindenburg, Payot).

En réalité, le 25 février au soir, il n'y avait dans le *fort de Douaumont* aucune garnison d'infanterie; le seul fantassin de la garnison était le soldat *Mayet*, lequel, maladif, avait été laissé jadis, par la 9ᵉ compagnie du 164ᵉ régiment pour servir de lampiste. Les autres hommes rencontrés dans le fort par *Brandis* et *Haupt* étaient des artilleurs, — territoriaux pour la plupart, — chargés du service des tourelles et de corvées diverses. Depuis le matin, un sous-officier du génie était au fort pour assurer les préparatifs de destruction des organes défensifs du fort (1).

Enfin, le sous-officier le plus élevé en grade était le vieux gardien de batterie *Chenot*. — « Les Allemands me désignaient, en effet, — écrit *Chenot*, — comme étant le commandant du fort, alors que je ne commandais rien du tout. Quant à l'histoire de la remise de mon épée, elle est inventée de toutes pièces (2). »

Comme on le sait, à Verdun, la *garnison permanente* des forts avait été supprimée, pour être employée à la défense extérieure, alors éloignée; on se proposait de jeter une garnison dans les forts et ouvrages, au moment du besoin. C'est ainsi que la veille, dans la soirée du 24, le commandant du XXXᵉ corps avait prescrit de faire occuper le fort. Par un concours de circonstances lamentables, cet ordre n'avait pu encore être exécuté, dans la soirée du 25!

On ne saurait dissimuler qu'en supprimant la garnison permanente de nos grands forts, le commandement de Verdun s'exposait aux pires aventures.

Ceux qui connaissent l'énorme *fort de Douaumont*, le dédale de ses escaliers, couloirs, gaines, chicanes menant à ses observatoires, tourelles, coffres flanquants; et aussi la multiplicité des détails utiles à la conduite de la défense extérieure et intérieure du massif central, comprendront qu'une garnison qui aurait été jetée dans le fort, à la dernière heure,

---

(1) Un officier du génie chargé de veiller à leur bonne exécution était attendu dans la soirée du 25.

(2) Déclarations de Chenot (voir l'annexe II).

s'y fût trouvée, au cours des premiers jours, aussi désorien-
tée et impuissante que le serait l'équipage d'un voilier appelé
brusquement à servir sur un cuirassé moderne.

Par une ironie du sort, la compagnie du 164e régiment,
qui constituait la garnison permanente du fort, au début de
la guerre, venait de se faire écraser par l'artillerie allemande,
le 23 février, au nord de Douaumont, au bois de *la Wavrille*,
où son chef, le capitaine *de Sambœuf*, qui avait commandé
le fort, pendant près de deux ans avant la guerre, tombait
grièvement blessé (1).

× ×

L'Empereur lance à travers le monde un radio triomphant :
le grand fort de Verdun, *Douaumont*, la *pierre angulaire de
la forteresse*, a été enlevé d'assaut par les *intrépides Brandebourgeois* du 34e régiment!

Chez les *Neutres* et dans le camp des *Alliés*, la chute du
fort de *Douaumont* produit une véritable stupeur. Dans l'Empire allemand, c'est une joie délirante; on y voit la promesse
de la chute prochaine de la forteresse, en même temps que
celle d'une paix ardemment désirée.

---

(1) Si, dans ma première étude, *le Calvaire de Verdun*, l'on trouve des
divergences pour ce qui concerne la composition de la garnison du fort de
Douaumont et les conditions de la capture de cette garnison, c'est que je
ne possédais alors qu'une version incomplète de la relation de Brandis et
que, d'autre part, je n'avais pu consulter le gardien de batterie Chenot qu'on
me disait disparu. J'avais dû m'en rapporter à divers récits publiés sur le
sujet.
(Voir les déclarations de Chenot, annexe II.)

La nuit du 25 au 26.

Pour le commandement de Verdun, la nuit du 25 au 26 était encore des plus tragiques!

Le *village de Douaumont* héroïquement défendu tenait, mais la chute du fort de Douaumont créait une brèche des plus dangereuses dans notre *position principale* et semblait bien compromettre, avec le sort de cette position, celui du Corps de Place. En effet, au delà de la colline de *Douaumont - Froideterre*, la ville de Verdun n'était plus couverte que par celle de *Souville - Saint-Michel - Belleville*, peu organisée et dont les forts n'avaient pas été remaniés depuis l'apparition des obus-torpilles.

En même temps que se produit la chute du fort de *Douaumont*, un autre fait d'une gravité exceptionnelle aussi, se passe à notre gauche.

L'angoisse tenaille le Général commandant les troupes qui tiennent la *côte du Talou* et la *côte du Poivre*. Il voit l'infanterie allemande inactive sur son front, alors que lui arrivent sans cesse les nouvelles les plus alarmantes pour sa droite : la chute de la *cote 378*, celle du village de *Louvemont*, les progrès de l'ennemi du côté du *village de Douaumont*, et que des fusées allemandes tirées du *fort de Douaumont* lui apprennent la chute de ce fort! En somme, tout lui montre ses troupes sous la menace d'un encerclement imminent.

Il va chercher à les y soustraire et à les porter, au plus vite, là où elles peuvent encore, croit-il, contribuer à sauver Verdun d'une chute immédiate.

A 18 h. 40, il rend compte qu'il donne l'ordre de battre en retraite, par échelons, d'abord sur la *côte de Froideterre*, puis sur la *hauteur de Belleville*. De plus, pour empêcher l'ennemi de prendre à dos nos forces de la rive gauche, il prescrit de faire sauter le pont de *Bras*.

Les mouvements de ce repli imprévu, qui doivent s'exécuter en pleine nuit, vont jeter le désarroi et la confusion. De grands trous existeront dans nos lignes. Que l'ennemi s'y engouffre; avant le lever du jour, il entrera dans Verdun!

× ×

Pendant ce temps, les pièces lourdes de l'artillerie allemande battaient avec furie nos arrières et nos communications,
les ponts de la Meuse et aussi la ville et son faubourg de l'Est
où elles allumaient l'incendie. Dans la ville basse : la *rue Saint-
Paul*, la rue *Mazel*, la rue *Chaussée;* dans la ville haute, la
rue *Saint-Pierre*, la rue de la *Belle-Vierge*, les bâtiments de
la *Citadelle* brûlaient. Dans le tonnerre général, au milieu
des ténèbres que fouillaient nos fusées de leur pluie d'étoiles,
que perçaient d'éclairs et de globes lumineux le tir précipité
de nos canons et l'explosion des obus allemands, Verdun en
feu attachait des lueurs sanglantes aux eaux des prairies inon-
dées et à la neige des collines. A travers des tourbillons de
fumée, couronnée de sa vieille cathédrale, la ville flambait dans
la nuit, comme un monstrueux bûcher!

Etait-ce l'agonie? Etait-ce la fin?

La forteresse de Verdun allait-elle donc succomber en quelques jours. Comme avaient succombé *Liége*, *Namur*, *Maubeuge* et les places du front d'Orient?

(Photo Archives photographiques d'art et d'histoire.

Verdun. — La place d'armes incendiée.

Verdun. — La ville incendiée par l'artillerie allemande, 25-26 février 1916.

(Photo Musée de l'Armée.)

× ×

Dans la grande salle de la mairie de *Souilly*, à la lueur vacillante d'une bougie, s'éclaire faiblement une solide silhouette penchée sur un téléphone; un doigt se promène sur une carte, pendant qu'une voix calme se fait entendre.

C'est le chef de la IIe armée, le général Pétain : l'Ordre, la Méthode, l'Organisation personnifiés.

Avant la guerre, le professeur de l'Ecole de guerre s'était fait remarquer par la clarté d'un enseignement particulièrement objectif et une horreur de toute spéculation ne résistant pas à l'examen de son esprit d'analyse et de son robuste jugement. Pendant la guerre, en toutes occasions, à *la Marne*, en *Artois* et en *Champagne*, ce Chef s'était imposé à tous. Il était indiscuté.

Il appelle successivement à l'appareil les commandants de secteur et leur verse tout d'abord ce premier cordial, la confiance du chef dans ses subordonnés : « Allo! c'est moi, *Pétain*, je prends le commandement (1). Faites-le dire à vos troupes. Tenez ferme, j'ai confiance en vous (2). »

× ×

Alors que nos réserves affluaient, que le XXe corps tout entier entrait en ligne, que le 1er corps allait y entrer le lendemain, que d'autres corps encore allaient être dirigés sur le champ de bataille, le général *de Castelnau* et le général *Pétain* faisaient rayonner sur la volonté de tous leur confiance, leur calme et leur clarté d'esprit. Ils apportaient avec eux ce que *Louis Madelin* appelle très justement *le rétablissement moral*.

Le péril est conjuré, le désarroi va prendre fin. Contrairement à toute apparence, cette autre nuit tragique, pleine de promesses pour le triomphe des ambitions allemandes, va marquer, pour le moment, le terme des succès de l'ennemi, *l'échec de son attaque brusquée*.

---

(1) Le général Herr qui, jusqu'au 25 février, avait assuré le commandement du front de Verdun, reste provisoirement adjoint au général Pétain, comme conseiller technique pour l'artillerie.

(2) « Souvenirs du maréchal Pétain sur la bataille de Verdun » (L'*Illustration*, décembre 1928).

Le Général Pétain, Commandant l'Armée de Verdun, du 25 février (23 heures), au 1ᵉʳ mai 1916.

Le Colonel de Barescut, le Chef d'État-Major de l'Armée de Verdun,
du 26 février à fin décembre 1916.

e) **Avortement de l'attaque brusquée.**

Arrivé tard dans la soirée du 25, à *Dugny*, où fonctionnait alors l'Etat-Major de la Défense, le général *Pétain* va y apprendre les graves événements qui se déroulent sur le front. Il regagne dans la nuit le village de *Souilly* (situé sur la route de Verdun à *Bar-le-Duc*) où va se fixer son Quartier Général. Là, il trouve le général *de Castelnau* qui lui annonce que, sur sa proposition, le général *Joffre* lui confiait la défense de *Verdun*. Il est 23 heures. Il se rend, de suite, au téléphone, pour y donner ses premiers ordres.

Il avait amené avec lui l'état-major de la 11ᵉ armée, dont le chef, le colonel *de Barescut*, mon condisciple de l'Ecole de guerre, était universellement estimé de l'armée, non seulement pour son beau caractère et la sûreté de son jugement mais encore pour sa haute culture militaire et sa force de travail inépuisable.

Aussitôt, chaque secteur de défense bien délimité s'organise; le jeu des relèves, des évacuations, des ravitaillements est réglé avec précision; on crée de nouveaux dépôts de munitions, de matériel, de vivres. De nouvelles positions de soutien sont définies et vont s'organiser. On fait l'impossible pour multiplier les moyens de franchissement de la Meuse. En quelques semaines, entre Verdun et *Saint-Mihiel*, ils seront presque décuplés.

Les forts et ouvrages recevront une garnison *permanente*, les *casemates de Bourges* seront réarmées. Les ordres concernant les préparatifs de destruction sont modifiés ou rapportés (1).

Enfin, le ravitaillement général est l'objet d'un véritable tour de force, qui déjoue, — en partie du moins! — les calculs et les espérances des Allemands.

La seule voie à tracé normal, la ligne de Verdun à *Châ-*

---

(1) Parmi les conséquences fâcheuses de ces préparatifs, l'on cite : la destruction de la tourelle de 75 millimètres du fort de Vaux, celle du pont de *la Galavaude* (l'un des ponts de Verdun), et d'une partie de l'escarpe ou de la contre-escarpe de gorge des forts de *Vacherauville* et de *Moulainville*. L'effet de l'ébranlement produit par un obus éclatant à proximité du fourneau en avait provoqué l'explosion.
Certaines casemates de Bourges, celles du fort de Vaux notamment, ne purent être réarmées, vu la violence soutenue du bombardement allemand.

lons, par *Sainte-Menehould*, qui reliait le front français à l'intérieur, avait été coupée par le canon allemand, dès le 21 février, au coude d'*Aubréville*. Et alors, pour alimenter le champ de bataille, il ne nous restait plus que la route et le chemin de fer économique joignant Verdun à *Bar-le-Duc* (voir carte III).

Avant l'attaque de Verdun, la précarité des communications avait bien préoccupé le Commandement français. Au cours de l'été de 1915, la chaussée de la route de *Bar-le-Duc* avait été élargie, de manière à permettre le passage à trois voitures de front; le rail léger du chemin de fer économique avait été remplacé par du rail lourd. Enfin, on avait étudié le tracé d'une voie normale raccordant *Revigny* à Verdun, par *Dugny*. Mais, faute de main-d'œuvre disponible, celle-ci n'avait pu être encore entreprise.

Sous la pression des événements l'on va essayer de tirer le meilleur rendement des médiocres moyens qui nous restent.

Par un jeu judicieux de garages, on arrive à porter le rendement journalier du chemin de fer économique de 400 à 2.000 tonnes. Sur la route de *Bar-le-Duc*, l'on voit mettre en circulation près de 4.000 camions automobiles qui parcourent cette route dans les deux sens, l'un suivant l'autre à 15 secondes, formant ainsi une énorme chaîne sans fin reliant au champ de bataille la gare de *Bar-le-Duc* et celles qui l'avoisinent. La gigantesque Noria, tant que durera la bataille, la nuit, le jour, sans heurts ni à-coups, grâce à un système de pilotage, d'entretien et de garage admirablement réglé et ordonné, déversera sur le champ de bataille le personnel, le matériel et les munitions. Aussi, comme jadis les voies des triomphateurs, pour avoir sauvé Verdun, cette route prendra-t-elle le nom de *Voie Sacrée*.

Enfin, en pleine bataille, on n'hésite pas à ordonner la mise en chantier de la voie normale de *Revigny* à *Dugny;* celle-ci pourra être livrée à l'exploitation, dès le mois de juin 1916.

Le ravitaillement de la bataille de Verdun reste l'une des *merveilles* de la guerre mondiale. Il souligne, de manière

(Photo Archives photographiques d'art et d'histoire.)

Verdun. — Ruines autour de la Cathédrale.

(Photo Archives photographiques d'art et d'histoire.)

Verdun. — Les bords de la Meuse.

frappante, la faculté prodigieuse qu'ont les Français de se tirer d'embarras dans les circonstances les plus difficiles et les plus tragiques.

Il fait aussi le plus grand honneur à notre Etat-Major et à nos troupes d'étapes.

*

Pendant sept jours encore, jusqu'au 5 mars, l'ennemi va affirmer sa volonté de percer directement sur Verdun. Mais les efforts des deux adversaires se cristallisent autour du *fort de Douaumont* que les Français essaient vainement de reprendre et du *village de Douaumont*, qui finit par tomber en ruines, entre les mains des Allemands. L'attaque brusquée partie de la ligne I s'éteint sur la ligne II (carte I).

Ainsi qu'il l'avait laissé entendre à son infanterie, le commandement allemand comptait voir tomber sans combat notre première position broyée par le formidable bombardement initial; et, *comme il savait nos lignes intérieures privées de défenseurs, il espérait pouvoir percer sur la Place,* D'UNE SEULE HALEINE!

L'héroïsme du XXX° corps et l'intervention de l'artillerie de la rive gauche avaient permis au commandement français de sauver la forteresse de l'attaque brusquée des Allemands.

× ×

Les Allemands avaient commis une faute lourde en ne nous attaquant pas en même temps, par les deux rives de la Meuse. Cette faute avait permis à l'artillerie française de la rive gauche de s'employer à maîtriser l'aile droite de leur attaque; au commandement de la défense, de faire soutenir le XXX° corps par la presque totalité des premières troupes disponibles.

Dans ses Mémoires, *Falkenhayn* prend toute la responsabilité de la manière dont fut conçue l'attaque brusquée; il nous expose ses raisons, mais son plaidoyer manque d'ampleur de vue et ne fait que souligner la médiocrité de son commandement. Pour justifier l'étriqué de sa conception, il se retranche derrière la pauvreté des effectifs initialement réunis pour la bataille, sans paraître se douter qu'il ne tenait qu'à lui qu'il en fût autrement! L'histoire de son Pays le jugera sévèrement.

La faute commise par le Haut Commandement allemand, celle de n'avoir pas su harmoniser, dès les premières heures de la bataille, une attaque sur la rive gauche avec l'attaque principale de la rive droite, paraîtra d'autant moins excusable que notre préoccupation de soutenir, aussi puissamment que possible nos défenseurs de la rive droite par l'artillerie de la rive gauche, avait été, quelques mois avant la guerre, clairement écrite sur le sol.

Devant la perpétuelle menace de guerre que faisaient peser sur nous l'attitude sans cesse agressive de la diplomatie allemande et celle de son grandiloquent porte-parole, l'Empereur Guillaume II, nous avions fini par comprendre que cette guerre, que la nation française se refusait à croire possible, allait bientôt nous être imposée. Aussi, au cours de 1913 et du printemps de 1914, avec une hâte fébrile, avions-nous aménagé en une véritable batterie de canons sous tourelles le *fort de Vacherauville*, situé *sur la rive gauche de la Meuse* et dont l'objet évident était le flanquement de la *côte du Poivre*, couverture de notre *position principale de la rive droite*. Alors admirablement renseigné sur les moindres de nos travaux par ses nombreux agents, dont certains poussaient l'audace jusqu'à venir s'installer, sous prétexte d'exploitation agricole, au pied même des ouvrages les plus importants de notre camp retranché, le Grand Etat-Major allemand ne pouvait ignorer les travaux de Vacherauville (1).

Quant à la zone de l'attaque brusquée, on peut affirmer qu'elle avait été judicieusement choisie : *sur le front nord* et *sur la rive droite*. Ce choix semble, cependant, surprendre certains historiens de la bataille qui rappellent qu'en 1870, les Allemands avaient attaqué Verdun par la rive gauche et que c'est également par cette rive que l'Etat-Major du Kronprinz avait envisagé l'attaque principale, lors d'un *jeu de la guerre* exécuté, avant la bataille, à *Charleville*

______

(1) Dans ses mémoires, *Falkenhayn* avoue, du reste, avoir prévu l'intervention de notre artillerie de la rive gauche au bénéfice de notre défense de la rive droite. Il comptait sur l'efficacité de la contre-batterie allemande, pour la maîtriser.

En 1916, la situation militaire, devant Verdun, ne présentait aucune analogie avec celle de 1870. Il s'agissait non pas, comme en 1870, de réduire une petite garnison enfermée dans la ville, derrière une étroite ceinture de parapets à la Vauban, et n'ayant aucun secours à attendre de la part de nos armées de campagne battues; mais bien de s'attaquer à un ennemi puissant, solidement cramponné à *la forêt d'Argonne* et aux massifs forestiers reliant celle-ci à Verdun, et qui, de plus, avait enchâssé dans ses lignes les multiples organes cuirassés d'un immense camp retranché.

Enfin, pour ce qui est *du jeu de la guerre* de *Charleville*, on comprend que c'est avec intention que l'Etat-Major du Kronprinz avait été amené à y envisager *l'attaque brusquée* d'après une conception étrangère à celle qui, le jour venu, devait présider à l'exécution. Duperie ou prudence? L'une et l'autre évidemment; en temps de guerre, en territoire ennemi surtout, il faut savoir se défendre des curiosités intéressées comme des indiscrétions involontaires.

Une foule de raisons, déjà énumérées, militaient pour l'adoption de la zone d'attaque choisie par les Allemands; mais, parmi celles-ci, il y en avait une particulièrement décisive : les Allemands, avant l'attaque, savaient fort bien que le faible cordon de nos troupes qui, dans la Woëvre, tenait la poche dessinée par notre front du côté d'*Etain*, entre *Ornes* et les *Eparges*, était des plus vulnérables et facile à crever si même, ainsi que la chose devait se produire, il ne venait pas à s'effacer prudemment de lui-même, dès la plus légère avance de leur part sur les *Hauts de Meuse*. Donc pour eux, attaquer par les *Hauts de Meuse* de la rive droite, c'était attaquer ce qu'on appelait avant la guerre : le *Saillant de Douaumont;* et, quelques soins qu'aient pu apporter les Français à le consolider, un saillant aussi accentué que celui-là restait toujours éminemment favorable à une attaque, surtout si cette attaque était conduite avec une artillerie très nombreuse et d'une grande puissance d'écrasement, comme celle dont disposaient les Allemands devant Verdun, en 1916.

Avant les hostilités, à Verdun, nous considérions le *Saillant de Douaumont* comme le point sensible de la forteresse, c'est-à-dire, comme le point d'attaque probable; par ailleurs, nous avions de solides raisons d'admettre que l'Etat-Major allemand, celui de la Place de Metz, tout au moins, n'était pas sans partager notre manière de voir. Aussi, l'attention du gouverneur de Verdun était-elle particulièrement fixée sur l'organisation des deux faces de ce saillant, c'est-à-dire, sur l'organisation de la position *Hardaumont, Douaumont, Froideterre-Bras*, d'une part, et, d'autre part, sur celle de la position *Hardaumont, fort de Vaux, ouvrage de la Lanfée, fort de Moulainville*, laquelle couvrait, du côté de la Woëvre, le flanc droit de la précédente.

IIe PHASE

La Bataille d'usure.

* * *

a) Les premières intentions allemandes (5 mars-9 juin).

> Les combats sur la rive droite.

> Les combats sur la rive gauche.

b) Modifications aux intentions allemandes (9 juin-2 septembre).

> Les combats sur la rive droite.

(Photo Musée de Vincennes.

Médaille frappée en Allemagne en 1916, dédiée au Général Pétain et à ses Alliés du Monde entier. — Verdun pompe à sang du Monde.

La Mort, coiffée du casque allemand, pompe le sang de l'Armée française.

IIe PHASE

La Bataille d'usure.

Les premières intentions allemandes du 5 mars au 9 juin.

Jusqu'ici, les Allemands n'ont attaqué que par les *Hauts de Meuse* de la rive droite, sur un front de dix kilomètres; ils vont maintenant porter à vingt kilomètres l'étendue du front de la bataille en nous attaquant également sur la rive gauche, jusqu'au méridien du *village d'Avocourt*.

Le commandement allemand transforme son attaque brusquée en une grande BATAILLE D'USURE, QUI DOIT ASPIRER NOS DIVISIONS SUR LE FRONT DE VERDUN ET AMENER LEUR USURE MATÉRIELLE ET MORALE.

Dès lors, dans un déchaînement formidable d'artillerie, ce sont, sur l'une et l'autre rives, des coups de bélier d'infanterie, successifs ou simultanés, brefs, mais dont la fréquence s'accentue. Entre les attaques allemandes et les contre-attaques françaises, nuit et jour, le sol du champ de bataille ne cesse de frémir sous les coups précipités des deux artilleries.

Tout en cherchant la ruine de l'infanterie française, grâce à la supériorité écrasante de son artillerie, — en nombre, en calibre et en approvisionnement en munitions, — le commandement allemand poursuit une percée méthodique sur la ville de Verdun par la rive droite, pendant que, sur la rive gauche, il cherche à enlever la position couvrant une partie de notre artillerie avancée, position jalonnée par la *Côte de l'Oie, Le Mort-Homme, la Cote* 304, *le bois d'Avocourt* (1).

---

(1) Quoi qu'on ait pu écrire à ce sujet, au cours de la bataille de Verdun les Allemands n'ont jamais eu d'autre ambition, sur la rive gauche. Non seulement cela était logique, vu leur conception de la *bataille d'usure*, mais la distribution générale des forces de l'infanterie allemande sur le

Menée avec violence, l'action de la rive gauche facilitera aussi la progression des forces attaquant sur la rive droite : elle voilera les véritables intentions allemandes, jettera le trouble dans l'esprit du commandement français et amènera une grande partie de ses forces à se dépenser à l'ouest de la Meuse.

Entre temps, les Allemands feront quelques démonstrations à l'est et au sud-est de Verdun, notamment aux Eparges, contre nos forces qui tiennent la falaise orientale des *Hauts de Meuse;* mais ces attaques, conduites avec des forces et une vigueur insuffisantes, n'arriveront pas à donner le change à notre commandement, et à détourner son attention du front nord et nord-est de la forteresse.

× ×

Les combats sur la rive droite, jusqu'au 9 juin.

Sur la rive droite, afin de soustraire son infanterie aux coups d'écharpe et d'enfilade de l'artillerie française de la rive gauche, qui maîtrise particulièrement la région de *Bras,* entre la *Cote du Poivre* et celle de *Froideterre,* l'ennemi se voit contraint à donner à ses attaques une orientation générale sud-ouest. En conséquence, tournant le dos à la plaine de Woëvre, il prendra comme axe général de progression une légère courbe passant par le *village de Vaux,* le *village de Fleury* et le *fort Saint-Michel,* le premier grand objectif à atteindre étant la position jalonnée par l'*ouvrage de Thiaumont,* le *village de Fleury,* la *hauteur* et le *fort de Souville.*

Dans cette arène étroite, — à jamais célèbre! — que devient le quadrilatère *fort de Douaumont - ouvrage de Thiaumont -*

---

front des attaques le démontre clairement. Aussi, quand le Kronprinz affirme que, sur la rive gauche, son ambition se bornait à la conquête de la position de couverture de notre artillerie avancée, on ne se trompera pas en admettant que, sur ce point, du moins, il est sincère (l'*Illustration,* décembre 1928).

fort de Souville - *fort de Vaux*, lentement, méthodiquement, avec une volonté de fer et dans le sang, l'ennemi se fraye la voie vers son premier objectif. Ses coups terribles, simultanés ou successifs, portent à gauche, au centre, à droite. Les uns après les autres, les ravins, les hauteurs, les bois tombent en sa possession; il les perd et les reprend encore. Sur son flanc droit, les ouvrages et le *plateau d'Hardaumont*, les abords du fort et du *village de Douaumont*, la *ferme de Thiaumont* et le *ravin de la Dame;* au centre de son sillage, le *village de Vaux*, les *bois de La Caillette*, de *Fumin*, de *Vaux-Chapitre*, les contreforts et leurs ravins de la *Fausse-Côte*, de *La Caillette*, les *ravins du Bazil* et de *Chambouillat;* sur son flanc gauche, le *plateau du fort de Vaux et ses abords*, le *fort de Vaux*, le *bois de la Haie-Renard* deviennent autant de fabuleux sépulcres qui, par lambeaux, après des luttes d'une âpreté sans nom finissent, grâce à la supériorité de son artillerie, par rester en sa possession.

Partant de la Woëvre, l'ennemi essayait, de suite, d'enlever le *village de Vaux*, et de prendre pied sur le plateau du *fort de Vaux*.

Dès le 9 mars, le communiqué allemand apprenait au monde que *le village et le fort cuirassé de Vaux, ainsi que les nombreuses fortifications voisines, avaient été enlevés dans une brillante attaque de nuit des régiments de Posen n°s 6 et 19, sous la direction du général d'infanterie von Gurestsky-Cornitz.*

La nouvelle était quelque peu prématurée! Après des jours terribles, le *village de Vaux*, attaqué pour la première fois le 8 mars, ne devait tomber que le 31 mars, encore fut-il repris le 1er avril, pour rester à l'adversaire définitivement, le 2 avril.

Quant au *fort de Vaux*, il ne sera pris que trois mois après.

Le jour même que tombait définitivement le *village de Vaux*, le 2 avril, apparaissaient dans le *Quadrilatère* deux chefs qui allaient non seulement contribuer puissamment à sauver Verdun, mais devaient encore faire de la bataille une victoire française éclatante.

C'est le commandant du IIIe corps, le général Nivelle qui, le lendemain, prend le commandement du *secteur de Fleury.* Par d'incessantes contre-attaques, il anime aussitôt d'une vi-

(Photo Archives photographiques d'art et d'histoire.)

Les ruines du village de Vaux.

(Photo Archives photographiques d'art et d'histoire.)

Coureurs arrivant au fort de Vaux.

gueur ardente la défense du *Quadrilatère;* et ce célèbre cri :
« ILS NE PASSERONT PAS! » exprimera l'inébranlable volonté qui
présidera toujours aux décisions du chef, comme aux efforts
de ses sublimes soldats.

*Le 1er mai, le général Nivelle recevra le commandement de
l'armée de Verdun.*

C'est aussi son lieutenant, le commandant de la 5ᵉ division,
le général Mangin. Celui-ci entrait dans le *secteur de Fleury,*
le 2 avril, à midi.

Ce jour-là, profitant de ce que l'attention de notre commandement et les efforts de notre artillerie étaient concentrés autour du *village de Vaux,* l'ennemi avait lancé, par surprise, une
attaque plus au nord, sur *le plateau d'Hardaumont.* Celle-ci,
après avoir enlevé ce qui nous restait de ce plateau, perçait
d'une seule haleine à travers le *ravin de la Fausse-Côte* et le
bois de La Caillette et, poursuivant sa marche, pénétrait dans
le *ravin du Bazil.* Mangin l'apprend en arrivant à la *tourelle de
Souville;* de suite, il lance son seul régiment disponible, le 74ᵉ,
et refoule l'ennemi dans le *bois de La Caillette.* Trois jours
après, il reprendra ce bois.

Le 22 mai, sa division envahit la presque totalité de la superstructure du *fort de Douaumont,* mais les attaques qui devaient encercler le fort à droite et à gauche ayant échoué, le
fort restera, en fin de compte, aux mains des Allemands, le
24 mai.

Chute du fort de Vaux.

Le 1er juin, cinq divisions allemandes attaquaient notre front
entre la *ferme de Thiaumont* et le *village de Damloup.* Conver-
sant vers le sud, le centre de cette attaque enlevait le *bois Fumin* et abordait le *fort de Vaux* par le nord-ouest, pendant que
tombaient, au nord et à l'est du fort, les retranchements qui
maîtrisaient ses approches. Toutefois, *le village de Damloup*
résistait jusqu'au lendemain matin et, comme par miracle, le
petit retranchement cuirassé R₁ (1), situé entre le fort et le
bois Fumin, tenait en îlot isolé, jusqu'au 8 juin. Quant à
la batterie de Damloup, elle n'était prise que le 11 juillet.

---

(1) Voir « les cahiers du capitaine DELVERT », commandant le retranchement de R₁.

Le Général Nivelle, Commandant l'Armée de Verdun du 1er mai 1916
à la fin de décembre 1916.

(Photo MELCY Paris.)

Le Général Mangin, Commandant le Groupement de la rive droite
à compter du 4 septembre 1916.

Quoi qu'il en soit, le *fort de Vaux* se trouvait étroitement encerclé, sur trois de ses faces, le 1er juin, à la tombée de **la** nuit.

Depuis le 6 mars, c'est-à-dire depuis trois mois, nuit et jour, ce fort n'avait cessé d'être écrasé par les obusiers les plus puissants. De l'extérieur, au milieu de ce paysage lunaire que présentait maintenant *le plateau de Vaux*, il émergeait entièrement bouleversé; on pouvait le croire ruiné de fond en comble.

Il était loin d'en être ainsi.

Privé des canons de sa tourelle détruite dans les conditions que l'on sait, et de l'action de ses casemates de Bourges qui n'avaient pu être réarmées sous la violence ininterrompue

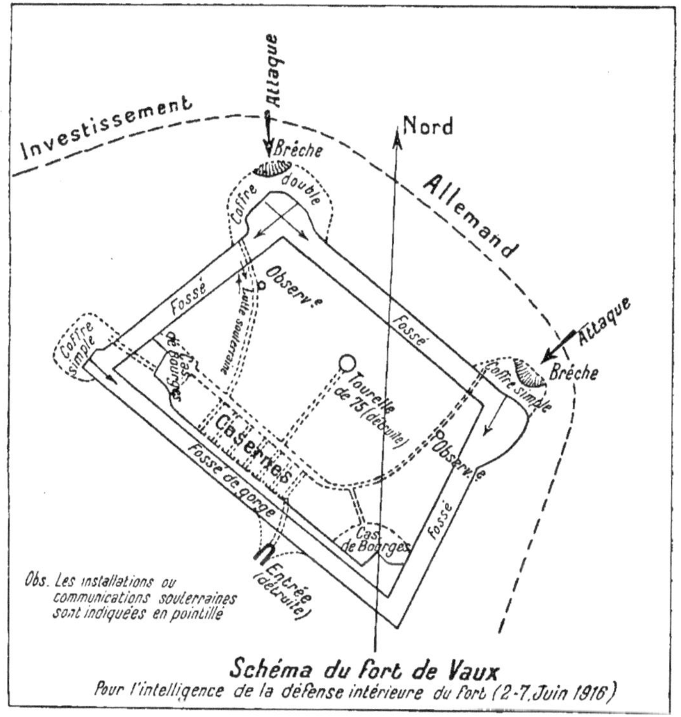

Schéma du fort de Vaux
Pour l'intelligence de la défense intérieure du fort (2-7 Juin 1916)

du bombardement, il n'avait pu, à notre grand dommage, jouer l'un de ses rôles importants, celui qui consistait à flanquer de ses feux d'artillerie *Douaumont* et *Hardaumont* au nord, *la Laufée* au sud, et à battre les intervalles qui le séparaient de ces ouvrages; par contre, depuis le début de la bataille, *le fort de Vaux* avait constitué un point d'appui précieux pour l'infanterie assurant la défense du *plateau de Vaux*.

Le 2 juin, malgré le complet bouleversement de ses terrassements, ce point d'appui gardait encore une grosse valeur; les fusiliers et les mitrailleurs utilisant les entonnoirs de la superstructure pouvaient en interdire les abords; d'autre part, l'ensemble de la garnison trouvait toujours dans les casernements de l'ouvrage, restés invulnérables malgré quelques fissures, un excellent abri contre le bombardement.

Les obstacles qui le protégeaient d'un assaut par surprise avaient beaucoup souffert; depuis longtemps les réseaux de fil de fer avaient été soufflés, la grille d'escarpe était démolie, et les fossés labourés par les obus étaient encombrés; cependant, le franchissement de ces fossés restait encore suffisamment maîtrisé par les mitrailleuses et les canons de petit calibre des coffres de la contrescarpe. Toutefois, et bien que leur voûte eût résisté, le fond du coffre double du nord, comme celui du coffre simple du nord-est avaient été crevés sous l'ébranlement de projectiles très puissants. Et c'est ainsi, du reste, que le fort dont l'entrée de gorge était obstruée, par suite de l'écrasement de son passage souterrain, pouvait toujours communiquer avec l'extérieur par ces deux coffres, grâce aux couloirs bétonnés les reliant au massif central par le sous-sol des fossés.

×

Le fort était largement approvisionné en vivres, en munitions et en matériel, mais très peu approvisionné en eau. Sous les effets du bombardement, depuis longtemps la citerne ne pouvait plus être alimentée par l'eau de pluie, de plus, comme le *plateau de Vaux* manquait d'eau et qu'on n'en pouvait trouver que dans le *ravin des Fontaines*, la défense extérieure lui avait fait des emprunts répétés; si bien que, le 1er juin, elle ne contenait plus guère que 2.500 litres.

× ×

Le 2 juin, à quatre heures du matin, sous l'activité redoublée de l'artillerie allemande, le *plateau de Vaux* devient un véritable volcan. Les obus de l'ennemi ayant nettoyé ses parapets, le fort se voit, aussitôt, isolé de tout secours de l'extérieur par un rempart de fer et de feu impénétrable qui se fixe à l'ouest de son massif. C'est alors que, méthodiquement, l'infanterie allemande cherche à s'en emparer.

Pendant que des pionniers neutralisent par des engins fumigènes le coffre double du nord, une autre fraction de pionniers franchit le fossé dans sa partie nord, pour escalader la superstructure où elle installe tout d'abord une mitrailleuse destinée à maîtriser les abords de la face sud-ouest, la face de la gorge, la seule dont l'accès ne nous fût pas encore interdit par l'infanterie allemande. Puis, l'ennemi s'empare des coffres du nord et du nord-est. Dès lors, commence une âpre lutte souterraine, tout d'abord dans les couloirs bétonnés reliant les deux coffres au massif central; pendant que les Français en disputent l'accès à la grenade et à la mitrailleuse, utilisant des barrages successifs de sacs à terre, les Allemands, pour atteindre les casernements, emploient tous les moyens : grenades, explosifs, lance-flammes, gaz et fumigènes.

Le commandant du fort, le chef de bataillon *Raynal*, un grand blessé de guerre (tous les officiers commandant nos forts de Verdun étaient d'anciens grands blessés), n'exerce plus maintenant que le commandement de la défense de l'intérieur du fort où il se trouve enfermé avec une garnison qui avait été subitement portée, dans la journée du 1er juin, de 300 à 650 hommes par l'afflux imprévu d'éléments de la défense extérieure. L'ordre d'évacuer le fort sera bien

Commandant Raynal

d'après le portrait de J.-F. BOUCHOR
(Musée de Verdun.)

donné à ce renfort si indésirable étant donné la pauvreté de l'approvisionnement en eau, mais ce n'est que dans la nuit du 5 au 6, qu'une centaine d'hommes parviendront à gagner l'extérieur.

De son côté, la défense de Verdun met tout en œuvre pour secourir le fort. Alors que le bombardement allemand maintient sa violence sur le plateau de Vaux, alors que l'infanterie ennemie multiplie ses efforts pour s'emparer de ce plateau ou tout au moins compléter l'investissement du fort, notre artillerie accable les abords de l'ouvrage de ses obus lourds et balaye sa superstructure de ses projectiles de 75^{mm}, pendant que notre infanterie déploie toute son énergie dans des contre-attaques vigoureuses.

Mais, tous nos efforts restent vains.

Pendant ce temps, par pigeons voyageurs (1), puis par la télégraphie optique, — quand, à grand'peine, le fort peut établir la correspondance avec le poste de *Souville*, — *Raynal* fait entendre des appels tragiques.

Le dernier que nous devions recevoir complet est celui du 5, à la tombée de la nuit :

« *Il faut que je sois dégagé ce soir et que le ravitaillement en eau me parvienne immédiatement. Je vais toucher au bout de mes forces. Les troupes, hommes et gradés, en toutes circonstances, ont fait leur devoir jusqu'au bout.* »

Le 6, le poste de Souville ne déchiffre que ces mots :

« *...interviendrez avant complet épuisement... vive la France!* »

Le 7, à 3 h. 45, c'est le dernier appel, tout est brouillé, sauf ceci :

« *...ne quittez pas...* »

C'était l'agonie! Après avoir vécu cinq jours et cinq nuits au milieu des plaintes des fiévreux et des blessés, dans une atmosphère empoisonnée par les gaz asphyxiants et la décomposition des cadavres, privée d'eau depuis deux jours, l'héroïque garnison, physiquement épuisée, se rendait le 7, à six heures du matin, *vaincue par la soif* (2).

× ×

On trouvera ci-dessous quelques passages du récit de l'Allemand *Kurt von Reden*, correspondant de guerre au-

---

(1) Le 4 juin, le dernier pigeon du fort apportait au colombier de la citadelle le message suivant : « Nous tenons toujours, mais nous subissons une attaque par les gaz et les fumées très dangereuse. Il y a urgence à nous dégager. Faites-nous donner de suite communication optique par Souville, qui ne répond pas à nos appels. C'est mon dernier pigeon. »

(2) Voir Henry BORDEAUX : « Les derniers jours du fort de Vaux ».

près du Quartier Général du Kronprinz (1). Ils nous expliquent l'envahissement de la superstructure et la conquête des coffres du nord et du nord-est; ils nous donnent aussi quelques détails sur la lutte souterraine.

La mitrailleuse qui, sur la brèche (2) même, gênait notre approche, fut d'abord réduite au silence par des grenades à main.

Puis, les pionniers rampèrent jusqu'au bord supérieur du mur escarpé, au-dessus du coffre nord, disposèrent les lance-flammes et, d'en haut, avec le secours d'un bras coudé, en introduisirent les tuyaux dans les embrasures. Une flamme de deux mètres, accompagnée de fumée épaisse, chassa la garnison loin de ses canons.

Alors, trente pionniers environ, profitant des brèches ouvertes dans la maçonnerie, purent descendre dans le fossé et arriver de l'autre côté, sur le couronnement du parapet principal où, couchés, ils s'aménagèrent une sorte d'abri dans l'amoncellement des décombres. Cette petite troupe fut aussitôt coupée, les Français ayant remis en jeu les mitrailleuses qui lui interdisaient la retraite, dès que, dans le coffre, la fumée se fut dissipée. Dans l'énorme vacarme du feu de barrage allemand tombant à 200 mètres derrière le fort, les cris ne pouvaient se faire entendre à 20 mètres. L'officier qui commandait dut faire, en agitant sa casquette, les signes du télégraphe Morse.

A sept heures du matin, on réussit à prendre le second coffre, celui de l'est, après que la garnison, par une brèche (3) que les obus avaient ouverte, eût été accablée de grenades à main; trente hommes y furent pris, et les mitrailleuses, avec abondance de munitions, furent utilisées.

Mais la fumée n'avait neutralisé l'autre coffre que de façon passagère; il fallait donc le prendre, n'importe comment. On remplit de grenades à main des sacs à terre, on les laissa glisser le long du mur, jusque devant les embrasures, et on les fit alors exploser. Mais cela ne put se faire sans danger pour les braves pionniers, car les Français avaient posé une nouvelle mitrailleuse dans une porte, non loin des embrasures, et pouvaient ainsi tirer d'en bas contre toute tête dépassant le bord supérieur du mur. Pourtant, vers dix-sept heures, les explosions réussirent, et l'on put ainsi pénétrer enfin dans le coffre qu'on avait attaqué le premier. La garnison, par un couloir profond passant sous le fond du fossé, s'était réfugiée dans l'intérieur du fort.

Alors, le commandant des pionniers voulut pénétrer dans l'ouvrage même, et cela par le même couloir souterrain qu'avait suivi la garnison du coffre enfumé. Un escalier descendait profondément, puis venait un court palier, puis un raide escalier montant jusqu'à une solide porte de chêne, qui empêchait d'aller plus loin. Le lieutenant des pionniers, Ruberg, décida de faire sauter cette porte en y plaçant tout ce qu'il fallait de grenades à main et de mettre à profit la confusion qui s'ensuivrait pour donner l'assaut avec ses soldats. Pour n'être pas elle-même anéantie par l'explosion, il fallait que la troupe gagnât assez de temps pour pouvoir, la mèche une fois allumée, descendre l'escalier et remonter de l'autre côté, ce qui exigeait du moins un cordon brûlant vingt secondes. Le lieutenant Ruberg, à défaut de pétards explosifs, lia donc ensemble une douzaine de grenades; il les assujettissait contre la lourde porte, lorsqu'il entendit derrière celle-ci le chuchotement des Français et le petit crépitement significatif d'un cordon Bickford. Il n'avait donc plus le temps de la réflexion, car, en une demi-minute au plus, la

---

(1) Récit publié dans la *Breisgauer Zeitung* des 16, 17 et 18 juin, et rappelé par Henry Bordeaux (« Les derniers jours du fort de Vaux »).
(2) Il s'agit de la brèche ouverte dans le fond du coffre double du nord.
(3) Il s'agit ici de la brèche ouverte dans le fond du coffre simple nord-est.

porte allait sauter du dedans et les Français auraient, dans ce cas, la supériorité morale de l'assaut. Il fallait donc les devancer.

Le lieutenant fit signe à ses hommes de se garer, tira le détonateur normal d'une des grenades à main, qui fonctionne en cinq secondes, et se jeta au bas de l'escalier, pour n'être pas mis en pièces. Il était à mi-chemin quand se produisit une formidable explosion : la charge posée par les Français sautait en même temps que l'autre, sous son action. La pression de l'air lança le lieutenant à quelques mètres plus loin, et il reçut dans le dos plusieurs éclats. Ses pionniers se jettèrent en avant dans le couloir, arrivèrent jusqu'à un croisement, mais furent alors reçus par deux mitrailleuses placées à angle droit, environ à dix pas en arrière, si bien qu'il devint impossible de pousser plus loin. Il fallut patienter toute la nuit. Il y avait désormais deux commandants du fort de Vaux, un commandant français sous terre, et, au-dessus de lui, un commandant allemand. Les Français ne pouvaient nulle part sortir la tête sans recevoir aussitôt des balles ou des grenades; et les Allemands, provisoirement, ne pouvaient avancer. Une horrible odeur émanait de toutes les fissures ouvertes au plafond des casemates. Les cadavres des Français morts dans les combats précédents gisaient encore là-dessous; on ne pouvait ni les tirer au dehors, ni les ensevelir dans le roc épais et dur. Au cours de la nuit, une douzaine de Français essayèrent de se frayer une issue. Ils furent en partie tués, en partie faits prisonniers par les postes déjà installés au sud-ouest du fort.

Après avoir fait sauter la lourde porte ouvrant sur le couloir qui conduisait du poste d'observation ouest à la caserne de la gorge, les Allemands avancèrent pas à pas dans le couloir. Il était très sombre, large seulement de 90 centimètres, sur un mètre et demi de hauteur; les Français avaient dressé une barricade en sacs de terre sur deux mètres de profondeur, et installé derrière elle une mitrailleuse. Il fallut encore faire sauter la barricade, pour tomber sur une autre quelques mètres plus loin. Ainsi, les Français furent repoussés pas à pas, sur une longueur de 25 mètres.

Chez les Français se multipliaient les signes de faim (1) et de soif. Quelques-uns réussirent, par le fossé de la gorge, qui restait en leur possession, à s'échapper sur le bois de la Montagne, devant le fort de Souville. Dans cette direction se trouvait la première ligne d'infanterie française. Par là aussi, le commandant du fort, quand il n'eut plus de pigeons voyageurs, envoya des hommes de liaison. Les communications téléphoniques souterraines étaient détruites par les obus lourds.

La position de la garnison française ne cessa d'empirer les 5 et 6 juin; le nombre des morts et surtout des blessés s'accrut rapidement; enfin, il ne resta plus, pour les blessés même, que 59 litres d'eau. Les hommes non blessés, depuis deux jours, n'en avaient pas une goutte et, depuis le 5, n'avaient presque rien mangé. Cependant, les Français continuaient à tirer du côté de la gorge, par les embrasures de la caserne et celles des fossés, sur tout but qui se présentait. La garnison allemande du fort de Vaux subit ainsi des pertes. Elle en subit d'autres particulièrement sensibles: sous les feux de flanquement continuels, que le point d'appui d'infanterie, muni d'un canon de campagne, situé tout près, à l'ouest, envoyait sur le fort. La batterie haute de Damloup procédait également, du sud, à un bombardement fort gênant.

Le 6 juin, après-midi, la situation des Allemands devint extrêmement difficile. Les casemates qu'ils occupaient furent énergiquement et continûment arrosées, d'abord de projectiles à gaz, quelque temps plus tard, d'obus lourds. Les deux bombardements ne devaient être que les avant-coureurs d'une con-

---

(1) Les vivres, nous l'avons dit, ne manquaient pas.

*tre-attaque de l'infanterie, visant à la reprise de l'ouvrage par le sud-ouest.
Mais cette attaque fut brisée par l'effet foudroyant du tir de barrage allemand,
qui commença à la seconde même où elle se déclencha (1).*

*Aujourd'hui, au petit matin, la garnison française s'est rendue par l'organe
de son commandant. Les prisonniers, qui commencent d'arriver ici, sont la
vivante image de la désolation.*

× ×

Le 9 juin, après trois mois d'efforts inouïs et d'énormes sacrifices, l'ennemi se trouvait enfin, sans avoir pu encore l'entamer, de manière définitive du moins, à distance d'assaut de son premier objectif intermédiaire : *ouvrage de Thiaumont, village de Fleury, fort de Souville.*

Les combats sur la rive gauche, jusqu'au 9 juin.

Sur la rive gauche, dans le même temps, les Allemands cherchent, avec non moins d'âpreté, à faire tomber la position couvrant une partie des batteries françaises qui maîtrisent la droite de leurs forces opérant à l'est de la Meuse. La possession de cette position : *Côte de l'Oie, Mort-Homme, hauteur 304, bois d'Avocourt* forcera nos batteries à se replier derrière la hauteur des *Bois-Bourrus* et au sud de la ligne : *village d'Esnes - village d'Avocourt;* en outre, elle permettra aux éléments de l'artillerie allemande, déployés au nord et loin du *ruisseau de Forges,* de faire un grand bond en avant, pour se rapprocher du champ de bataille de l'infanterie.

× ×

Tout d'abord commence une lutte ardente pour la possession du *Mort-Homme,* dont les deux sommets : *la cote 265* et surtout *la cote 295* deviendront légendaires.

A compter du 6 mars, l'ennemi prend le *Mort-Homme* dans les mâchoires de deux attaques convergentes, l'une partant du

---

(1) Il s'agit de la contre-attaque vigoureusement menée par le 321ᵉ régiment, qui subit les pertes les plus lourdes, en officiers notamment.

nord, l'autre de l'est. L'attaque du nord franchit le *ruisseau de Forges* entre la Meuse et *Béthincourt*, puis, avançant l'épaule gauche, porte ses efforts, d'abord sur la *Côte de l'Oie*. Les unités de la rive droite, qui franchissent la Meuse en amont de *Régneville*, lui apportent une aide puissante.

Le 14 mars au soir, après des combats acharnés, — parmi lesquels les luttes épiques du *bois des Corbeaux*, que soutiennent les fantassins du colonel *Macker* (1), — l'adversaire voit se fixer son front sur la ligne *Béthincourt* (exclu), *cote 265*, *bois des Corbeaux*, *Cumières* (exclu), toutes ses tentatives pour enlever le sommet dominant du *Mort-Homme* (la *cote 295*) (2), et le village de *Cumières* ayant échoué.

Les Allemands se tournent, alors, vers la *hauteur 304* qu'ils attaqueront par l'ouest. Ils vont utiliser le saillant que leur front dessine dans le nôtre, à l'ouest de *Malancourt* et de *304*, pour attaquer tout d'abord le *bois d'Avocourt*. S'ils venaient à s'emparer de ce bois, la position *hauteur 304* - *Mort-Homme*, dès lors étroitement enserrée par l'Est et par l'Ouest, et menacée au Nord, se trouverait fortement compromise; quant aux forces françaises encore aventurées sur le *ruisseau de Forges*, entre *Haucourt* et *Béthincourt*, et au nord de cette région, pour éviter la capture, elles se verraient vraisemblablement obligées à une retraite précipitée vers le sud.

Le 20 mars, une défaillance lamentable, la seule peut-être que connût notre merveilleuse infanterie de Verdun, leur livre, de manière inattendue, le *bois d'Avocourt*, puissamment organisé, et sur lequel ils vont pouvoir, dès lors, étayer leurs attaques contre la *hauteur 304*.

Cependant, les tentatives des Allemands sur le flanc ouest de *304* restent sans résultat, de même que leurs efforts pour s'emparer du *village d'Avocourt*. Bien mieux, à la déception

---

(1) Le colonel Macker fut tué au bois des Corbeaux.

(2) Dans leur communiqué, les Allemands se disaient maîtres du *Mort-Homme*, alors que dans le nôtre, nous affirmions l'avoir conservé, en dépit de toutes leurs entreprises. L'intervention de reporters américains apprit au monde, qui suivait avec passion les péripéties de la terrible étreinte, que si les Allemands possédaient le *sommet 265*, par contre, le sommet culminant du *Mort-Homme*, la *cote 295*, restait bien aux Français.

de l'adversaire, nos forces occupant la région *Malancourt -
Béthincourt* restent sur leurs positions, sans s'émouvoir de la
nouvelle et pressante menace d'encerclement que fait peser
sur elles la chute du *bois d'Avocourt.*

Après des efforts répétés, le 29 mars, nous finissons par
rentrer en possession de la partie Sud du *bois d'Avocourt;*
nous nous y installons solidement, pour couvrir le *village
d'Avocourt* et gêner, tout au moins, les entreprises de l'adversaire contre le flanc ouest de la *hauteur* 304.

× ×

C'est alors que le commandement allemand se décide à organiser une grande attaque d'ensemble, sur les deux rives de
la Meuse, pour enlever d'un seul coup : sur la rive gauche,
la position *Mort-Homme* - *(cote* 295) - *hauteur* 304; sur la
rive droite, le peu qui nous reste de la *Côte du Poivre,*
c'est-à-dire ses pentes Sud-Ouest, et la *Combe de Bras,*

Les Allemands entendent enserrer la position *Mort-Homme -
cote* 304, dans l'étau de trois attaques convergentes diri-
gées simultanément sur ses deux flancs et sur son front, c'est-
à-dire par l'est, par l'ouest et par le nord. Pour permettre, de
manière certaine, le déclenchement de l'attaque du nord, ils
vont, au préalable, assurer à celle-ci le libre franchissement
du *ruisseau de Forges.* Les 30 et 31 mars, ils nous enlèvent
Malancourt, et cette perte entraîne le repli de nos forces qui
tenaient encore au nord du ruisseau; enfin, après la chute
d'Haucourt (5 avril), notre commandement fait évacuer *Béthincourt,* dès lors trop en flèche.

Le ruisseau de Forges et ses abords sont déblayés; le libre
« débouché » de l'attaque du nord est assuré. L'heure est venue d'en finir avec le *Mort-Homme* et la *hauteur* 304.

Le 9 avril, après un bombardement furieux et prolongé,
l'infanterie de quatre divisions attaque cette position sur son
front et sur ses flancs, pendant que, sur la rive droite, celle
d'une cinquième division s'efforce de nous enlever les pentes
sud-ouest de la *Côte du Poivre* et la *Combe de Bras.*

« C'était, — écrit un officier d'état-major — par un dimanche de grand soleil, un vrai dimanche de printemps... le *Mort-*

Homme fumait comme un volcan aux innombrables cratères; en avant, en arrière, nos tirs de barrage et ceux des Allemands allumaient des rampes de feu; sous la canonnade continue, on sentait la terre trembler » (1). L'attaque d'infanterie se déclenche, vers midi, et se poursuit dans la journée du 10. En fin d'action, l'ennemi a légèrement progressé vers le sommet de la *hauteur* 304; il occupe le mamelon dominant du *Mort-Homme* (cote 295), mais les chasseurs et les fantassins de la 42ᵉ division restent accrochés à son versant sud, tout près du célèbre sommet littéralement pulvérisé par le canon. Sur la rive droite, la progression de l'adversaire est insignifiante.

Le 10 avril au soir, le général Pétain félicite ses troupes :

Le 9 avril est une journée glorieuse pour nos armes.

Les assauts furieux du Kronprinz ont été partout brisés : fantassins, artilleurs, sapeurs, aviateurs de la deuxième armée ont rivalisé d'héroïsme.

Honneur à tous!

Les Allemands attaqueront sans doute encore; que chacun travaille et veille, pour obtenir le même succès qu'hier.

Courage... on les aura!

Le commandant de l'armée de Verdun s'est souvenu sans doute des vigoureux et prophétiques encouragements de Jeanne d'Arc à ses guerriers : « Nos ennemis fussent-ils pendus aux nuages, nous les aurons! et nous les bouterons hors de France! » (2). Souvenir ou réminiscence, une telle expression devait naturellement s'imposer à l'esprit. L'Allemagne avait choisi comme champ de la bataille devant sceller le triomphe de son injuste cause la terre lorraine, berceau de la vierge qui avait sauvé la France cinq cents ans auparavant; il semble que l'ombre touchante de l'enfant inspirée n'ait pas cessé de planer sur la monstrueuse arène où se jouaient à nouveau les destinées de notre Pays; à travers

---

(1) L'*Illustration* du 22 avril 1916.

(2) Le sommet de la *hauteur* 304 finira par rester définitivement aux mains des Allemands, le 6 décembre 1916.

les pires épreuves, jusqu'au bout, jusqu'à la Victoire, la foi mystique de la Sainte de la Patrie animera le soldat de Verdun, brûlante et impérieuse.

Sous une perpétuelle avalanche de fer et de feu, les attaques, les contre-attaques se poursuivaient sans trêve : le 20 avril, la 40° division reprenait le *Mort-Homme (cote* 295); le 3 mai, les Allemands étaient rejetés sur les positions de départ de leur attaque du 9 avril. Mais, le 18 mai, ils enlevaient à nouveau la plus grande partie du terrain perdu et, le 23 mai, le sommet du *Mort-Homme* (cote 295) tombait définitivement entre leurs mains. Le lendemain, ils s'emparaient de *Cumières*.

Sur la rive gauche, à compter de ce moment, et jusqu'à la fin de 1916, toujours à travers un formidable déchaînement d'artillerie, attaques et contre-attaques ne donnaient plus lieu qu'à de faibles oscillations du front. En dépit d'attaques furieuses, la 38° division gardait la *cote* 304.

Le 9 juin 1916, sur la rive gauche, sauf au *sommet* 304 (1), les Allemands possédaient les points dominants de la position convoitée. Mais, partout, nous les tenions solidement en respect, nos éléments accrochés au versant sud de la position, tout près des leurs. Nous conservions toujours la partie sud du *bois d'Avocourt*.

× ×

Au cours de ces trois mois, la bataille avait été une lutte de géants; elle avait donné lieu à une hécatombe formidable. Dans les deux camps, les pertes étaient épouvantables, dans le nôtre surtout (2). Au *Mort-Homme* et à la cote 304, comme sur les sept kilomètres carrés inclus dans le célèbre Qua-

---

(1) Le sommet de la *hauteur* 304 ne finira par tomber entièrement aux mains des Allemands qu'à la fin de juin 1917. Pourtant, dès le 6 décembre 1916, l'ennemi s'était emparé de sa partie nord-est.

(2) « L'ennemi subit de très lourdes pertes. Ces dernières furent observées avec soin et toujours comparées aux nôtres qui, hélas! n'étaient pas légères. Le résultat de cet examen indique que les pertes étaient à peu près dans le rapport de 2,5 à1. Par conséquent, pour deux Allemands mis hors de combat, on comptait cinq Français. » (ERRICH V. FALKENHAYN; « Le commandement suprême »).

L'heure où les pertes des Allemands égaleront celles des Français ne tardera pas à venir; à compter du mois d'octobre 1916, elles les surpasseront.

drilatère *Douaumont*, ouvrage de *Thiaumont*, fort *de Sou-*
ville, fort de *Vaux*, la terre avait été littéralement abreuvée
de sang!

Notre admirable infanterie, haletante, en butte aux coups
d'une artillerie écrasante, avait contre-attaqué avec une énergie surhumaine ou s'était fait hacher sur place pour défendre
chaque parcelle du sol.

b) Modification aux intentions allemandes.

Mais le temps passe et le Haut Commandement allemand
voit que, malgré la tournure titanesque de la bataille, et en
dépit des pertes effroyables qu'il nous a infligées, le but poursuivi n'est pas atteint. Engagée sur un front relativement
étroit, la bataille n'a *aspiré à la fois* qu'un petit nombre de
nos divisions et les larges disponibilités laissées à notre Haut
Commandement ont permis à celui-ci de relever les divisions
engagées avant leur complète usure. La plupart de ces divisions sont en voie de reconstitution; quelques-unes sont même
entièrement reconstituées.

De plus, DEPUIS LE 4 JUIN, SUR LE FRONT ORIENTAL, BROUSSI-
LOFF A DÉCLENCHÉ UNE OFFENSIVE QUI PREND UNE TOURNURE IN-
QUIÉTANTE (1). ENFIN, FALKENHAYN SENT QUE L'ORAGE SE FORME
DU CÔTÉ DE LA SOMME, PRÊT A ÉCLATER.

---

(1) « On se trouvait, en conséquence, en présence d'une situation bien
changée. Un pareil écroulement (il s'agit ici du front autrichien) n'avait
jamais été pris en considération dans les calculs du chef de l'État-Major
général; il l'avait tenu pour impossible. » (ERICH VON FALKENHAYN : « Le
Commandement suprême. »).

Falkenhayn se montre surpris de ce que, sans qu'il en fût prévenu, des forces russes très importantes aient pu glisser de la partie nord du front oriental
pour aller, dans le sud, attaquer les Autrichiens en Galicie. Ceci, évidemment,
est à l'adresse de Ludendorff, alors véritable responsable de ce qui se passait
sur le front oriental, du côté allemand.

L'étonnement de Falkenhayn est d'autant plus sincère que les Allemands
avaient pris l'habitude d'être régulièrement mis au courant de la situation, des
intentions et des plans d'opérations de leurs adversaires, grâce à leur service d'espionnage, et surtout à l'imprudence des États-Majors russes, qui
confiaient à la T. S. F., en clair ou en un langage secret depuis longtemps
dévoilé, non seulement la situation détaillée de leurs forces, mais encore leurs
plans d'opérations et les ordres donnés en conséquence!

Entre parenthèses, cela déprécie, de manière considérable, le mérite
des manœuvres allemandes sur le front oriental. Hindenburg et Ludendorff
étayaient l'extrême hardiesse de leurs entreprises, en apparence géniales
et dignes d'un Bonaparte, — telle la fameuse bataille de Tannenberg — non

A la veille de voir ses disponibilités absorbées sur le front russe et sur la Somme, Falkenhayn comprend qu'il lui faut abandonner l'ambition de remporter dans la région de Verdun LA BATAILLE DÉCISIVE *dont il avait rêvé*, comme couronnement de sa *bataille d'usure*.

Toutefois, pour sauver le prestige de son commandement, celui des armes allemandes, et forcer le général Joffre à jeter dans la bataille les divisions dont il dispose encore pour l'exécution de ses projets offensifs, le généralissime allemand va cesser la progression méthodique sur la rive droite, et chercher à s'emparer, *au plus vite*, de Verdun, par un grand coup de force. A l'intérieur de l'Empire, la chute de la forteresse retrempera du moins les énergies.

Dès lors, *tout en poursuivant sur la rive gauche l'écrasement de notre infanterie par l'artillerie*, les Allemands vont concentrer les efforts de leur infanterie sur la rive droite.

Par une coïncidence heureuse, Mangin mis à la tête d'un Corps d'Armée, recevait le commandement du secteur de *Fleury*, le 22 juin, à la veille de la grande offensive de l'ennemi.

Les Allemands allaient trouver devant eux une volonté indomptable.

L es combats sur la rive droite, du 9 juin au 2 septembre.

Avant de livrer leur suprême assaut, les Allemands cherchent à améliorer leur base d'attaque. C'est ainsi qu'ils s'emparent, le 11 juin, de *la ferme de Thiaumont*, après un bombardement furieux qui bouleverse encore un sol vingt fois bouleversé. Au cours du bombardement, les défenseurs de toute une tranchée sont enterrés vivants.

« Au nord-est de ce qui fut *la ferme de Thiaumont* se trouve la tranchée des baïonnettes.

---

pas sur des données d'intuition ou de psychologie, ou sur des renseignements de valeur incertaine, comme ceux que l'on possède, en général, à la guerre, mais bien sur la connaissance, d'une rigoureuse exactitude, de la situation, des intentions et des actes de leurs adversaires!

Un joueur autorisé à ne risquer sa « mise » que sur le vu des cartes de son adversaire gagnerait de manière certaine.

» Des soldats français y sont enterrés, l'arme au bras, et leurs baïonnettes, mises au bout du fusil, pour attendre le corps-à-corps suprême, pointent hors du sol, marquant le tracé de leur tombe collective.

. . . .

» La tranchée des baïonnettes est longue. La partie où les armes sont les plus apparentes était occupée par une demi-section de la 3ᵉ compagnie et une demi-section de la 4ᵉ compagnie du 137ᵉ régiment.

» Les hommes qui dorment là leur farouche sommeil étaient des Vendéens, soldats admirables, animés d'une grande foi religieuse. Beaucoup moururent en égrenant leur chapelet, décidés, très naturellement, à ne pas céder un pouce du terrain qui leur était confié, parce que leurs chefs leur avaient dit que le sort de Verdun et celui de la France exigeaient ce sacrifice (1). »

L'État-Major du Kronprinz monte l'offensive du 23 juin avec des troupes fraîches, notamment avec le corps alpin et des unités nouvellement arrivées de Serbie. Les plus belles perspectives sont présentées aux soldats allemands. L'attaque du 23, qui doit les mettre en possession de la hauteur *Souville*, *Saint-Michel*, *Belleville* et de celle de *Froideterre* sera poursuivie, sans interruption, par de nouvelles troupes et se terminera par la prise de Verdun, le 25. On leur dit que Verdun, le *cœur de la France*, est à la porte de Paris. Une carte, que nous trouverons sur des prisonniers, leur donnait les détails topographiques et les divers objectifs jusqu'à Verdun ; puis, escamotant la valeur des distances un court ruban de route reliant Verdun à Paris leur montrait la proximité de la capitale !

On a fait venir des dépôts les drapeaux des régiments ; l'Empereur doit passer les troupes en revue, le 25, sur la *place d'armes* de Verdun (2).

Dix-neuf régiments prennent part à cette attaque déclenchée sur un front de moins de six kilomètres, entre la ferme de *Thiaumont* et le village de *Damloup!*

------

(1) Commandant BOUVARD : « La Gloire de Verdun ».
(2) *Quand on connaît l'exiguité de la place d'armes de Verdun, on reste quelque peu surpris.*

Comme les autres, elle est précédée et accompagnée d'une débauche d'obus de tous calibres, asphyxiants et explosifs. Mais, en fin de journée, si, pour les Allemands, les pertes sont des plus graves, les résultats se réduisent à la prise de la hauteur et du village détruit de *Fleury*, et à celle du petit ouvrage de *Thiaumont*. L'ensemble constitue, il est vrai, une position précieuse pour le développement ultérieur des opérations allemandes.

La perte de la crête de Fleury est particulièrement inquiétante pour les destinées de Verdun!

× ×

Le 1er juillet commence la *bataille de la Somme*. C'est le triomphe de notre commandement.

Le général Joffre n'a pas pu empêcher les Allemands de prévenir notre entreprise de la Somme; mais il fera l'admiration des générations futures ce généralissime, qui sait dominer ses nerfs et rester maître de sa volonté en présence de la poignante tragédie de Verdun, alors que le Monde entier, penché sur cet épouvantable duel, frissonne d'inquiétude.

Tout en conservant sa liberté d'action, il préserve Verdun et, au lieu — et à l'heure (1) — qu'il a choisis, il *impose sa volonté* à son adversaire.

× ×

Maintenant, l'ennemi devra employer ses disponibilités à parer aux entreprises des Alliés.

Le Kronprinz sera bientôt abandonné à ses propres forces.

---

(1) Dans la première conférence interalliée de Chantilly (6 décembre 1915), il avait été convenu que la décision serait recherchée, en 1916, par des offensives simultanées, ou suffisamment rapprochées pour que l'ennemi ne puisse transporter ses réserves d'un front à l'autre : fronts russe, italien ou français.

Les Russes ne pouvant guère être prêts avant le mois de juin, les opérations commenceraient vers cette époque. Mais, s'il advenait que l'ennemi attaquât, avant l'époque entrevue, l'une des armées des puissances alliées, les autres armées attaqueraient au plus tôt. (Cette clause explique la magnifique solidarité des Russes attaquant, en mars 1916, dans les boues du lac Narotsch, pour soulager notre front de Verdun.)

A la deuxième conférence de Chantilly (14 février 1916), il fut admis que l'offensive anglo-française serait exécutée à cheval sur la Somme, le 1er juillet, si l'ennemi nous laissait, jusque-là, l'initiative des opérations.

Son Etat-Major qui reçoit du Haut Commandement l'ordre de poursuivre quand même l'attaque sur Verdun, fait tous les prélèvements possibles sur les secteurs calmes de Lorraine et de l'Argonne, et concentre ses forces au point sensible, c'est-à-dire sur le front de l'attaque principale, entre les *carrières d'Houdremont* et le *fort de Vaux.*

Le 11 juillet, l'ennemi fait encore un très grand effort pour s'emparer de la hauteur de *Souville - Saint-Michel - Belleville* et de celle de *Froideterre.* Treize régiments appuyés par une artillerie écrasante, après un bombardement où dominent les gaz, attaquent sur le front *village de Damloup - Fleury - ouvrage de Thiaumont.*

Les vagues de l'infanterie allemande progressent jusqu'aux glacis des forts de *Souville* et de *Froideterre* et, pénétrant profondément dans les ravins *des Vignes* et de *la Poudrière*, menacent la hauteur *Saint-Michel.* A *Souville*, la garnison qui a pu sortir à temps de ses abris pour occuper la superstructure du fort, contient l'ennemi jusqu'à ce qu'une contre-attaque de notre infanterie le rejette au pied des pentes. A *Froideterre*, les boîtes à mitraille de la tourelle de 75^{mm} et une tourelle de mitrailleuses forcent l'ennemi à se terrer en avant du fort, en attendant l'intervention de notre infanterie qui le bouscule et le ramène à l'*ouvrage de Thiaumont.* Enfin, dans les ravins *des Vignes* et de *la Poudrière*, où notre infanterie est accablée par les obus explosifs et aussi noyée dans les gaz, la magnifique contenance de notre artillerie de 75^{mm}, installée sur la hauteur *Saint-Michel* d'où elle tire à vue directe (1), bloque la progression de l'ennemi, sensiblement à hauteur de la *Poudrière* et de l'abri-caverne du *ravin des Vignes.*

A l'extrême-gauche du front d'attaque, la *batterie de Damloup* tombe aux mains des Allemands.

Les journées des 11 et 12 juillet marquent le terme de l'avance de l'adversaire vers le corps de Place.

Dès lors, Mangin ne laisse aucun répit à l'ennemi; il l'attaque sans cesse, le rejette du ravin des *Vignes* et de celui de

---

(1) Cette artillerie soumise au feu de l'artillerie et de l'infanterie ennemies subit les plus lourdes pertes. L'une de ses batteries installée sur la pente nord de *Saint-Michel* eut son personnel presque entièrement décimé; trois sur quatre de ses canons furent détruits. Elle tira cependant jusqu'à son dernier obus.

la Poudrière; lui reprend le village de *Fleury.* Les Allemands restent cependant maîtres de l'ouvrage de *Thiaumont* et tiennent toujours la crête de Fleury, nez à nez avec les nôtres.

× ×

Entre temps, sur le front oriental et sur la Somme, les offensives des Alliés ont mis les Empires centraux dans une situation extrêmement critique.

(Photo du Musée de Vincennes.)

Hindenburg, le Chef du Grand État-Major, c'est-à-dire, le Généralissime allemand, à compter du 28 août 1916.

Falkenhayn est disgracié, le 28 août, et remplacé par *Hindenburg*, ayant, comme adjoint, son fidèle chef d'état-major, son inspirateur, *Ludendorff*.

Quelques jours auparavant, le 21 août, le général *Schmidt von Knobelsdorff*, le chef de l'Etat-Major du Kronprinz, le véritable animateur de la bataille, dont l'énergie soutenait la volonté chancelante du Prince Héritier (voir les Mémoires du Kronprinz), a été remplacé par le colonel comte *de Schulenburg*.

Le 2 septembre, *Hindenburg* donne l'ordre à l'Etat-Major du Kronprinz de *suspendre* l'offensive de Verdun.

(Photo du Musée de Vincennes.)

Ludendorff, l'adjoint de Hindenburg.

A compter du 28 août 1916, sous le titre de « Premier Quartier-Maître Général des armées allemandes », il conduit les opérations militaires; bientôt, il exercera aussi à l'intérieur de l'Empire une véritable dictature, et assumera la responsabilité des destinées de l'Allemagne. Jusqu'à l'effondrement, avec une foi aveugle dans ses talents militaires, son énergie farouche et sa clairvoyance, Hindenburg le couvrira de sa popularité.

IIIe PHASE

La Contre-offensive française.
La Défaite allemande.

(CARTE II).

Les projets du commandement français.

L'aspect du champ de bataille à la fin de 1916.

Le soldat de Verdun.

La préparation à la Victoire.

La Victoire { **Le 24 octobre 1916.**
{ **Le 15 décembre 1916.**

Le « Jugement de Dieu ».

Les enseignements de la Victoire.

« En quatre heures, dans un assaut magnifique, vous avez enlevé d'un seul coup à votre puissant ennemi le terrain hérissé d'obstacles et de forteresses du nord-est de Verdun, qu'il avait mis huit mois à vous arracher, au prix d'efforts acharnés et de sacrifices considérables.

» Vous avez bien bien mérité de la Patrie! »

(Ordre du jour du général Nivelle du 25 octobre 1916.)

IIIᵉ PHASE
La Contre-offensive française.
La Défaite allemande.

On prête au Kronprinz ce propos : « Si les Français s'imagi-
nent avoir sauvé Verdun avec leur offensive de la Somme, ils
se font d'étranges illusions! »

Vrai ou faux, il exprime fort bien la nécessité dans laquelle
se trouvaient les Allemands de reprendre leur offensive sur
Verdun, au plus tôt, tout au moins dès qu'ils auraient les
mains libres du côté de la Somme. En effet, trop de fois,
par la presse et les radios, ils avaient annoncé à l'Empire et
au monde que, « virtuellement », ils étaient maîtres de la
forteresse, pour pouvoir renoncer à la faire tomber sans
porter un coup funeste au prestige de leurs armes, au moral
de l'armée, et à celui de l'Intérieur.

En attendant, *Hindenburg* poursuit l'ambition qui avait
conduit *Falkenhayn* à l'entreprise de Verdun : *clore la
guerre*. Les maigres lauriers que l'Allemagne vient de cueillir à Verdun sont loin d'avoir donné aux armes de l'Empire un lustre suffisant pour lui permettre de faire aux Alliés
des ouvertures de paix. Ce lustre, *Hindenburg* compte le
trouver bientôt sur un autre théâtre, sur celui de Roumanie.
« J'ai le sentiment, — dit-il, au cours de la conférence de
Cambrai, — réunissant, le 7 septembre, les commandants
de ses groupes d'armées, — que nous pourrons atteindre
heureusement la fin de l'année 1916 qui nous apportera une
victoire de grande importance. » Encore, l'effet de cette
victoire ne doit-il pas être effacé par celui d'une autre victoire remportée par les Alliés sur le front de France. Aussi,
« en ce qui concerne particulièrement Verdun, le feld-maré-
chal n'admettait pas que nous y subissions aucun revers »,
nous dit le Kronprinz (1).

---

(1) « Verdun », par le Kronprinz Guillaume (l'*Illustration*, décembre
1928).

Le colonel comte *de Schulenburg*, le nouveau chef d'Etat-Major du Kronprinz, ne se fait aucune illusion sur la possibilité de laisser provisoirement tomber en sommeil le front de Verdun, pendant que se livre la bataille de la Somme. Il connaît, en effet, le tempérament agressif du chef de l'armée de Verdun, et comprend trop les obligations qui s'imposent à ce dernier.

Pour être certain de ne pas perdre un pouce de sa base d'attaque, d'un développement de dix kilomètres, et qui s'étend des *carrières d'Houdromont* au *fort de Vaux*, ou, plus exactement, à la *batterie de Damloup*, il immobilise là le plus clair de ses disponibilités : près de sept divisions d'infanterie établies en profondeur, appuyées de 205 batteries, dont les deux tiers de gros calibre.

C'était là, diront les experts militaires, non pas un dispositif *défensif*, mais bien un dispositif *offensif* solidement étoffé!

En fait, ce dispositif permet aux Allemands de déclencher l'attaque finale sur Verdun, au premier signal. Hindenburg se charge de nous éclairer à ce sujet (1).

× ×

A Verdun, la situation militaire restait, pour nous, pleine de périls. Et, tant que les Allemands tiendraient la colline de *Fleury*, il était tout au moins prématuré — sinon fort imprudent — de prononcer les mots de *ville inviolée*, en parlant de la ville de Verdun.

Jusque-là, notre défense avait été splendide, dépassant en héroïsme et en esprit de sacrifice tout ce qu'on pouvait attendre de la nation la plus vigoureusement trempée; elle était digne d'imposer au monde entier une admiration sans limites pour les vertus militaires et le patriotisme des Français. Mais, seuls, les Allemands, le jour où ils s'étaient em-

---

(1) « Verdun n'était pas tombé en nos mains; nous avions espéré que la puissance militaire de la France serait tout au moins broyée dans l'arc de feu puissant que nous avions formé autour des fronts Nord et Nord-Est de Verdun : cette espérance ne s'était pas non plus réalisée. Les chances de succès de notre attaque étaient devenues toujours plus incertaines, *mais nous n'avions pas encore renoncé à cette entreprise.* » (Situation militaire à la fin d'août 1916. — « Ma Vie », HINDENBURG, Payot.)

parés de la *colline de Fleury*, avaient pu déclarer, avec vraisemblance, que, « virtuellement » la victoire leur appartenait, la prise de Verdun n'était plus pour eux qu'une question de patience.

La vérité était, en effet, que la France était exposée à apprendre, brusquement, sinon la chute de la ville, tout au moins celle de la dernière colline qui la couvrait encore. Avec une infanterie entraînée à exploiter les effets d'une artillerie nombreuse et puissante. comme celle dont les Allemands disposaient toujours à Verdun, quatre heures de progression lente et méthodique suffisaient à cette infanterie pour s'emparer de la colline *Souville - Saint-Michel - Belleville.*

Il n'y avait là rien de surhumain! Les Français allaient bientôt le démontrer.

× ×

« — Et maintenant, vous vous repliez sur la rive gauche? » suggérait au général *Nivelle* une voix autorisée, au lendemain de la chute de *Fleury.*

» — « Non! je reste sur la rive droite », répliquait Nivelle avec son flegme britannique (1). Cette réponse (2), qui appartient à l'histoire de Verdun, soulignerait chez Nivelle, s'il en était besoin, une volonté indomptable et un amour passionné des responsabilités les plus lourdes. La suggestion qui lui était faite n'exprimait, en effet, que la plus élémentaire prudence; en dépit de tous les ponts et passerelles de fortune qui, maintenant, reliaient les deux rives de la Meuse, la presque totalité des troupes et du matériel en place dans la région : *Côte du Poivre - Bras - Froideterre - Souville,* pouvait, d'un moment à l'autre, tomber aux mains des Allemands.

Si nos offensives d'octobre et de décembre ne démontraient le contraire, un historien qui puiserait ses renseignements dans les plaidoyers allemands, par exemple, pourrait

---

(1) La mère de *Nivelle* était anglaise, descendant de la femme de lettres, *Elisabeth Carter.*

(2) Je tiens la réponse du général Nivelle.

dire que la mer de boue et de trous d'obus que présentait le champ de bataille de Verdun, à l'automne de 1916, interdisait toute entreprise aux Allemands. Que l'on se souvienne de ce que nous avons su faire, plus tard, en trois semaines, dans le courant du mois de novembre, sous des pluies et un bombardement incessants, pour préparer la bataille du 15 décembre. Afin de pouvoir pousser nos batteries jusque dans les ravins du *Bazil* et de *Chambouillat*, et assurer nos approvisionnements sur la base d'attaque, nous dûmes établir des pistes et même des chemins, sur les versants des collines et ceux de leurs contreforts. Évidemment, cela ne se fit pas tout seul! Sur tout le tracé de ces communications, l'on dut d'abord ouvrir des saignées permettant l'écoulement de l'eau des trous d'obus; ces trous vidés, on les combla de boue, et, sur la boue, on mit des couches de fascines et de clayonnages. Là où devaient passer des voitures, on établit une chaussée faite de deux couches contrariées de rondins ou de madriers solidement reliés; un treillage de fil de fer recouvrant la chaussée empêchait les hommes et les animaux de glisser, les roues des véhicules de patiner (1).

En guerre, quand on dispose des moyens, tout est possible, sauf à ceux qui n'osent entreprendre.

---

(1) Voir : Général CALONY : « Comment Verdun fut sauvé »

Les projets du commandement français.

Depuis le 1ᵉʳ mai, le général *Nivelle* a succédé au général *Pétain*, nommé au commandement du Groupe d'armées du Centre.

Ce chef froid, ennemi de la réclame, d'apparence impassible, presque résignée, est d'une âme ardente. Depuis le début des hostilités, dans les circonstances les plus graves, là où chavirent les réputations surfaites, il a toujours montré un calme, une lucidité d'esprit, une rapidité de conception et une vigueur d'action exceptionnels.

Pour lui, faire la guerre, c'est *imposer sa volonté*, c'est *attaquer!* Et cette idée fondamentale d'une saine doctrine, il sait la mettre en pratique avec audace; non pas en aveugle, mais avec un discernement très net des possibilités du champ de bataille.

Arrivé à Verdun au début d'avril, à la tête du IIIᵉ corps, il avait mené la vie rude aux Allemands, dans le *Quadrilatère*. Quand il reçoit le commandement de l'armée de Verdun, toujours il cherche à accentuer le caractère agressif de la défense. Et lorsque, après les terribles journées des 23 juin et 11 juillet, il voit ses forces entre la *Côte du Poivre* et *Souville* menacées d'être jetées dans la Meuse, pas un moment il ne perd contenance! Impassible, il se cramponne sur la rive droite, adossé au fleuve, jusqu'au jour où, jugeant le moment venu, il lâche la bride à son bouillant lieutenant, et casse les reins à son adversaire!

Deux obligations s'imposent au commandant de l'armée de Verdun. Tout d'abord, il ne saurait tolérer que l'ennemi pût rester installé sur la colline de *Fleury* sans s'exposer à le voir, à la suite d'un coup de main, lancé par surprise dans la pénombre de l'aube ou du crépuscule, prendre pied sur la hauteur de *Souville*, *Saint-Michel*, *Belleville*, la dernière couvrant encore le Corps de Place. Cette colline joue, par rapport à Verdun, le rôle que jouait à *Port-Arthur* la colline 203, dont la chute détermina celle de la Place.

En outre, au général Nivelle s'impose encore le devoir de retenir devant Verdun, par une attitude agressive, le plus

grand nombre de batteries et de bataillons allemands possible, pendant que se livre la bataille de la Somme.

L'on sait avec quel éclat le commandant de l'armée de Verdun sut accomplir sa double obligation. En deux mémorables journées, il déchire tous les bulletins de victoire publiés par les Allemands au cours de huit mois de lutte.

× ×

Depuis le 4 septembre, le général Nivelle avait confié le
commandement des troupes de la rive droite, sur le front
Nord et Nord-Est, à un chef d'une énergie et d'une volonté
de fer, d'une vigueur de caractère exceptionnelle, amoureux
des situations tragiques comme des grandes entreprises, que
rien n'étonne, ne déconcerte, pour lequel l'obstacle n'est jamais à sa taille, dont la confiance n'est jamais plus grande
que lorsque ses épaules vont toucher terre! Un lutteur magnifique, le général *Mangin*.

Mangin était doué au plus haut degré des qualités na-
tives dont est essentiellement tramée l'étoffe du véritable chef
et ces qualités il les avait constamment trempées et dévelop-
pées en courant le Monde.

Ni grisé par les succès faciles, ni abattu par les échecs
immérités, il accueillait, impavide, les sourires et les infidé-
lités de la Fortune, bien décidé à ne pas être le jouet de celle-
ci mais à la manœuvrer et à l'asservir. Il possédait ce *caractère* qui donne le courage non seulement d'accepter mais de
provoquer la lutte, cette *opiniâtreté* qui permet « d'encais-
ser » stoïquement, sans que fléchisse la volonté de vaincre,
cette *énergie* qui renouvelle les efforts jusqu'à l'ultime, ra-
visseur de la Victoire.

C'était bien le chef prédestiné à la plus rude des luttes, où
il ne suffisait pas de *vouloir* un moment, un jour, mais où il
fallait *vouloir* toujours, quand même, si longue que fût
l'épreuve, si étendues que fussent les déceptions, si rudes
que fussent les coups du sort, où il fallait *vouloir* jusqu'à
ce que notre redoutable adversaire, sa *volonté* brisée, s'a-
vouât vaincu!

Dès que ce Chef apparut sur la rive droite, la bataille devint plus infernale encore. Après le 11 juillet, Mangin avait empoigné les Allemands au fond du ravin *des Vignes* et de *la Poudrière*, et les avait rejetés sur la hauteur de Fleury, dont nous partagions, dorénavant, la possession avec les Allemands (1). Il avait, en effet, besoin de cette masse couvrante pour préparer l'attaque qu'il entendait bientôt mener.

En une seule journée, il veut briser toute la base d'attaque du Kronprinz, des *carrières d'Houdromont* jusqu'à la batterie de *Damloup;* reprendre les forts de *Douaumont* et de *Vaux*, et tout le terrain intermédiaire conquis par les Allemands au prix de huit mois de lutte et de flots de sang. Enfin, comme le général Joffre a besoin de ses disponibilités pour alimenter sa bataille de la Somme, il poussera le paradoxe jusqu'à l'absurde, semble-t-il : alors qu'il sait cette base d'attaque tenue par près de sept divisions soutenues par une artillerie considérable, il mènera l'action avec trois divisions qu'il choisira.

---

(1) Désormais, à quelques pas les uns des autres, Allemands et Français défendront la crête de Fleury.

Avant l'attaque du 24 octobre, il était très difficile d'y démêler, avec quelque précision la ligne occupée par chacun des partis. Les trous d'obus occupés par nos hommes formaient dans leur tracé d'ensemble une crémaillère encastrée dans le front des Allemands. L'accès du front, qui ne pouvait se faire que de nuit, était fort dangereux. Il demandait une grande attention, si on ne voulait risquer de pénétrer dans les lignes de l'adversaire et de s'y faire capturer, ce qui arrivait fréquemment, de part et d'autre.

Voulant me faire une idée un peu nette de ce tracé, accompagné de mon officier d'ordonnance, le capitaine Gacon, j'entendis parcourir la *hauteur de Fleury*, au cours d'une nuit relativement claire. Partis du *ravin de la Poudrière*, nous avancions péniblement sur les lèvres boueuses des trous d'obus, un peu en aveugles, tâtonnant le sol de notre bâton, quand, — alors que nous pensions être encore éloignés du front d'une centaine de mètres, — j'aperçus, heureusement, une ombre plaquée dans un trou d'obus. Je crus à la présence d'un homme d'une de nos fractions de soutien. — « Qui est là ? » demandais-je. — « Eh bien, quoi? Un poilu! et puis, le Boche est à côté! » grogna l'homme ébahi de voir nos deux hautes silhouettes se découper sur le ciel. — « Parle donc moins fort, animal! tu vas faire tuer le général », crut devoir répliquer le capitaine Gacon, sur un ton non moins élevé. A peine ces mots imprudents étaient-ils prononcés, qu'à trois pas de nous, un buste, celui d'un Allemand, se soulevait. Nous n'eûmes que le temps de nous jeter dans un trou pour éviter une grenade.

Nous l'avions échappé belle! Quelques pas de plus et nous tombions dans la ligne allemande.

Et le général *Nivelle* n'hésitera pas à faire sienne une telle conception.

× ×

J'étais à ce moment dans les Vosges, au *camp d'Arches*, au sud *d'Epinal*, où j'entraînais une division indépendante, de nouvelle formation, et composée de bataillons de chasseurs et de régiments d'infanterie. Je l'avais appelée *la Gauloise*, afin de l'engager à grandir toujours la réputation de ses fanions et de ses drapeaux.

Dans les premières semaines de septembre, on nous embarqua en chemin de fer, « pour une destination inconnue ». Mais il ne faisait de doute pour personne qu'on nous dirigeait vers le champ de bataille de la Somme, où chasseurs et fantassins brûlaient de gagner leur fourragère.

Brusquement, nos trains furent arrêtés dans la région de *Bar-le-Duc!* Nous étions mis à la disposition de l'armée de Verdun : destinés vraisemblablement, après nous être entraînés aux actions offensives pendant tant de jours et avec tant de soin, à la tâche ingrate de la défensive, c'est-à-dire à subir, sur place, l'atroce pilonnage du 210 allemand!

Je me rendis de suite, au Quartier Général de l'armée de Verdun, à *Souilly*, où le général *Nivelle* me mit à la disposition du général Mangin.

Mangin était l'un de mes vieux camarades de l'infanterie de marine. Je l'avais rencontré, pour la dernière fois, le 23 août 1914 au soir, sur le champ de bataille de *Charleroi*, au sud du village de *Fosse*. Là, il m'en souvenait, à la lueur des grands incendies qui jalonnaient le front des divisions du général *Bülow*, le chef de la II° armée allemande, nous avions échangé des propos pleins d'espérances dans un avenir meilleur.

Je trouvai *Mangin* installé au *moulin de Regret*, près de *la Voie Sacrée*, à trois kilomètres environ à l'ouest de Verdun.

De suite, il me confia le projet qu'il comptait bientôt soumettre au général *Nivelle*.

Ma division partant de la hauteur de *Fleury*, sa droite s'étendant jusqu'au *ravin des Fontaines*, après avoir enlevé la plus grande partie du *Quadrilatère*, irait établir son front sur une ligne tirée de la tourelle de 75^{mm} située à l'est du fort de *Douaumont*, à l'étang de *Vaux*. A ma droite, la division de *Lardemelle*, pivotant sur sa droite, viendrait établir sa gauche à l'*étang de Vaux*, après avoir enlevé le *fort de Vaux*. A ma gauche, la division *Guyot de Salins*, pivotant sur les *carrières d'Houdromont*, établirait sa droite à la tourelle de 75^{mm}, à l'est du *fort de Douaumont*, après avoir enlevé le *fort de Douaumont*.

En attendant, afin de reconnaître sa base d'attaque et le terrain des attaques, ma division tiendrait, pendant quelque temps, la hauteur de *Fleury* et le *ravin des Fontaines*.

L'aspect du champ de bataille.

Accompagné de mon chef d'état-major, je m'empressai de monter sur la hauteur de *Souville* où je savais trouver de bons observatoires sur l'ensemble du champ de bataille, et, en particulier, sur le fameux *Quadrilatère* qui, maintenant, m'intéressait directement. Je connaissais, en effet, admirablement tout le secteur nord-est de Verdun, pour l'avoir commandé pendant quatre ans, immédiatement avant la guerre.

Je trouvai la hauteur de *Souville* entièrement bouleversée par le canon. Les arbres abattus enchevêtraient sur le sol, dans un fouillis inextricable, leurs troncs et leurs branchages hachés et calcinés. La terre était crevée d'entonnoirs jointifs ou se recoupant; il y en avait d'énormes, de véritables petits cratères; la plupart étaient pleins d'une eau que les matières explosives, sans doute, avaient rendue jaunâtre.

En enjambant les troncs et les branchages et en suivant avec précaution les lèvres des entonnoirs, nous finissons par atteindre les abords de la *tourelle de Souville*, d'où nous découvrons l'ensemble du champ de bataille. Rapidement, nous nous jetons dans un entonnoir qui nous paraît particulièrement propice à l'observation et dont le fond était à peu près sec; heureux d'y trouver une protection contre les obus qui battaient la colline.

(Je venais de trouver là mon observatoire pour les diverses offensives qui dégageront l'épaule droite du front nord de Verdun. En 1917, il fut aménagé de manière assez confortable; il reçut alors la visite des plus hauts personnages, celles des Rois de Belgique et d'Italie, et du Président de la République française, notamment.)

× ×

Le spectacle que nous avions sous les yeux dépassait en grandeur tragique tout ce que j'avais vu jusque-là. Ni la désolation du *Linge*, ni celle de l'*Hartmann*, ces rochers des Vosges témoins de tant de combats terribles auxquels avaient pris part mes chasseurs, ne lui étaient comparables. L'ensemble du champ de bataille me rappelait ce que j'avais vu jadis sur la

côte occidentale d'Afrique, dans *la Langue de Barbarie* : ces
vastes solitudes, ces grandes ondulations désolées et déserti-
ques où l'œil cherchait vainement une trace de végétation.
Mais ici, le sable jaune faisait place à une pâte blanchâtre,
toute boursouflée, crevée comme une écumoire (1), paraissant en fermentation, en perpétuel travail, ponctuée qu'elle
était de panaches de fumée de toutes tailles, s'évanouissant
pour renaître sans cesse.

Tout ce qui, jadis, m'était si familier ou bien avait complètement changé d'aspect, ou bien n'existait plus!

Sur le *Quadrilatère* notamment, le *fort de Douaumont* que
j'avais vu profiler sur le ciel ses formes géométriques, n'était
plus qu'une énorme masse informe, bossuée, toute déchirée;
le petit *ouvrage de Thiaumont* était un amas de décombres.
Entre ces ouvrages, je cherchais vainement une trace de la
ferme de Thiaumont et de ses jolis boqueteaux. Plus rien des
vastes taillis de la *Caillette*, plus rien, — j'allais le constater
tout à l'heure en me portant un peu plus à l'est, — des belles
futaies des *bois Fumin* et *de Vaux-Chapitre* sauf, de loin en
loin, un tronc d'arbre déchiqueté et calciné. Du *village de
Fleury* qui, jadis, s'allongeait sur le contrefort s'étendant
immédiatement à nos pieds, pas un pan de mur, pas une pierre!
Aucune trace de notre réseau stratégique ferré et routier,
non plus que de la voie ferrée que j'avais vu construire et qui
reliait Verdun au chemin de fer du pied *des Côtes;* tout avait
été broyé par le canon et fondu dans l'uniformité de l'ensemble!

Je cherchais en vain à reconstituer sur le sol le tracé de nos
lignes dont on m'avait remis un relevé, assez vague d'ailleurs.
Je savais les nôtres nez à nez avec les Allemands, notamment
sur le contrefort de *Fleury;* mais bien que mon regard plon-
geât dans les entonnoirs et les éléments de tranchées qui, çà

____

(1) On aura une idée de la masse de fer qui bouleversa le champ de bataille
quand on saura que, dans le secteur de Verdun, l'artillerie française, à elle
seule, avait tiré, au cours des *sept premiers mois* de la bataille, vingt-trois
millions de projectiles de tous calibres. Chaque jour, une moyenne de cent
mille *projectiles français* avaient labouré le champ de bataille; les jours d'attaque, ce chiffre avait été doublé; (c'est ainsi que, le 24 octobre 1916, nous
devions tirer 240.000 projectiles). Si l'on se contente d'admettre que l'artillerie
allemande, plus nombreuse que l'artillerie française et plus largement
approvisionné, avait tiré un tiers de plus de projectiles, on en déduira que
le sol de Verdun avait été éventré par environ soixante millions de projectiles, *dans les sept premiers mois* de la lutte.

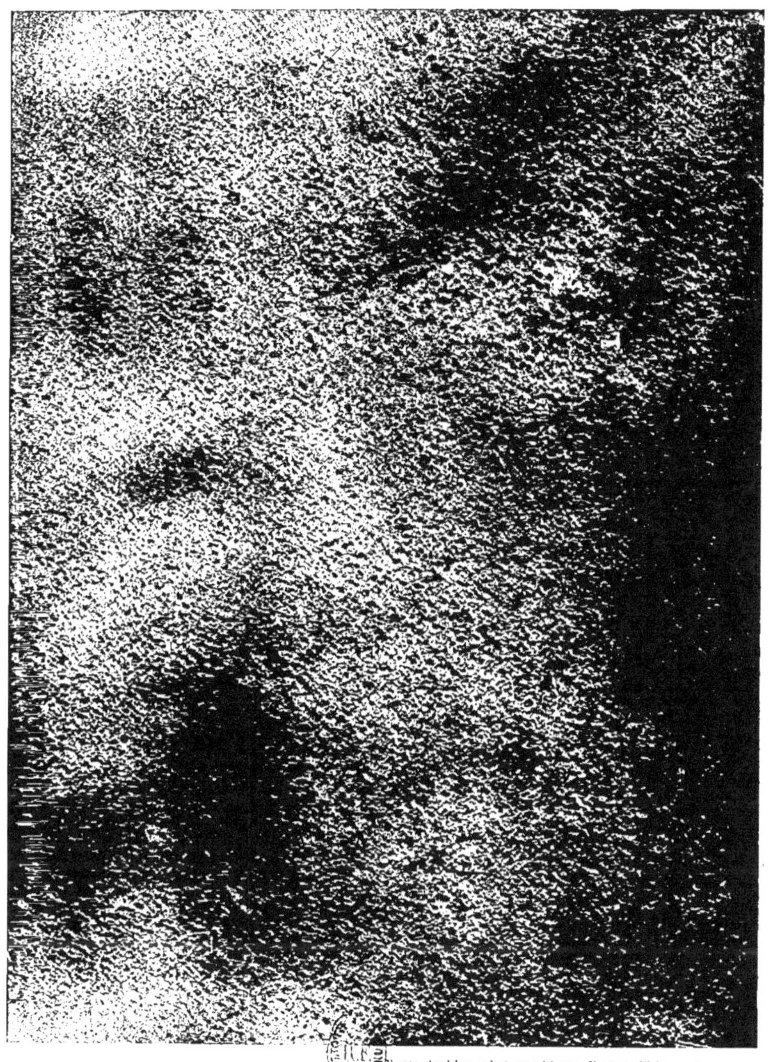

Région de Fleury-Thiaumont. — Le sol était crevé d'entonnoirs jointifs ou se recoupant.

et là, les chevauchaient, je n'apercevais aucune forme humaine. Plus tard, en parcourant les lignes, je vis que, pour échapper à la mort, les hommes se tassaient dans l'argile (1), les jambes à demi-enfoncées dans la boue liquide où, souvent, se décomposaient un cadavre ou des débris humains.

Au-dessus de ma tête passaient avec stridence les obus allemands et les obus français; tout cela allait éclater dans le tonnerre général, crevant chaque mètre de terre déjà vingt fois crevé, y brassant encore le sang, la chair et la glaise. Les explosions des 210 allemands dominaient le fracas; elles soulevaient de véritables trombes de boue et de débris de toutes sortes.

Autour de nous, enfin, montait une odeur fétide que nous avions déjà perçue en arrivant sur la hauteur.

(Photo Archives photographiques d'art et d'histoire.)

Le terrain des abords du fort de Douaumont le 22 octobre 1916.

J'ai maintes fois parcouru nos lignes, à l'aube, au crépuscule ou au cours de nuits claires (2), me heurtant presque à chaque pas à des spectacles atroces, douloureux ou maca-

---

(1) Sur ce plateau calcaire des Hauts de Meuse, se trouvent de nombreuses couches d'argile, notamment entre la hauteur de Douaumont et celle de Souville.

(2) Le jour, faute de tranchées continues, il était impossible de parcourir les lignes.

bres. Je voudrais savoir évoquer ici toute l'horreur de ce champ de bataille où, en attendant la nuit, qui seule permettait de les secourir, pendant que le fracas des éclatements étouffait leurs plaintes, les blessés calmaient leur fièvre avec l'eau immonde des entonnoirs; où la sépulture des morts ne pouvait être, le plus souvent, que l'œuvre de l'incessant et impitoyable martèlement des obus. Je m'en sens incapable, et dois me contenter d'affirmer qu'il est bien vrai que les visions d'horreur et d'épouvante sorties de l'imagination de Dante ou de Shakspeare sont, ainsi qu'on l'a dit, enfantines à côté des visions de Verdun!

Le soldat de Verdun.

Devant ce champ de bataille, je comprends mieux le silence et l'émotion contenue, mais visible, de mes soldats, quand on leur avait appris qu'ils étaient destinés à garder cette *hauteur de Fleury* légendaire dans toute l'armée.

Pourtant, ce soir, quand viendra le crépuscule, ainsi que les premiers Chrétiens entraient dans le Cirque, ils iront d'un pas sûr, sans jeter un regard en arrière, simplement, vers la colline du Sacrifice. Ils se sentiront même attirés vers cette terre pour la conservation de laquelle leurs frères d'armes sont tombés par milliers. Leur tour est venu de garder au pays ce sol sacré; ils le garderont ou bien, comme tant d'autres, ils y trouveront leur linceul.

Des pages magnifiques ont été écrites sur le soldat de Verdun par des maîtres de la plume et de la pensée qui ont pu l'approcher. Nous connaissons celles d'Henry Bordeaux, de Louis Madelin, de Louis Gillet, de Charles Delvert, de Jacques Péricard, d'autres encore. Un officier a dit aussi que *ses soldats étaient des saints et qu'il aurait voulu pouvoir s'agenouiller devant eux!* Mais, pour être des saints, ces soldats n'en restaient pas moins des hommes.

× ×

Est-il possible de comprendre les ressorts de cette force magique et mystérieuse qui les soutenait à travers de semblables épreuves?

Suivons nos soldats dans leurs cantonnements de repos, où, pendant quelques jours, entre deux longues veilles sur cette terre d'épouvante, ils allaient se reprendre à la vie.

Ils y arrivaient paraissant brisés par les épreuves du champ de bataille. La majorité, on le sait, était composée de paysans dont les nerfs avaient été apaisés, disciplinés par les lourds et silencieux travaux du sol; quelques-uns de ceux-ci grognaient, mais sourdement. Par contre, au milieu d'eux, s'agitait celui dont l'état d'esprit influençait puissamment l'esprit de la troupe : l'enfant du faubourg dont les nerfs

avaient été exacerbés par la vie trépidante de la grande ville
ou par celle de l'usine. Ses facéties, ses lazzis ou ses chansons étouffaient tous les mécontentements, toutes les plaintes, effaçaient aussi les terreurs, de même que les exaspé-
raient ses imprécations ou ses furieuses récriminations. Souvent, l'effroyable géhenne qu'était le champ de bataille de
Verdun matait sa fantaisie; après se déchaînaient ses ruades
et les éclats de sa colère : au cantonnement, il entrait dans
le logis en jetant son sac dans un coin, son fusil dans l'autre, son équipement au milieu de la pièce, jurait que jamais
plus on ne l'y reprendrait; il avait « marre » de la guerre!
« marre » de crever de misère! vivement la paix et son cher
faubourg... sinon, de suite, une balle dans la peau!

Mais, dès que se montrait Celui qui était le guide averti
dans le danger, qui escaladait le premier le parapet de la
tranchée pour se porter à l'attaque, et qui, indulgent aux
petites faiblesses de ses hommes, savait se pencher avec sol-
licitude sur leurs misères et leurs souffrances, oubliant les
siennes, Celui enfin à qui chacun, inconsciemment, avait
donné son cœur et sa confiance, aussitôt, régnaient l'ordre
et le calme; chacun s'occupait de ses vêtements, de son équipement, de ses armes, et l'enfant du faubourg qui, plus que
tout autre, entendait faire plaisir à ce chef qu'en secret il
aimait et admirait, s'empressait à donner l'exemple (1)!

Cette discipline du cœur et de l'intelligence, la seule qui
vaille dans le combat moderne où l'homme est en tête à tête
avec la Mort, presque toujours hors du contrôle de son Chef,
la seule qui vaille auprès du troupier français, en particulier,
cet être frondeur, c'est vrai, mais brave, intelligent, sensible,
généreux, prêt à se donner tout entier, avec élan, à celui qui sait
le prendre, — et qui en est digne, — cette discipline du cœur
et de l'intelligence, dis-je, animait, vivifiait, trempait, tendait
tous les ressorts qui reposaient dans l'âme de notre Soldat : la
haine de l'envahisseur, la religion de ses Morts, l'amour de
son foyer, et cet autre amour non moins passionné, celui que

---

(1) Si elle est impartiale, l'Histoire de la Grande Guerre devra, tout d'abord,
rendre hommage à l'officier français. Que celui-ci appartînt à l'armée active,
à l'armée de réserve ou à l'armée territoriale, à de rares exceptions près,
il fit vraiment figure d'apôtre auprès de nos admirables soldats.

dans la radieuse lumière chante l'alouette gauloise en s'élevant droit, très haut, fièrement vers le soleil : l'amour de ses
libertés, et encore, l'orgueil de sa réputation, de son drapeau, de sa race; toutes ses passions ancestrales, enfin!

Et, la force ainsi créée était d'une puissance irrésistible;
elle courbait sous sa volonté les frémissements, les révoltes,
les capitulations de la chair et trempait dans un bain de jeunesse les corps épuisés.

La compréhension de la puissance irrésistible de cette force
morale déchire le voile du mystère. Elle nous explique le *miracle de la Marne*. Cette force magique sera, du reste, l'argument décisif du plaidoyer de *von Klück*, le chef de l'armée
d'aile droite allemande à la Marne, argument que je rappelle
ici en le traduisant librement dans sa lettre, mais fidèlement
dans son esprit :

« Avant la guerre, en Allemagne, on apprenait bien dans les
écoles militaires, à l'Académie de guerre, dans les Etats-Majors, qu'un ennemi battu devait se poursuivre à outrance jusqu'à sa capture ou sa désorganisation absolue; mais jamais!
jamais! on n'avait laissé même entrevoir que cet ennemi,
après des jours et des nuits d'une poursuite incessante et
démoralisante, pourrait, ainsi que le fit le soldat français à
la Marne, reprendre la bataille avec la foi, la volonté et la
vigueur, qu'il avait à l'aurore du premier combat! »

De même, cette force irrésistible nous explique pourquoi,
tant qu'il l'a fallu, on a pu voir, à la lueur des fusées éclairantes ou à celle des explosions des obus, se découper dans
la nuit, aux flancs des ravins des *Vignes* et *de la Poudrière*
qui mènent à cet autre Calvaire qu'était la *colline de Fleury*,
la lourde mais magnifique silhouette du Soldat de Verdun
sur le chemin du *Devoir*, où l'appelait la voix de ses Morts,
où le guidaient son *Chef*, son *Cœur* et sa *Raison!*

× ×

C'est là tout ce que j'ai su dire à *Georges d'Esparbès*, le
barde des héros de *la guerre en dentelles* et de *la légende de
l'Aigle*, quand, envoyé par son ami le général *Nivelle*, il vint

après le 15 décembre 1916, aux cantonnements de *la Gauloise*, pour y étudier de près *le panache* du Soldat de Verdun!

Cette guerre interminable, cruelle et sans ivresses, où le Soldat était couché dans la tombe avant d'avoir vu son adversaire, avait changé les Français. Leur âme guerrière qui, longtemps, dans les siècles passés, s'était complue et façonnée à la gaieté des chansons des troubadours ou au lyrisme épique des trouvères, les avait jusqu'ici menés au combat, insouciants et joyeux, grisés par leur *panache!* Aujourd'hui, ils entraient dans la bataille graves et simples, conduits par l'inéluctable *Devoir* que leur dictaient la voix confuse des âges, la religion du Foyer et de la Liberté.

La préparation à la victoire.

Après une dizaine de jours de secteur, ma division, qui avait subi de lourdes pertes, fut retirée du front et envoyée dans les cantonnements de repos, entre Verdun et *Bar-le-Duc*. Elle allait s'y reconstituer et s'y renforcer d'un bataillon de Sénégalais et d'une compagnie de Somalis encadrés par ces précieux manieurs d'hommes qu'étaient nos officiers et nos sous-officiers de l'armée coloniale.

Elle allait aussi s'y préparer à sa future mission, matériellement et moralement.

Matériellement, par le repos dans le bien-être, et aussi par des exercices très courts, mais chaque jour répétés, pendant lesquels chefs et soldats s'entraînaient et s'assouplissaient à l'exploitation des neutralisants, sur des terrains sensiblement analogues à celui du *Quadrilatère.*

Moralement, par des divertissements. Après un travail dont chacun comprenait l'importance, la *Gauloise* se distrayait, avant tout par des jeux de plein air. Elle avait recruté aussi, parmi ses chasseurs et ses fantassins, tout un lot d'artistes; ceux-ci n'étaient pas tous éprouvés, ils ne sortaient pas tous du Conservatoire, mais tous, du moins, possédaient un entrain endiablé, qu'ils savaient propager. Une jeune femme, charmante et jolie, de mise simple, possédant le don de faire naître, de suite, autour d'elle une camaraderie très franche, parcourait, inlassable, les cantonnements de la division d'Afrique appelée à reprendre le *fort de Douaumont,* et ceux de la *Gauloise,* distribuant les cigarettes et répandant la gaieté. Elle chantait de vieilles chansons de route, et le soir, quelques instants avant l'heure du couvre-feu, elle apparaissait sur la petite scène du théâtre, grandie, pressant le drapeau sur son cœur. Alors, au milieu d'un recueillement religieux, sa belle voix frémissante scandait, lentement, une strophe de la *Marseillaise.*

Enfin, le *théâtre aux armées,* dont l'action fut si bienfaisante pour le moral de nos troupes, se prodiguait également pour nous.

Moralement, encore, par des entretiens brefs et familiers des officiers avec leurs soldats. Ils leur rappelaient l'odieuse agression de 1914 et la nécessité de lutter jusqu'au bout pour sauver nos libertés et nos foyers. Ils leur montraient aussi la grandeur de la mission qui nous était réservée : à nous revenait l'honneur insigne de délivrer la plus grande partie du *Quadrilatère*, cette autre *Terre Sainte* où, pendant des mois et des mois, par milliers et par milliers, s'étaient entassés pêle-mêle, sans cesse déchirés par le fer ou le souffle des explosions, les corps des fils de France tombés pour nos foyers, nos libertés et les destinées du Monde.

Moralement enfin, par le *culte des morts*.

Si l'on veut fortifier encore son cœur et chasser de son esprit la crainte de la mort, il est utile de rappeler au soldat que tout ne finit pas avec la mort; que le souvenir des Martyrs de la Patrie ne saurait s'effacer de la mémoire des vivants; que leur âme immortelle, toujours, préside à nos destinées.

Chaque jour, dans chaque compagnie, on faisait l'appel des chefs et des soldats de la compagnie tombés au cours de la guerre. Dans les divers cultes, de temps à autre, on célébrait aussi des offices en l'honneur des morts de la division.

× ×

L'un de nos parlementaires, s'adressant, un jour, à ses collègues, — alors en mal de persécution religieuse, — les invitait généreusement à la prudence : il leur demandait de ne pas *éteindre les Etoiles!*

Dans la *nation armée* où des millions de paisibles citoyens sont brusquement appelés à combattre pour sauver leurs foyers et leurs libertés, et bien plus que jadis dans les *armées de métier*, où le soldat se battait autant pour la gloire et le butin que pour le bien de la cause, l'espérance dans la *vie future* que nous évoquent *les Etoiles* est l'une des forces les plus précieuses du combattant.

Pourrait-il en être autrement? Nous demandons au citoyen de s'offrir résolument en sacrifice, de donner sa vie pour sau-

ver des libertés que la mort va lui ravir, un foyer d'où la mort
l'aura chassé... Et nous pourrions admettre qu'il pût être
privé de cette idée consolante, à savoir que son âme du
moins pourra présider, sinon participer, au bonheur de la
Patrie et à celui de son foyer? Nous lui demandons d'aller
résolument affronter la bataille moderne, cet infernal volcan
où, fort ou faible, avant d'avoir vu son adversaire, il pourra
succomber, victime obscure et anonyme d'une aveugle avalanche de fer et de feu... Et nous pourrions admettre qu'il
pût croire que tout finit avec la mort?

Mais, pourraient dire les matérialistes, encore convien-
drait-il que l'immortalité de l'âme nous fût démontrée?

Il faut que nous soyons asservis par notre orgueil de manière singulière, pour en être à concevoir, aujourd'hui encore, que cette question de l'immortalité de l'âme puisse être
utilement soumise au contrôle de notre raison.

En effet, dans le passé, une foule de mathématiciens et de
philosophes dont s'honore l'humanité, les plus éminents logi-
ciens, comme Descartes et Pascal, de profonds penseurs, depuis Socrate, s'y sont essayés. Mais alors même que leurs
arguments se montraient à nous, non sous le jour de sophis-
mes plus ou moins habilement masqués des artifices de la
rhétorique, mais bien avec l'apparence de la rigueur scientifique, nous les considérions encore avec une *instinctive* dé-
fiance, parce que, sans doute, nous avions *l'impression* qu'un
tel problème dépassait vraiment la pénétration de l'esprit
humain.

Aujourd'hui, comme cette *impression* nous apparaît justifiée! À tout instant, la Nature nous met en présence de phé-
nomènes nouveaux. Suivant l'heureuse expression de *Georges Claude*, nous pouvons bien les *mettre en scène*, mais
notre raison, incapable de pénétrer leur essence, nous montre combien est limité son pouvoir, alors même qu'il ne s'a-
git que des choses de l'ordre naturel.

Plus que jamais, le décevant *que sais-je?* de *Montaigne*
perd toute ironie; il reste, simplement, l'expression d'une
humilité logique.

Aussi, pour ce qui est du *spirituel*, devons-nous en venir,
sagement, à cette opinion jusqu'ici repoussée par notre or-

gueil, que si l'homme, *ce roseau pensant* de Pascal, — con
trairement à l'exemple de certains de nos esprits cultivés à
l'extrême et que nous jugeons éminemment pénétrants et de
bel équilibre, tel celui de Pasteur, — se refuse à courber sa
dignité devant la *Révélation*, il ne lui reste plus qu'à se laisser guider par son *intuition*.

Emil Ludwig nous rappelle ce souvenir de *Bourrienne*.
Bonaparte vogue vers l'Egypte : « Entouré de ses intimes,
Bonaparte reste étendu, la nuit, sur le pont, pour respirer la
brise rafraîchissante. On parle des habitants des planètes, de
la Création. Ces hommes de la Révolution, disciples de Voltaire, généraux et professeurs, sont d'accord pour trouver
que tout a été créé d'une façon très raisonnable et qu'il faut,
non un Dieu, mais un bon naturaliste pour expliquer le
monde. Silencieux, Bonaparte écoute. Tout à coup, il dit,
en montrant les étoiles : « Vous avez beau dire, Messieurs,
» qui a fait tout cela? (1). »

« Qui a fait tout cela? » Question embarrassante, qui nous
confond et nous ramène toujours à l'humilité, en dépit de nos
hypothèses les plus ingénieuses sur les origines des merveilles de la Création.

Il semble que chez l'homme qui se voit immédiatement
exposé à la mort s'éveille ou se réveille et s'avive, *instinctivement*, le sens de *l'infini de l'espace*, qui, plus que jamais,
tourmente tant de nos philosophes et de nos géomètres.

A la veille du combat, et comme pour contrarier les mani-
festations de *l'instinct de la conservation*, le soldat comprend
mieux *les Etoiles* : sans qu'il s'en rende compte, ces mondes
infinis qui, à travers les âges, inchangés en apparence, se
meuvent avec harmonie dans l'espace *infini*, imposent à sa
conscience le Maître tout-puissant de même qu'ils lui pré-
sagent la pérennité de son âme.

Aussi, quand devant la compagnie assemblée se faisait
l'appel *des morts*, ce n'était pas la crainte mais un frisson
d'orgueil qui parcourait les rangs; plus était longue la liste

---

(1) « Napoléon » (Payot, Paris).

des *morts*, plus glorieuse était la compagnie! les ombres de *nos morts* apparaissaient vivantes : elles inspectaient les âmes et leur versaient la confiance.

Et, quelle espérance grandissait le soldat lorsque, dans les divers cultes, après lui avoir rappelé la survivance de son âme, le prêtre lui montrait encore la certitude de son salut! Si ce soldat était de religion catholique, combien fortifiantes étaient pour lui, par exemple, ces paroles de l'illustre prélat de Belgique, le cardinal *Mercier :*

Si vous me demandez ce que je pense du salut éternel d'un brave qui donne consciencieusement sa vie pour défendre l'honneur de sa patrie et venger la justice violée, je n'hésite pas à répondre que, sans aucun doute, le Christ couronne la vaillance militaire et que la mort chrétiennement acceptée assure au soldat le salut de son âme.

Le soldat qui meurt pour sauver ses frères, protéger les foyers, les autels de sa patrie, accomplit la forme supérieure de la Charité.

La Victoire.

Le 24 octobre 1916.

Au cours des premières semaines d'octobre, le temps fut très mauvais; des pluies diluviennes transformèrent le champ de bataille en un véritable cloaque; dans ses régions de fagne, il devint de parcours très dangereux. Les hommes qui, au cours des relèves ou des ravitaillements de nuit, se laissaient tomber dans certains entonnoirs, s'y enlisaient parfois et ne reparaissaient plus.

Enfin, le 20, le temps paraissant vouloir se mettre au beau, l'attaque fut fixée au 24.

A partir du 21, commença la *préparation d'artillerie*. Une terrible avalanche de fer et de feu s'abattit, dès lors, sur les retranchements, les zones d'entonnoirs supposées occupées, les abris, l'ouvrage de *Thiaumont* et la batterie de *Damloup*, les forts de *Vaux* et de *Douaumont*, les communications et les batteries d'artillerie des Allemands. Pour la première fois, depuis le début de la bataille, à côté de celle de nos quelques obusiers de 370, la voix de deux obusiers de 400 installés entre *Regret* et *Verdun* et prenant à partie le *fort de Douaumont*, se fit entendre.

× ×

Le 24 octobre, au lever du jour, le temps promet d'être splendide! Le ciel est d'une pureté exceptionnelle, il fait un froid sec, le baromètre est haut. Mais, dès que paraissent les premiers rayons du soleil, une légère brume s'élève sur *les Hauts de Meuse*; elle se transforme bientôt en un brouillard très épais dans lequel disparaît tout le champ de bataille.

Vers 8 heures, on n'y voit qu'à quelques pas devant soi, quand on m'appelle au téléphone de *la tourelle de Souville*, où j'avais fixé mon *poste de commandement*. C'est *Mangin;* il veut savoir si, sur le champ de bataille, le brouillard est aussi épais que celui qui règne autour de son poste du *moulin de Regret*. Sur mon affirmation, il me demande si, pour ma

part, je ne verrais pas avantage à voir reculer l'heure de l'attaque, ce qui permettrait peut-être au brouillard de se dissiper un peu. Je m'élève contre une telle mesure; nos hommes verront suffisamment pour savoir où ils poseront le
pied, c'est-à-dire, pour suivre les lèvres des entonnoirs, évi-
tant ainsi le terrible enlisement qui les menace. D'autre part,
le moindre de mes gradés étant armé d'une boussole dont il
sait bien se servir, chacune de mes fractions restera bien ac-
crochée sur ses objectifs successifs. Quant à mon artillerie,
dont l'action est réglée d'avance dans *le temps et dans l'espace,* elle peut se passer du concours des observatoires. Les
Allemands, par contre, verront leur infanterie surprise, et
leur artillerie manquer d'opportunité dans son intervention.

De tels arguments n'ont pas besoin d'être répétés à une
intelligence de la vivacité de celle de Mangin, un bref « parfaitement! » de sa voix métallique vient clore la conversa-
tion; les appareils sont accrochés.

L'heure H reste fixée à *onze heures quarante.*

A 10 h. 30, un coup de téléphone du poste de commandement *du ravin de la Poudrière* me fait connaître que le général
commandant ma brigade de gauche est tué. C'est une grosse
perte : le général *Anselin* était un chef de haute valeur,
éclairé, brave, aimé de ses hommes. Automatiquement, il est
remplacé par le colonel *Hutin,* son adjoint, qui a dans sa
poche une lettre de commandement, signée de moi.

A 11 h. 30, je suis à mon observatoire, le trou d'obus à
l'ouest et à une cinquantaine de pas de la *tourelle de Souville.*
J'ai à mes côtés le futur chantre de la journée, l'auteur du
beau livre *Les Captifs délivrés,* Henry Bordeaux, alors capitaine à l'Etat-Major Général. Anxieusement, l'un et l'autre
nous consultons nos montres : les minutes nous paraissent
d'une longueur mortelle!

L'heure fatidique! H! *onze heures quarante!*

Instinctivement, avec avidité, nous nous penchons sur la
côte de Fleury, que nous dominons de notre balcon, et d'où

doivent partir, pour l'attaque, les chasseurs, à mon centre, les vieux soldats du lieutenant-colonel *Picard*, le 321ᵉ régiment d'infanterie, à mon aile gauche.

Le brouillard enveloppe d'un mystère impénétrable ce qui se passe à nos pieds! Mais si nos yeux ne voient rien, nos oreilles du moins sont assourdies par le fracas de l'artillerie. Au-dessus de nos têtes, une voûte d'acier siffle avec stridence, pendant que les coups précipités d'une énorme masse de canons et les innombrables éclatements des obus font un concert effroyable, d'une violence infernale!

Au bout de quelques instants, je rentre à la tourelle où vont arriver les renseignements.

Les rares téléphones dont les fils n'ont pas été coupés par le souffle des obus, et qui me relient encore à l'infanterie, m'apprennent que les éléments qu'ils desservent ont quitté la *base de départ* à l'heure prévue et que, — cliché habituel, — l'attaque semble se développer normalement.

Bientôt, tous les fils téléphoniques de l'avant sont coupés. Désormais, je ne saurai plus rien de l'attaque que par les coureurs, la télégraphie par le sol, laquelle est, comme l'on sait, de fonctionnement aléatoire à travers un terrain lacustre, comme celui de ce champ de bataille; et aussi, par les pigeons voyageurs.

× ×

Dans la tourelle, l'atmosphère est lourde; maintenant, le silence y serait absolu s'il n'était troublé par le bruit intermittent du ventilateur et par celui de quelques obus qui éclatent sur la calotte d'acier. Chacun, assis devant sa table, paraît absorbé par son travail, mais les yeux vont de la carte à la montre et de la montre à la carte; l'esprit est au loin! Les secondes, cruelles, sont éternelles!... Et pourtant, des minutes et des minutes passeront, une heure même va s'écouler sans que nous puissions connaître ce qu'*ils* font et ce qu'*ils* deviennent!

Quelques appels téléphoniques vont bien se faire entendre, mais ce sont les organes de l'arrière, qui rendent compte ou demandent des instructions. C'est aussi *Mangin*..., ou encore *Nivelle*, — qui passe par-dessus la tête de son subordonné! — Eux aussi voudraient *savoir!!*

Mais, de *l'avant*, de la bataille, rien! rien!... Que n'ai-je le don d'ubiquité, que ne puis-je être *ici* et avec *Eux!* avec mes Bataillons, avec mes Régiments!

Décidément, cette coupole m'étouffe, elle m'écrase de toute la masse de son béton et de son acier!

Comme il était léger le rôle du chef de jadis!

Dès que sonnait l'heure de l'attaque, ce chef se jetait dans l'action, dans cette action qui libère le cerveau et tue *l'angoisse*, comme elle tue *la peur*, parce qu'elle assure la circulation du sang. Aujourd'hui, me voici rivé, enchaîné, à la poignée de *l'éventail*, à ce *centre moteur* à demi-brisé, à demi-paralysé. L'inquiétude me dévore, l'angoisse me torture, et pourtant, si je veux conserver mon prestige et faire rayonner la confiance dans l'œuvre que j'ai préparée, aux yeux inquiets qui m'interrogent à la dérobée, il me faut offrir un masque impassible. Mon geste doit rester sobre, ma voix ferme, ma pensée lucide!

Je ne connais pas d'épreuve plus dure, et aussi plus décisive pour la volonté du chef.

Enfin, un brusque courant d'air s'établit; des pas précipités retentissent sur les dalles. Un *guetteur* vient placer devant moi un homme qui chancelle : le premier *coureur!!*

L'homme est épuisé. Ses jambes flageolent; sur sa pauvre figure ravagée par les misères de la guerre, la sueur perle à grosses gouttes. La boue liquide qui ruisselle de ses vêtements témoigne que vingt fois en cours de route, sous les obus, pour échapper à la mort, il a dû se jeter dans les entonnoirs.

Avidement, mon regard va de son poing crispé sur un papier, — le Message! — à ses yeux fiévreux, mais pleins de joie!... Évidemment, les nouvelles sont bonnes.

Maintenant, les coureurs se succèdent; les renseignements concordent; l'attaque se déroule de manière heureuse. Mais ces renseignements datent tous d'une demi-heure, de trois quarts d'heure, d'une heure, parfois plus. Que d'événements se sont accomplis depuis que le coureur a quitté son chef pour venir jusqu'à moi! Et pourtant, je me rends compte que ces hommes admirables n'auraient pu mieux faire. Je me demande même comment ils ont pu trouver le chemin de la tourelle; quel instinct, quel merveilleux fil d'Ariane a pu les guider, à travers l'obscurité du brouillard, à travers le terrain épouvantable de ce champ de bataille, sous le terrible bombardement de l'artillerie allemande, qui bat avec furie les pentes et les plateaux de *Fleury* et de *Souville?* Et encore, combien d'autres de ces soldats magnifiques ont sans doute trouvé la mort en cours de route, tombant le poing crispé sur leur cher message!

Un seul renseignement m'arrive par la télégraphie par le sol : c'est le colonel *Bouchez*, le commandant de mon régiment d'aile droite, le 401ᵉ, qui m'annonce que son régiment, arrivé sur son objectif intermédiaire, à l'heure prévue, repart pour son objectif définitif, à l'heure prévue, en liaison à gauche avec les chasseurs qui forment mon centre.

Puis, ce sont encore des *coureurs;* les renseignements restent favorables. La plupart de ces hommes m'apprennent qu'en cours de route ils se sont heurtés à des bandes d'Allemands sans armes, fuyant littéralement du côté de Verdun, sous les obus allemands! L'officier chargé du parc des prisonniers de la division me fait, en effet, connaître que son parc compte déjà plus de deux mille Allemands et qu'il en arrive toujours.

Deux renseignements me parviennent du colombier de Verdun, tardifs, mais confirmant les autres.

Enfin, un officier accourt, essoufflé; il m'annonce que le brouillard se dissipe, chassé par une forte brise de l'Ouest vers la Woëvre. La grande bosse du fort de *Douaumont* émerge du brouillard et il y a vu distinctement, à la lorgnette, de multiples petites ombres se déplaçant dans tous les sens. Sans aucun doute, ce sont les *marsouins* du *régiment colonial du Maroc*, régiment déjà chargé de gloire, qui forme la droite de *Guyot de Salins*.

Encore quelques minutes, et, comme par enchantement, le champ de bataille, entièrement nettoyé du brouillard, apparaîtra baigné de soleil.

Maintenant, les avions sillonnent l'air dans tous les sens.

L'un d'eux, bientôt, venant de l'Est, survole la tourelle, très bas. Il porte la cocarde française et la flamme de *la Gauloise*.

C'est mon *avion de commandement*, celui que pilote le célèbre boxeur *Carpentier* et que monte l'officier observateur *Wiedemann*.

Il laisse tomber un message. Un *guetteur* qui bondit sous les obus, à travers les entonnoirs, me l'apporte.

Je cherche à dérouler le carton avec calme. C'est un fragment de *plan directeur;* un gros trait rouge réunit la tourelle de 75^{mm} située à l'est du fort de *Douaumont*, à l'étang de *Vaux;* cette mention le souligne : « *La Gauloise*, 16 h. 30. » Au-dessous de celle-ci, en grandes capitales, tout de guingois, ce cri : « Vive la France!! » Signé : WIEDMANN.

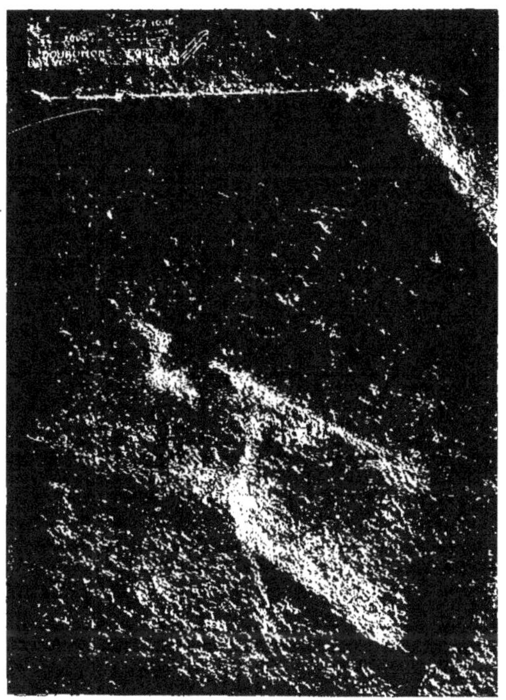

(Photo Archives photographiques d'art et d'histoire.)

Le 22 octobre 1916. — Le centre du fort de Douaumont.

En levant la tête, je vois, penchée sur mon épaule, la figure ardente du guetteur. Ses yeux interrogent le message! Je le lui explique : *l'avion de commandement* ayant jalonné nos lignes, avait constaté, à 16 h. 30, que *la Gauloise* avait rempli toute sa mission, c'est-à-dire avait chassé les Allemands de la presque totalité du *Quadrilatère*.

Une joie immense envahit la figure du soldat, et nos mains se rencontrent dans une étreinte vraiment fraternelle; étreinte de reconnaissance du Soldat pour le Chef, et du Chef pour le Soldat!

Dans ces batailles modernes, à travers des positions organisées, le Chef pouvait bien préparer la bataille *matériellement*, avec toutes les ressources de son activité, de son cerveau et de sa connaissance des possibilités du champ de bataille; il pouvait bien la préparer *moralement*, avec toutes les ressources de son cœur et de son âme. Mais, quand venait *l'heure H*, l'heure fatidique, celle de l'attaque, le sort de la journée appartenait aux cadres subordonnés et aux simples soldats; il dépendait essentiellement, dès lors, de leur dressage et de la vigueur de leur âme!

× ×

Que s'était-il passé, en réalité?

La Gauloise avait franchi, aussi rapidement que le lui permettait l'état du terrain, la *première position* allemande, dont la plupart des défenseurs avaient été transformés en *loques humaines* par le bombardement massif de notre artillerie; ce dernier avait, en effet, agi sur eux, comme l'eût fait un gros tampon de chloroforme. Puis, imperturbable, la division avait poursuivi sa marche lentement, méthodiquement, vers ses objectifs successifs. Chaque homme longeait avec soin les lèvres des entonnoirs, en s'aidant parfois d'un bâton, et chaque élément de la formation restait solidement attaché, par la boussole, à sa direction de marche.

Ceci, pendant que le front de la division s'accrochait, fidèlement, au fracas du *barrage roulant*, par l'oreille, puisque le brouillard cachait aux yeux l'éclatement des obus!

Quant au *barrage roulant*, ce rouleau de fer et de feu, formé d'un matelas d'obus dense et profond, il avait progressé sur le champ de bataille avec une lenteur sagement calculée sur les possibilités de progression de notre infanterie. Ses obus neutralisants avaient fouillé les entonnoirs de manière systématique.

Des fusiliers et des mitrailleurs allemands, dont la volonté,
pour une raison ou pour une autre, avait échappé à l'effet
anesthésiant du *barrage roulant*, avaient bien, par leur feu,
contraint certaines fractions de tête de la division à s'arrêter.
Mais, les fractions jointives avaient poursuivi leur marche
et s'étaient élevées sur les flancs des résistances; elles les
avaient réduites ainsi, par cet autre anesthésique qu'est la
manœuvre, quand elle engendre la *surprise*.

× ×

Au lendemain de Fontenoy, Voltaire avait cru pouvoir défi-
nir la tactique : « L'art d'égorger son adversaire. » Je ne
voudrais faire de peine à personne, pas même à l'ombre de
Voltaire! Mais je ne saurais, — quand bien même il ne s'agirait ici que d'humour, — laisser passer pareil jugement sans
protester. La tactique, en dépit des apparences et malgré
l'effroyable hécatombe dont nous sortons, est beaucoup plus
humaine! Elle est, dans son essence du moins, l'art de *paralyser la volonté de son adversaire, au moment voulu et pendant le temps voulu;* qu'on utilise, pour ce faire, l'anesthésique des mille ressources de la *surprise* . le camouflage par
l'obscurité naturelle ou artificielle, par les couverts du sol...,
la manœuvre, etc.; ou bien l'anesthésique des machines les
plus impressionnantes comme le lance-flammes, la cuirasse
automobile (le char de combat), — et demain, la cuirasse ailée
(l'avion blindé); — les plus écrasantes, comme les éléphants de
Xanthippe ou le 420 allemand!... Et cela restera vrai tant
que, suivant la forte expression de notre grand psychologue
militaire *Ardant du Picq*, « l'homme restera l'instrument premier du combat. »

Après avoir exploité, méthodiquement, les effets des anes-
thésiques, ceux du *feu*, du *brouillard* et de la *manœuvre*, et
son front ayant atteint l'objectif final, *la Gauloise* s'était, aussitôt, assise sur le terrain conquis. Solide, bien arc-boutée sur
ses formations intérieures, elle se trouvait d'autant mieux en
garde contre les réactions adverses que son barrage roulant,
qui s'était fixé sur le sol, formait, — ou, du moins, était prêt
à former au premier signal, — en avant de son front, un véritable rideau de fer.

Des flancs de la division partent, aussitôt, des patrouilles à la recherche du contact perdu avec les divisions voisines.

A droite, du côté du fort de *Vaux*, les patrouilles du 401ᵉ régiment sont reçues à coups de grenades et de mitrailleuses. La division *de Lardemelle* n'a pu, en effet, aborder ce fort.

A gauche, à l'est du fort de *Douaumont*, les patrouilles du 321ᵉ régiment tombent dans le vide; elles ne trouvent ni Français, ni Allemands. L'une d'elles, qui rétrograde, pour se relier au régiment d'infanterie coloniale du Maroc, qu'on suppose maître du fort de *Douaumont*, franchit le fossé, puis escalade le massif du fort. Elle arrive à l'observatoire Nord-Est où elle trouve sept Allemands qui se rendent sans faire usage de leurs armes; mais, à travers le brouillard qui commence à se dissiper, elle ne voit rien d'autre bouger sur la superstructure. Inquiet, le sous-lieutenant *Leseux*, le chef de la patrouille, avait fait braquer les armes de ses hommes vers les sorties des casemates et avait prévenu son capitaine, quand, après une longue attente, angoissante au possible pour lui et les siens, surgissent sur les parapets, du côté de l'Ouest, une foule d'ombres qu'estompe le brouillard; petites d'abord, elles grandissent rapidement.

Ce sont des Français! Ce sont les *marsouins* de la compagnie *Brunel*, la tête du bataillon *Croll*, du régiment colonial du Maroc (1).

Enfin, arrive le bataillon *Nicolaÿ*, du même régiment; ce bataillon s'était un instant perdu dans le brouillard. Chargés du nettoyage du fort, les marsouins de *Nicolaÿ* (2) se répandent dans les casemates, les gaines, les coffres flanquants et

---

(1) En arrivant devant le fort, le bataillon Croll devait s'ouvrir pour s'écouler à droite et à gauche du fort et aller prendre position plus à l'est, se reliant, par sa droite, à « *la Gauloise* », pendant que le bataillon Nicolaÿ (qui, jusque-là, devait marcher dans ses traces) entrerait dans le fort.

Constatant qu'il n'est pas suivi par le bataillon *Nicolaÿ*, le bataillon *Croll* s'arrête, sa tête au fossé ouest du fort. Quelques instants après, d'elle-même, une patrouille commandée par le caporal *André Barranger*, franchit le fossé et escalade le parapet; bientôt, le capitaine *Dorey*, adjudant-major du bataillon, lance sur le fort la compagnie de tête, avec mission de s'installer sur la superstructure, en attendant l'arrivée du bataillon *Nicolaÿ*.

Pendant ce temps, la gauche et le centre de la division *Guyot de Salins*, atteignaient leurs objectifs.

(2) Le commandant *Nicolaÿ* devait être tué le 15 décembre 1916 à Verdun. Le sous-lieutenant *Leseux* fut tué le 5 mai 1917, au *chemin des Dames*.

les observatoires; ils y ramassent une cinquantaine d'Allemands, dont le capitaine *Prollius*, commandant le fort par intérim, en remplacement du titulaire, le major *Marquardsen*, — en permission!

Nous devions bientôt apprendre que la veille, le 23 octobre, l'un de nos obus de 400 ayant fini par crever la voûte d'une casemate, tant de fois ébranlée par les bombardements antérieurs, l'air du fort avait été rendu irrespirable. Le fort avait dû être évacué par la presque totalité de sa garnison. Les éléments évacués devaient rentrer dans le fort le 24, dans la soirée!

Ainsi, le *fort de Douaumont* qui domine, et dont la vue embrasse tout le champ de bataille; qui reste, pendant toute la bataille, la hantise et l'objet de l'ambition des deux camps; pour la possession duquel se sont livrés des combats d'une âpreté sans nom, et ont été répandus des flots de sang; le fort de *Douaumont*, dis-je, par deux fois, devait tomber presque sans coup férir, et dans des circonstances identiques, alors qu'il était presque entièrement privé de garnison. Le 25 février, dans l'obscurité de rafales de neige, le 24 octobre dans celle du brouillard (1).

(Photo Archives photographiques d'art et d'histoire.)

Le 25 octobre 1916. — Le fort de Vaux.

(1) Le général Caloni, commandant le génie du « groupement Mangin », visita, en détail, dès le 26 octobre 1916, les divers organes du fort de Douaumont, pour se rendre compte de leur résistance aux coups des gros obusiers allemands et français. « Les fossés du fort n'apparaissaient que comme une profonde dénivellation du terrain au contour imprécis, mais au bout de laquelle surgissaient des coffres de contrescarpe garnis de mitrailleuses de flanquement et parfaitement conservés.

» Les murs de fond des casemates, construits en maçonnerie ordinaire, avaient été éventrés de haut en bas par nos obus; mais la dalle en béton de ciment de 2ᵐ,50 d'épaisseur avait résisté presque partout et n'avait été

Coïncidence vraiment diabolique!

La division *Andlauer*, qui avait relevé la division de *Lar-demelle*, venait d'aborder le *fort de Vaux;* elle allait en donner l'assaut, quand les Allemands refusant l'épreuve, évacuent le fort, dans la nuit du 1er au 2 novembre (2).

× ×

Le 25 octobre, le général Nivelle remerciait ses troupes, par cet ordre du jour :

Officiers, sous-officiers et soldats du groupement Mangin,

En quatre heures, dans un assaut magnifique, vous avez enlevé, d'un seul coup, à notre puissant ennemi, tout le terrain, hérissé d'obstacles et de forteresses du Nord-Est de Verdun, qu'il avait mis huit mois à vous arracher par lambeaux, aux prix d'efforts acharnés et de sacrifices considérables.

Vous avez ajouté de nouvelles et éclatantes gloires à celles qui couvrent les drapeaux de Verdun.

Au nom de cette armée, je vous remercie.

Vous avez bien mérité de la Patrie.

---

percée que d'un seul trou de 4 à 5 mètres de diamètre par un obus français de 400.

» Le couloir en arrière des casemates, qui n'était protégé que par une dalle de 1m 50, avait été percé en trois points par des obus allemands de 420, mais restait encore utilisable; enfin, une casemate avait été en partie détruite par l'explosion d'un grand dépôt de grenades, qui avait eu lieu quelque temps auparavant, et qui avait fait une centaine de victimes allemandes.

» Il restait, en somme, 13 casemates en bon état à l'étage, tandis que les casemates du sous-sol étaient toutes intactes.

» Les tourelles ne fonctionnaient plus, mais n'étaient pas démolies et pouvaient facilement être remises en service; les Allemands ne les avaient utilisées que comme observatoires. »

(Général Caloni : « Comment Verdun fut sauvé ».)

(1) Quelques jours après, nous occupons le village de Vaux et celui de Damloup.

Le Kronprinz : à sa droite, le sous-lieutenant Rackow, entré le premier au fort de
Vaux ; le capitaine Bölcke, aviateur ; à sa gauche, le sous-lieutenant Brandis, entré
le premier au fort de Douaumont ; tous trois ont été décorés, à Verdun, de l'Ordre
pour le Mérite.

Le Commandant Nicolaÿ, du régiment d'infanterie coloniale du Maroc,
dont le bataillon a nettoyé le fort de Douaumont, le 24 octobre 1916.

Le 15 décembre 1916.

La journée du 24 octobre avait jeté dans le camp des Alliés un rayon de gloire, en même temps que de grandes espérances. Mais encore, pour faire de la bataille de Verdun une victoire française, désormais indiscutable, était-il nécessaire que les gains de cette mémorable journée fussent consolidés au plus vite.

Si nous parvenions à recouvrer l'intégrité de la *position principale* couvrant le front Nord-Est de la forteresse, et si nous pouvions encore mettre cette position à l'abri d'une attaque par surprise, l'œuvre entière des Allemands serait vraiment mise en pièces; tout serait à recommencer pour eux;

CE SERAIT LA FIN DE LA BATAILLE ALLEMANDE.

Désespéré de voir s'évanouir, en quelques jours, les fruits de dix mois d'efforts et de sacrifices inouïs, le commandement allemand devrait s'empresser de jeter le voile de l'oubli sur son entreprise et renoncer, de manière définitive, à toute action directe sur la forteresse tant que celle-ci ne serait pas investie.

Depuis longtemps, en effet, le pouvoir occulte, que, jadis, les Allemands pouvaient attribuer à Verdun et aux eaux de la Meuse, avait perdu à leurs yeux toute vertu propice. Verdun n'était plus pour nos adversaires que « l'Enfer de Verdun », de même que les collines et les ravins de la Meuse n'étaient plus que « le charnier de l'Allemagne ». Ni le soldat ni le peuple allemands ne permettraient à leurs chefs militaires de poursuivre l'horrible bataille, le jour où il leur serait démontré qu'il fallait abandonner toute espérance d'apprendre bientôt, la chute réelle de la forteresse qu'on leur disait, depuis si longtemps, « virtuellement » assurée. Seul l'espoir de voir cesser la guerre rapidement, par la prise de Verdun, leur avait permis, jusqu'ici, de supporter les cruelles épreuves de l'infernale bataille.

Pour recouvrer l'intégrité de notre position principale, il nous restait à prendre le *plateau d'Hardaumont* et, pour la mettre à l'abri d'une attaque par surprise, il fallait lui rendre sa couverture naturelle, c'est-à-dire la position : *Côte du Poivre, Louvemont, Cote 378, pentes sud du plateau des Caurières, village de Bezonvaux.*

× ×

Ce fut l'œuvre de cette autre grande et belle journée pour les armes françaises que fut la victoire du 15 décembre menée, cette fois, par quatre divisions : la division *Muteau* au pivot; deux divisions d'Afrique : les divisions *Guyot de Salins* et *Garnier-Duplessis* au centre; *la Gauloise*, à l'aile marchante, à droite.

La victoire du 15 décembre 1916 scella la défaite allemande.

Dans ces deux journées du 24 octobre et du 15 décembre, nous avions fait 18.000 prisonniers, pris 200 canons et un énorme matériel de guerre.

Le 16 décembre. Mangin adressait à ses troupes un ordre du jour. Il y faisait allusion aux propositions de paix adressées, le 12 décembre, par le Chancelier allemand; il le terminait ainsi :

Soldats!... nos sauvages agresseurs osent nous tendre le piège grossier d'une paix prématurée. Tout en ramassant de nouvelles armes, ils nous crient : « Kamarad! », vous connaissez le geste...

A leurs hypocrites ouvertures, vous avez répondu par la gueule de vos canons et par la pointe de vos baïonnettes. Vous avez été les bons ambassadeurs de la République. Elle vous remercie.

Le « Jugement de Dieu ».

Une gigantesque entreprise sur laquelle nous comptions pour terminer victorieusement la guerre fut réduite à néant, malgré notre extrême ténacité et un emploi de forces illimité. Davantage : l'offensive contre Verdun eut pour résultat d'ôter, pour bien longtemps, à l'armée allemande, de la façon la plus dangereuse sa puissance offensive (Kronprinz Wilhelm) (1).

La victoire de Verdun montre ce que peut faire la volonté d'un peuple qui aime passionnément ses foyers et ne veut pas mourir.

A Verdun, le feu a malaxé la terre au point de lui faire enfouir avec ses fermes, ses villages et ses bois, des Français par centaines de mille!... Mais rien n'a pu briser la volonté française! Après avoir eu la volonté de *tenir*, nos chefs et nos soldats ont eu, pour vaincre, la volonté de prendre *l'offensive* qui, seule, peut briser, de *manière définitive*, la volonté adverse. Et nous avons triomphé.

× ×

Le 21 février 1916, le Kronprinz d'Allemagne avait voulu donner d'une manière théâtrale, digne de son Auguste Père, le signal de cette bataille qui devait *clore la guerre*. S'il ne pouvait, comme au temps de la chevalerie, porter le défi des Hohenzollern à la France, en allant, fièrement, planter son poignard dans l'une des portes de la forteresse, du moins, entendait-il rappeler le geste, sur un mode *Kolossal* et moderne.

C'est ainsi qu'il faisait tirer, à 4 heures du matin, d'une distance de trente-cinq kilomètres, une énorme pièce de marine de 380, sur la ville de Verdun qui, pour les Allemands, était *la porte de la France*, en même temps que la *porte de l'Occident*, par où jadis passaient les Barbares, les hordes de la Germanie allant dévaster les Gaules. Et c'est au pied de la vieille cathédrale de Verdun que, dans le silence de la nuit, l'obus vint éclater avec fracas.

____

(1) « Verdun », par le Kronprinz Wilhelm (*l'Illustration*, décembre 1928.)

Le Prince héritier de l'Empire allemand conviait le Monde à un *jugement de Dieu!*

Et le Monde terrifié allait voir un duel monstrueux, une lutte de Titans, une hécatombe épouvantable, les meilleurs des enfants de France et d'Allemagne, par centaines de mille, venir s'ensevelir dans la terre des collines et des ravins de la Meuse!

Il allait voir le *Celte frivole et léger* mais aux réactions d'une souplesse incomparable, d'une vigueur et d'une rapidité foudroyantes, accepter et soutenir une lutte *inégale*, y montrer un esprit de sacrifice et un héroïsme sublimes, et aussi, vertus inattendues chez lui, une ténacité et une constance inébranlables. Vingt fois, ses deux épaules étaient près de toucher terre, vingt fois, échappant à la suprême étreinte, il se redressait, — magnifique!

Enfin, à ses applaudissements, le Monde ébloui allait voir ce lutteur fabuleux, haletant, couvert de blessures, ruisselant de sang, mais de plus en plus agressif, terrasser le colosse allemand, et sortir vainqueur de l'épreuve.

Dieu avait bien jugé!

Dans le champ clos, l'Allemagne, avec ses espérances, laissait le plus pur de son sang et le meilleur de sa gloire. La France trouvait dans le nom de Verdun, pour sa grandeur morale, une parure d'un incomparable éclat.

Les enseignements de la Victoire.

Il y a lieu de remarquer que ces deux journées, celle du 24 octobre, en particulier, *ont vraiment fixé l'idée fondamentale du combat*, c'est-à-dire l'exploitation intensive, par l'infanterie, des effets des *neutralisants*.

On ne saurait trouver une action offensive qui eût été menée dans des conditions d'apparences aussi sévères et aussi défavorables; et cependant, il n'en est guère qui aient donné un résultat plus complet, et qui se soient produites avec moins de pertes.

Il ne s'agissait pas, en effet, d'attaquer un adversaire découragé. En octobre 1916, sur le front de Verdun, chez les troupes allemandes, le moral était encore *solide* et le terrain conquis, après huit mois d'efforts inouïs, passait aux yeux de ces troupes pour *inviolable : «* Vous ne reprendrez pas plus *Douaumont*, que nous ne prendrons Verdun! » dit un officier prisonnier, à la veille de la bataille . « Vous voulez attaquer? Préparez vos *abatis* et vos hôpitaux! » crient, en français, des soldats allemands aux hommes de ma division, qui tiennent le *ravin des Fontaines*. Quant au Commandement allemand, loin de s'attendre à une pareille défaite, il envisageait de prochaines offensives, avec impatience. « Nous soupirons tous après le moment où il nous sera permis d'attaquer une fois de plus, dès que Votre Majesté jugera que le moment est venu! » déclare *von Lochow*, le 17 octobre, à l'Empereur passant une revue au Nord de Verdun.

Cependant, et alors que le sol du champ de bataille paraît présenter, à lui seul, un obstacle infranchissable, grâce à une exploitation judicieuse des neutralisants, trois divisions françaises culbuteront les premières lignes et les soutiens de sept divisions allemandes disposées au mieux, c'est-à-dire en profondeur, et soutenues par une artillerie des plus redoutables (1).

---

(1) Sur la rive droite, les forces de *von Lochow* étaient réparties en trois secteurs :

a) Secteur de la côte du Poivre : VII⁰ corps réserve et 25⁰ D. I. réserve (général *von Zwehl*);

b) Secteur d'Hardaumont : 34⁰, 54⁰ et 9⁰ D. I. actives et 33⁰ D. I. réserve (général *von Planitz*);

13

L'un des neutralisants exploités, le brouillard, apparaît à tous, aujourd'hui, comme l'un des grands facteurs de succès. Mais, en octobre 1916, il était loin d'en être ainsi! L'on redoutait, alors, la pénombre : *toutes les attaques d'une certaine portée, par nuit sombre ou claire, avaient fusé de manière lamentable*, et on ne croyait guère à la vertu de la boussole. Enfin, on était imbu de cette idée qu'il était nécessaire de *voir clair*, si l'on voulait obtenir de l'artillerie tous ses effets, au bénéfice de l'infanterie.

× ×

Dans le camp allemand, ce fut de la stupeur.

Les Français n'étaient plus seulement de fougueux soldats, prêts à se faire tuer; leur tactique, maintenant, s'inspirait de la méthode la plus sûre!

Des généraux furent disgraciés, et les instructions en vue de parer à une réédition de ce que les Allemands appelaient *le coup de Verdun!* se multiplièrent. L'exposé des motifs de l'une d'elles, donnée à l'armée *von Boehn*, montre combien le commandement allemand se trouvait désemparé.

« *L'organisation de la défense devant Verdun était irréprochable. Les secteurs étaient très étroits, moins de deux kilomètres par division. Les forces étaient correctement échelonnées en profondeur. Les mitrailleuses bien réparties, suivant les principes en vigueur. Les barrages n'étaient pas trop lâches (150 mètres par batterie). Les tirs de barrage, ainsi que les tirs à démolir sur les tranchées ennemies, étaient très bien réglés.*

---

c) Secteur de Vaux : 50ᵉ et 192ᵉ D. I. actives et 19ᵉ B. I. Ersatz (général *von Steuben*)

Sur ces dix divisions, sept tenaient le front d'attaque : carrières d'Houdromont - Damloup, disposées en profondeur, moitié en réserve, moitié en ligne (elles se relevaient sur elles-mêmes).

Le 24 octobre, les sept divisions comptaient, sur le front d'attaque, 21 bataillons et demi et 11 bataillons en soutien. Tous les soutiens furent engagés dans la bataille.

L'artillerie allemande dont l'action se faisait sentir sur notre front d'attaque comptait 205 batteries, soient 820 pièces dont les deux tiers lourdes, opposées à nos 600 pièces, dont moitié lourdes, qui avaient appuyer notre attaque.

Sur le front français, pendant la dernière guerre, aucune offensive n'a été entreprise dans des conditions numériques semblables; toujours l'attaque possédait une supériorité écrasante, en infanterie et en artillerie.

» *Et pourtant, les Français ont réussi, dans un assaut qui n'a pas rencontré de résistance appréciable, à pénétrer, dans un seul élan, dans nos positions, jusqu'à cinq kilomètres en profondeur. Ensuite, par des conversions à droite et à gauche, nos lignes ont été attaquées de flanc.* »

× ×

En réalité, la victoire de Verdun doit son essor rapide, sans grande effusion de sang, à une déesse désormais inséparable de la victoire : LA SCIENCE DU MOUVEMENT EN AVANT. Celle-ci avait trouvé un berceau en *Artois* et en *Champagne* (1915); elle avait grandi sur *la Somme* (juillet 1916) et pris, enfin, son plein épanouissement sur les *Hauts de Meuse*. La gloire de *Nivelle* et de *Mangin* sera d'avoir su en user avec audace.

Pour tout militaire quelque peu habitué à dégager les causes de leurs effets, les journées des 24 octobre et 15 décembre 1916 établissaient, définitivement, deux grands principes que l'avenir ne devait cesser de mettre en lumière. À savoir :

a) Qu'une vigoureuse infanterie entraînée à l'exploitation des neutralisants était CERTAINE DE VAINCRE dans la zone d'action de la masse de ses canons, *si ceux-ci étaient en nombre suffisant, et mis en œuvre de manière rationnelle;*

b) Par voie de conséquence : que, sous peine d'une DÉFAITE INÉVITABLE, une troupe sur la défensive devait savoir faire le *vide relatif* dans la zone d'action efficace du plus grand nombre des canons de l'adversaire, — c'est-à-dire des canons de petit et moyen calibre, — pour aller *établir sa résistance au delà de cette zone* (1).

Jusqu'à la mise en service d'une « cuirasse automobile » pratique, tel le char *Renault* à l'époque, ces principes d'at-

---

(1) Au début de 1916 déjà, le général de Langle de Cary l'avait admirablement compris. Son instruction du 15 février prescrivait de réduire le plus possible l'occupation de la première position, pour reporter la résistance plus en arrière. Cette prescription fut, malheureusement, méconnue.
(Voir les « Préliminaires de Verdun », lieutenant-colonel DE THOMASSON.)

taque ou de défense s'imposeront et leur méconnaissance, de la part de la défense, par exemple, entraînera invariablement, comme l'avenir devait le démontrer, un brusque effondrement du front.

Est-ce à dire que ces principes vaudraient dans une guerre future? Évidemment non! Depuis l'invention des armes d'infanterie à grand pouvoir perforant, l'homme avait dû se priver de la cuirasse; pour être efficace, celle-ci eût été si lourde qu'elle eût immobilisé le combattant. Au cours de la dernière guerre, devant les terribles effets des armes à tir rapide de l'infanterie, de la mitrailleuse surtout, l'emploi de la cuirasse s'est bien vite imposé; c'est ainsi que, de toute nécessité, l'homme a dû s'enfoncer dans le sol, ce qui l'a conduit à s'immobiliser, et n'a pas peu contribué à éterniser la guerre. Pour lui permettre de prendre l'offensive avec chance de succès, nous avons fini par imaginer de le couvrir par une cuirasse mobile d'obus à laquelle il s'attachait de son mieux, c'était le « barrage roulant ». Mais, l'efficacité de cette cuirasse était limitée à la portée moyenne de nos canons, et quand elle prenait fin, l'offensive s'arrêtait avec elle, à moins qu'à ce moment, l'infanterie attaquante ne trouvât, devant elle, le terrain libre ou, tout au moins, la possibilité de passer par des intervalles de feux.

On comprend combien il était facile de mettre en défaut semblable procédé; il suffisait à la défense d'organiser sa véritable résistance, c'est-à-dire de mettre en place la plus grande partie de ses fusils et de ses mitrailleuses, hors de la portée du rouleau de feu créé par le « barrage roulant ». Aussi, la solution du problème de l'offensive ne saurait-elle s'envisager désormais que dans l'emploi en masse de cuirasses automobiles de grand rayon d'action.

Déjà entré dans le domaine de la pratique, dans la guerre future, l'emploi de la « cuirasse automobile » *sera de règle*. L'ère de la cuirasse « ailée » et de celle rampant « sur chenille » est évidemment ouverte et, maintenant, il convient de chercher des méthodes de combat adaptées à leurs possibilités.

Il est certain qu'une armée qui s'attarderait dans les errements du passé connaîtrait les pires déboires.

VERDUN EN 1917.

Fin de la bataille française.

Médaille de propagande frappée en 1917.
La Mort (coiffée du petit bonnet anglais) mène la France au sacrifice,
pendant que le Rhin coule tranquillement.

VERDUN EN 1917.

La situation générale au mois d'août 1917.
Le déblaiement de la rive gauche de la Meuse.

Au début de 1917, le dénouement de la guerre est proche, Encore quelques mois d'âpre volonté offensive chez les Alliés et l'Allemagne est à terre.

L'Autriche, épuisée, n'attend qu'une occasion favorable pour se retirer de la lutte (1), quant aux armées allemandes, les dures batailles de *Verdun* et de la *Somme* les ont atteintes profondément dans leurs forces morales et matérielles (2) et, à l'intérieur de l'Empire allemand, le moral de la Nation est, nous dit Philipp Scheidmann, descendu « au-dessous de zéro! » (3).

Sur le front de France, les Alliés comptent une supériorité numérique de plus d'un million de combattants, et la paralysie dont les frappait jusqu'ici le manque de matériel a pris fin. Ils possèdent, maintenant, une artillerie lourde égale, sinon supérieure, à celle des Allemands, une artillerie légère excellente et nombreuse, une foule de minenwerfer; le stock des munitions est énorme, il peut faire face à tous les besoins. D'autre part, l'infanterie française, pleine de confiance, a reçu un fusil mitrailleur augmentant sa capacité offensive, et nos usines travaillent activement à la doter d'une arme offensive nouvelle, de grande puissance morale, les chars de combat. Enfin, nous avons appris à rompre les réseaux de fil de fer et à utiliser *les neutralisants* pour maîtriser et capturer les servants des armes à tir rapide de l'infanterie allemande.

---

(1) Voir « L'offre de paix séparée de l'Autriche » (Prince Sixte de Bourbon).

(2) Voir le chapitre : « Les Américains autour de Verdun. »

(3) Voir « l'Effondrement » (Philipp Scheidemann).

Le général *Joffre* entend bien exploiter à fond et sans répit l'œuvre de Verdun et de la Somme. Le 16 novembre 1916 il fait signer un protocole assurant la concordance et la continuité des efforts offensifs de tous les Alliés et, le 27 novembre, il arrête son plan de campagne pour 1917 ainsi que ses instructions à ses commandants de groupe d'armées, en vue de donner aux opérations une vigueur croissante.

Mais, le 12 décembre 1916, le général *Joffre*, élevé à la dignité de maréchal de France, allait être remplacé à la tête de nos armées du Nord et du Nord-Est par le général *Nivelle*. Chef responsable, le général Joffre avait préservé jalousement de toute atteinte cette liberté d'examen, de décision et d'action dont Bonaparte nous souligne la nécessité, en lui attribuant les fulgurants succès de son immortelle campagne d'Italie : *Je n'eusse rien fait de bon, écrit-il à Lazare Carnot, s'il eût fallu me concilier avec la volonté de voir d'un autre.* (Lettre du 25 floréal, an IV.) Mais, toute opportune et justifiée qu'elle fût, cette autorité du vainqueur de la Marne, puissamment fermée à toute ingérence dans la conduite des opérations portait, depuis longtemps, ombrage à certains parlementaires. D'autre part, l'importance des résultats acquis au prix des lourds sacrifices de la campagne de 1916 de même que la cause essentielle de la longueur de la guerre : le *manque de matériel*, échappaient à l'opinion publique. Celle-ci, énervée, jugeant le général *Joffre* insuffisamment préoccupé de l'effort décisif, devait faire bon accueil à un nouveau généralissime dont les récentes victoires de *Verdun* et le tempérament essentiellement offensif semblaient pleins de promesses.

L'Allemagne, au contraire, après le rejet de ses orgueilleuses propositions de paix, du 12 décembre 1916 (1) se confie de plus en plus aveuglément à *Ludendorff*. Avec une énergie farouche et une activité inlassable, celui-ci, sous le couvert d'*Hindenburg*, prend les allures d'un dictateur. Il fait dé-

---

(1) Ces propositions furent maladroitement présentées « sur un ton de vainqueur », et ceci « sur la demande pressante du Commandement Suprême », nous dit Th. von Bethmann-Hollweg, le chancelier de l'Empire. (Voir ses « Considérations sur la guerre mondiale », Lavauzelle, éditeur, Paris.)

cider la guerre sous-marine à outrance et, habilement, pour cacher la détresse des Empires centraux, obtient de l'Empereur, à l'adresse des Alliés et des neutres, des paroles pleines de superbe et de menaces. Il inonde la France et la Russie d'agents défaitistes, pendant qu'il rétablit le moral de son pays au moyen de la presse, qu'il inspire et censure de manière étroite. Il exploite à l'extrême les dernières ressources de l'Allemagne au bénéfice des armées, active la fabrication du matériel et des munitions, et met sur pied de nouvelles divisions. Tout cela, pendant qu'il redresse le moral, la discipline et l'instruction des armées.

× ×

Cependant, le général *Nivelle* maintient, dans son esprit du moins, le plan de son prédécesseur : *la prise dans la mâchoire de deux attaques concentriques du grand saillant que formait le front allemand, au Nord-Est de Paris, et ses instructions aux commandants* de groupe d'armées ne diffèrent guère de celles du général *Joffre*. Enfin, au cours de la conférence de Calais (26-27 février 1917), il est décidé que, pour la période des opérations offensives envisagées, le commandant des forces britanniques, le maréchal *Haig* recevra les instructions du généralissime français.

Tout s'annonce encore, pour les Alliés, sous les auspices les plus heureux, quand une foule de causes impossibles à prévoir viennent faire que l'offensive française du 16 avril se déclenche dans les plus fâcheuses conditions. Nos transports et nos travaux sont entravés par un hiver d'une rigueur extrême. Brusquement, les préparatifs d'attaque de notre groupe d'armées du Nord se trouvent sans objet, les Allemands refusant la bataille sur la branche nord du saillant, replient délibérément leur front sur la ligne *Saint-Quentin — La Fère* (mars). L'avènement de Kérensky (mars) permet à l'ennemi de détourner des forces du front d'Orient. La capture d'un prisonnier porteur de documents renseigne les Allemands sur le plan d'engagement de notre V[e] armée.

En France, la propagande défaitiste, que déchaîne l'or allemand, commence, bientôt, à porter ses fruits (1). Elle paraît

____

(1) Dès le 28 février 1917, une lettre du général Nivelle en signalait le danger au Ministre de la guerre.

intimider nos gouvernants qui ne gardent plus la même confiance dans l'avenir d'un plan de campagne qu'ils viennent d'approuver et de faire approuver par les Alliés. Pour l'apaisement de leurs inquiétudes et de leur conscience, ils cherchent des éléments d'appréciation au cours de conférences, d'enquêtes et d'appels à l'esprit critique des principaux exécutants alors que la discipline intellectuelle de ceux-ci exige qu'ils entrent dans les vues du généralissime avec cette foi aveugle qui, seule, peut assurer le succès d'une entreprise. L'autorité morale et la liberté d'esprit du général Nivelle en sortent diminuées.

Enfin, une foule d'autres causes encore (1), feront que notre offensive sera préparée, entreprise et entretenue sans toute la vigoureuse impulsion nécessaire. Aussi bientôt sera-t-elle suspendue sur une demi-victoire, alors que, devant nos efforts et ceux des Anglais, l'Allemagne était à la veille d'engager ses dernières réserves, c'est-à-dire, à la veille de se trouver à notre merci.

A son tour, le 16 mai 1917, le général *Nivelle* est remplacé à la tête des armées françaises du Nord et du Nord-Est par le général *Pétain*.

C'est alors que la peste défaitiste prend toute sa virulence. Le demi-succès de notre offensive (2) est présenté au Pays, par les feuilles et les tracts révolutionnaires, comme un véritable désastre faisant suite à une terrible hécatombe. Nos généraux sont traités d'incapables, et nos chances de victoire de *bourrages de crânes* : il convient de traiter, au plus vite, avec l'Allemagne qui, du reste, vient de nous l'offrir!

Bientôt, l'arme empoisonnée atteint nos permissionnaires et nos troupes au cantonnement de repos : l'infection se propage avec la rapidité de l'éclair et notre magnifique infanterie, la veille encore si pleine de confiance, est sur le point de s'abandonner. Un certain nombre de régiments se révoltent : on invite nos soldats à marcher sur Paris où, leur dit-

____

(1) Voir « L'offensive française de 1917 », H. GALLI, rapporteur de la Commission d'enquête parlementaire.

(2) *Si l'ennemi en avait remporté un pareil, il aurait paroisé,* dit le rapport de la « commission militaire d'étude », lequel énumère, ensuite, tous les résultats de notre offensive : libération du huitième du territoire français envahi, capture de 55.000 prisonniers, de huit cents canons, de mille mitrailleuses, usure des réserves allemandes.

on, le sang du peuple est répandu par nos troupes de couleur!

À son tour, la France est au bord du précipice.

L'ironie du destin veut qu'en un clin d'œil soit anéanti le fruit des lauriers de *Verdun*, de *la Somme* et de *l'Aisne*, que s'évanouissent toutes les justes espérances d'une victoire décisive. Maintenant, il ne s'agit plus, pour nous, de mettre l'Allemagne à terre, mais bien, si la chose est possible, de guérir notre armée du terrible mal qui la décompose. On y parviendra grâce à la haute autorité, à la fermeté, à l'esprit d'ordre et de méthode du nouveau généralissime puissamment secondé par l'inlassable dévouement de nos officiers restés si près du cœur de nos soldats. Mais la France, sur qui reposaient les espérances de la coalition, se verra contrainte d'oublier son engagement de poursuivre l'offensive à outrance. Elle doit cesser la lutte décisive et abandonner ses Alliés à leur sort.

La discipline rétablie, le général Pétain devra, en effet, se borner à rendre, progressivement, la confiance et le sens offensif à notre infanterie par des entreprises de réussite facile, coûtant peu de sang, c'est-à-dire par des actions offensives de portée limitée, conduites avec une extrême prudence et des moyens matériels particulièrement puissants.

On ne saurait, en effet, exposer brusquement aux plus dures épreuves du combat un lutteur arraché la veille à la mort, à peine convalescent.

× ×

Le déblaiement de la rive gauche de la Meuse.

La première de ces opérations allait être entreprise sur le front Nord de *Verdun*. Elle tendra à parfaire l'œuvre des victoires du 24 octobre et du 15 décembre 1916, en déblayant le terrain de la rive gauche de la Meuse, jusqu'au *ruisseau de Forges*, par l'enlèvement du *bois d'Avaucourt*, de la *cote 304*, et du *Morthomme*, pendant que, sur la rive droite, notre front s'alignera sur *Samogneux*, la *cote 344*, le *bois des Fosses*, *Bezonvaux*.

Semblable opération pouvait s'exécuter sans rallumer dans sa violence la terrible lutte dont le front de Verdun avait été le théâtre, en 1916. Depuis le 15 décembre 1916, en effet, l'armée et le peuple Allemands s'étaient résignés à subir la défaite devant Verdun; le nom de la *Ville inviolée* n'évoquait plus chez eux que le souvenir d'un cauchemar d'épouvante dont ils s'efforçaient de chasser l'horrible vision : à leurs yeux, *le drame était clos.* Aussi, désormais, le Haut Commandement allemand devra-t-il se garder de souligner, par de sérieuses réactions, l'importance de tout nouveau succès de nos armes remporté sur le front nord de Verdun, du moins tant que ce succès ne lui donnera pas d'inquiétudes pour la libre jouissance de la grande rocade ferrée : *Metz — Mézières*, qui desservait son front d'occident.

Le champ de bataille et l'objectif choisis par notre généralissime répondaient donc au mieux à sa grave et essentielle préoccupation du moment, celle de rendre la confiance et le sens offensif à notre infanterie, puisque, grâce au concours d'une artillerie extrêmement puissante et d'une aviation très nombreuse, et *en l'exposant aux moindres risques de réactions adverses*, il allait permettre à notre infanterie d'enlever et de *conserver* facilement une position de réputation prestigieuse, qui avait été le théâtre de luttes d'une âpreté sans nom, arrosée de flots de sang, et qui était jalonnée par des noms célèbres dans le monde entier. Pour traiter tout le problème comme il convenait, c'est-à-dire au prix des pertes les plus faibles, il suffisait de s'en tenir, en fin d'action, à un front d'un rigoureux alignement.

Au lendemain du 15 décembre 1916, jugeant la bataille définitivement perdue, les Allemands avaient eu l'intention de reporter leur front de la rive gauche de la Meuse, sur le *ruisseau de Forges*. C'est ainsi que, pendant quelques jours, notre aviation put constater chez l'ennemi, des mouvements de repli vers le Nord. Plus tard, devant notre inaction sur la rive gauche, ils se ravisèrent et, au mois de juin 1917, ils étaient si bien décidés à se maintenir au sud du *ruisseau de Forges* que, dès qu'ils eurent vent de nos intentions, ils s'employèrent à contrarier nos préparatifs, en cherchant à s'emparer de notre base d'attaque qu'ils jugeaient dangereuse pour eux, tant qu'ils n'auraient pas l'entière jouissance de la *cote 304* et que notre front serait par trop rapproché de la crête du massif du *Mort-Homme*. C'est ainsi que, le 28 juin, s'ouvrit une période de luttes faites d'attaques et de contre-attaques qui ne devaient prendre fin que le 3 août. Ces combats gênèrent nos préparatifs, sans toutefois modifier, de manière sensible, la situation réciproque des partis. La hauteur 304 restait, toutefois, aux mains des Allemands.

Soigneusement étudiée dans ses détails et longuement préparée par une artillerie extrêmement puissante, l'attaque est menée par quatre corps d'armée : les XIII⁰ et XVI⁰ sur la rive gauche, les XV⁰ et XXXII⁰ sur la rive droite. Elle est déclenchée, le 20 août, au petit jour, et tous les objectifs, sauf la *cote 304*, sont entre nos mains, à l'heure prévue.

Au *Morthomme* (enlevé par la 31⁰ division et la division ma-rocaine), nous trouvons l'un des chefs-d'œuvre du patient et méthodique labeur des Allemands : une galerie souterraine de cinq cents mètres de développement, haute de 3 mètres et large de 4, traversait le massif de part en part; elle était munie de ventilateurs, éclairée à l'électricité, desservie par une double voie ferrée étroite. Elle abritait des magasins, des postes de secours et des réserves.

Le 24 août, la *cote 304* est enlevée. Dans la nuit du 24 au 25, sur la rive gauche de la Meuse, notre front est poussé *au sud et près du ruisseau de Forges*.

Ultérieurement, le commandant de l'armée de Verdun croit devoir ordonner d'avancer l'épaule droite du front nord. La hauteur du *bois Le Chaume* et les abords sud de Beaumont, sont enlevés, le 26 août, le bois des Caurières le 8 septembre (1).

Nous avions fait 10.000 prisonniers, capturé cent canons et un important matériel de guerre.

Ces journées, qui rendent la confiance à notre infanterie, rendent aussi à la forteresse une large ceinture de sécurité. Elles marquent le terme de la BATAILLE FRANÇAISE de Verdun.

---

(1) Le commandant de la division mise provisoirement à ma disposition pour cette dernière opération, le général *Riberpray*, chef particulièrement aimé de ses soldats, devait être tué au bois *des Caurières*, quelques jours après.

Le *bois des Caurières* qui couvrait immédiatement leur position des *Jumelles d'Ornes*, fut, plus tard, repris par les Allemands.

Le Général Guillaumat, Commandant l'Armée de Verdun, 1917.

Le Phare de Douaumont.

Ses enseignements.

Le pèlerin qui, maintenant, vient se recueillir sur l'immense
Nécropole, sur ces collines et dans ces ravins de Verdun où
se déroula la plus effroyable tragédie de tous les siècles, constate que l'aspect du champ de bataille a perdu de cette désolation grandiose de 1916, que j'ai essayé d'évoquer plus haut.
En effet, la végétation qui a envahi à nouveau les *Hauts de
Meuse*, cache ou nivelle à l'œil les multiples et profondes
blessures du sol.

A la fin de 1916, *Henry Bordeaux* contemplant le champ de
bataille, du fort de *Douaumont* reconquis, remarque avec mélancolie : « Toute cette terre sans végétation semble frappée
irrémédiablement : jamais elle ne portera plus ni des fleurs
ni des fruits. » (*les Captifs délivrés*).

Il se trompait.

En 1917, au début de juin, alors que je revenais à Verdun
pour prendre part aux nouvelles offensives, non plus à la tête
de la Gauloise, mais à celle du XXXIIe corps, — toujours à
l'épaule droite du front nord de la forteresse, — une véritable surprise m'attendait à mon observatoire de *Souville*.

Depuis trois ou quatre mois, l'artillerie allemande, dont les
disponibilités en munitions avaient été en partie consommées
sur les champs de bataille de l'Aisne, épargnait le *Quadrilatère* qui, du reste, n'était plus en façade de nos lignes.

Ces quelques mois de repos pour la terre avaient suffi pour
modifier entièrement l'aspect du *Quadrilatère*. Le grand décor
romantique faisait place maintenant à un véritable décor de
pastorale! Dans la gaieté d'un soleil printanier, la *hauteur de
Fleury*, les pentes sud de la colline de *Douaumont-Froide-
terre*, et les ravins qui les creusent, se détachaient sous le
frais tapis multicolore d'une myriade de fleurs champêtres :
de bleuets, de marguerites, de boutons d'or, surtout de coque-
licots. Sur les emplacements des anciens bois, je voyais le
feuillage d'une foule de rameaux poussés, comme par enchantement, des souches tant de fois bouleversées par le canon, et
qu'on aurait pu croire à jamais calcinées. Sur le tout, enfin,

s'enlaçait le ruban de nos routes stratégiques fraîchement rétablies (1).

Je me demandai, alors, si les enseignements de grandeur morale, de respect du Droit, de la Justice, de la Personne humaine, que j'avais vu là, gravés dans le sol, et qu'évoquait, hier encore, avec tant de puissance, cette terre martyrisée, ne seraient pas également, rapidement effacés de nos mémoires! Et ce frais paysage, cet ordre harmonieux, si vite établis sur cette terre faite de la chair de nos soldats, m'apparurent comme un symbole attristant.

×

Que devait, en effet, nous montrer « l'après-guerre? »

Que l'homme peut bien, pendant plus de quatre années, tout sacrifier : ses intérêts, ses joies, son bonheur, celui de son foyer, sa vie et plus encore, celle de ses enfants! Il peut bien, sur les ailes de l'Idéal, s'élever jusqu'à la splendeur des cimes de la beauté morale. Mais dès que cessent les grands mouvements de l'âme, qui engendrent les gestes sublimes, de suite, les ailes se brisent, parce que brusquement tombe le souffle divin qui les portait.

Dès lors, la religion du Foyer, de la Patrie, de l'Honneur et du Sacrifice s'évanouit; l'Homme descend de la magnificence à l'habituelle mesure. Il retourne à l'amour de la vie avec des appétits d'autant plus aiguisés que ses privations, ses souffrances et ses misères ont été plus grandes, que le tête-à-tête avec la Mort a été plus prolongé; il se rue vers les joies et les plaisirs — et aussi vers l'or qui les procure — avec une frénésie sauvage! (2).

Devenu, maintenant, insensible à sa propre gloire si chèrement acquise, si pure cependant! Il méconnaît la grandeur du Passé dont il ne retient que l'horreur et l'épouvante.

L'on me dira qu'il y fut sourdement et activement encouragé par les malheureuses exceptions qui ont oublié leur devoir envers la Nation alors que nos foyers et nos libertés

____

(1) Dès que notre offensive d'août 1917, déchaînera à nouveau toute la violence du bombardement allemand, le *Quadrilatère* reprendra, en partie, son aspect désolé de 1916.

(2) Ce serait la confirmation de cette pensée de Pascal sur l'idéal : « Ces grands efforts d'esprit où l'âme touche quelquefois sont choses où elle ne tient pas. Elle y saute seulement mais pour retomber aussitôt. »

étaient si gravement et si injustement menacés! Mais l'histoire du lendemain des grands bouleversements est là, qui me
permet d'affirmer qu'il n'était pas besoin de ces encouragements intéressés, pour que le combattant se détournât du passé et en perdît le souvenir.

Et, il est bien vrai que les grands enseignements de cette
guerre eussent été, de suite, oubliés si, par instinct et aussi
par pudeur, *l'Homme* n'eût pratiqué le culte de ses Morts.

C'est ainsi qu'au lendemain de la guerre, on a vu s'élever
dans nos villes et nos villages ces monuments à nos Morts qui
rappelleront aux générations de l'avenir les noms de *Ceux*
auxquels elles devront *vraiment* de pouvoir vivre fières et libres dans leurs foyers.

A Verdun, à la mémoire des Français tombés dans la bataille, l'on achève actuellement, sur la colline de *Douaumont*,
entre les ruines du fort et celles du petit *ouvrage de Thiaumont*, un vaste mausolée. Ce mausolée est surmonté d'un
phare qui éclaire déjà le champ de bataille, cet effroyable et
insatiable Moloch.

Regrettons que les lueurs de ce phare ne puissent embras-
ser la terre entière! Dans la paix du soir, avec une éloquence
vraiment autorisée et une force de persuasion incomparable,
elles diraient aux hommes la grandeur de nos Morts.

Elles leur conseilleraient, ainsi que le fait la voix du Christ,
depuis plus de dix-neuf cents ans, la Concorde et la Paix.

Elles leur diraient de tenir pour sacrée l'ombre même du
moindre rameau d'olivier mais de prendre garde, de ne pas
fermer les yeux à l'évidence et de comprendre que, malgré
dix-neuf siècles de la civilisation la plus douce, le proverbe
latin n'a pas vieilli, que *l'Homme* est bien resté *un loup* pour
l'Homme.

Elles leur montreraient enfin, combien avisée fut la sagesse antique, quand elle voulut qu'à sa naissance, *Minerve*,
la déesse des Arts, de l'Intelligence, de la Sagesse, de la
Raison et... de la *Prudence*, s'élançât du cerveau de Jupiter,
cuirassée, casquée, en armes, prête à se défendre.

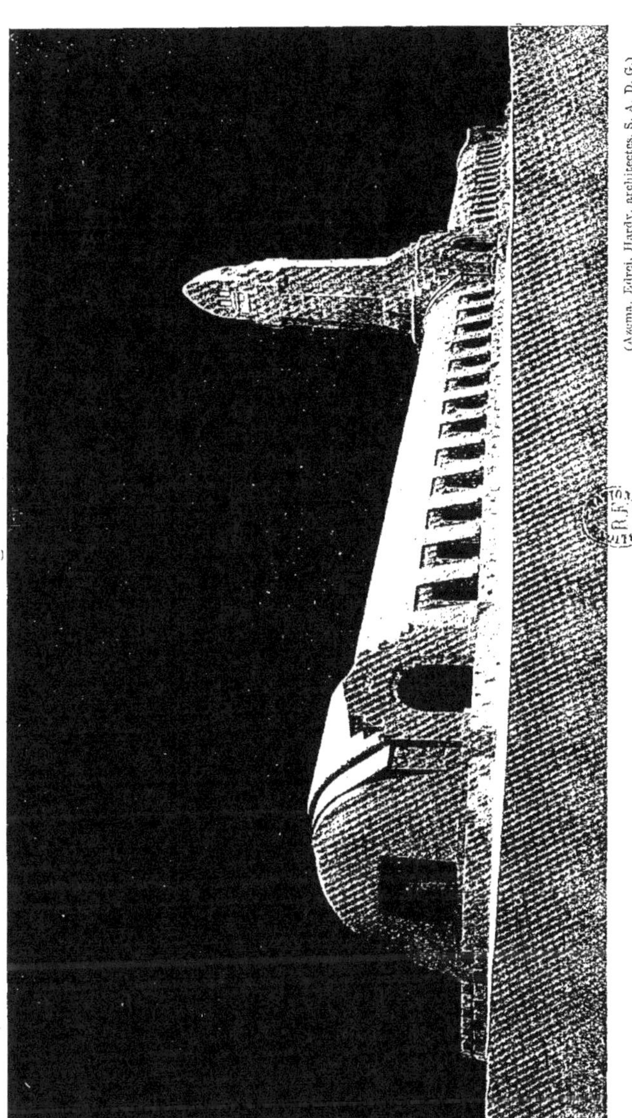

Le mausolée de Douaumont.

(Azema, Edrei, Hardy, architectes, S. A. D. G.)

VERDUN

PIVOT DE LA BATAILLE SUPRÊME

I. - *Les Américains autour de Verdun*

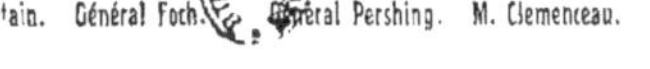

néral Pétain.   Général Foch.   Général Pershing.   M. Clemenceau.

« Il n'y a pas, en ce moment, d'autre question que de combattre. Infanterie, artillerie, aviation, tout ce que nous avons est à vous, disposez-en comme il vous plaira.

» Le peuple américain sera fier d'être engagé dans la plus grande bataille de l'Histoire. »

(Déclaration du général Pershing au généralissime des Alliés, 28 mars 1918.)

Le Panthéon de la Guerre.

Peinture allégorique : Au pied d'une stèle qui porte le buste de Washington, le Président Wilson, entouré des hautes personnalités militaires et civiles des Etats-Unis, voit défiler devant lui un élève de l'Ecole militaire de West-Point à qui l'ex-Président Roosevelt montre la voie du Devoir.

Le Général Pershing.   (Photo Musée de Vincennes.)

La situation au début de 1917 et au début de 1918.

Battue dans les terribles batailles de *Verdun* et de *la Somme*, où le sang de ses meilleures troupes avait coulé à flots; aux prises, désormais, sur son front d'Occident, avec des adversaires dont le courage, l'esprit de sacrifice et la supériorité numérique peuvent, enfin! — être mis en valeur grâce à l'appui d'un matériel puissant; sur le point d'être abandonnée par la Bulgarie et la Turquie vraisemblablement entraînées dans l'imminente défection de l'Autriche, l'Allemagne, au début de 1917, se voyait perdue.

Dans ses « Souvenirs de guerre » (1), tout en soulignant les succès de Roumanie, *Ludendorff* nous montre l'Allemagne obligée, en fin de compte, d'allonger encore son front, puisque l'armée roumaine défaite n'est pas détruite. Et il déplore la nécessité qui en découle pour elle, d'immobiliser sur le front d'Orient des forces encore plus considérables que par le passé, les Autrichiens se montrant, décidément, inférieurs aux Russes. Il ajoute : « Dans les autres parties de ce front immense, l'armée allemande et chacun de ses soldats avaient fait de leur mieux et avaient, à la lettre, fourni leur dernier effort. Cela seul avait rendu possible aux soldats des succès pour lesquels l'Histoire leur décernera la couronne de lauriers. Nous avions, après cela, un besoin urgent de repos. L'armée était tout à fait hors de combat et extrêmement épuisée.

» L'ennemi paraissait lui aussi fatigué. Mais il avait encore eu, cependant, la force d'entreprendre son offensive si réussie de Verdun. Grâce à sa supériorité, il pouvait donner à ses troupes plus de repos. Il fallait compter les voir très vite remises en état. »

« ...Les perspectives de l'avenir étaient extrêmement graves. Il n'y avait, pour nous tranquilliser, que la fière cons-

---

(1) Payot, Paris.

cience que nous avions d'avoir jusqu'à présent bravé la supériorité de l'ennemi et d'avoir réussi partout à tenir en avant de nos frontières (1). »

Ludendorff n'ajoutera pas, toutefois, que la Nation allemande, découragée, voulait la paix. Il n'ajoutera pas, surtout, qu'il savait l'Autriche à bout de souffle, décidée à sortir de la guerre par tous les moyens. Et pourtant, il n'ignore ni les démarches du comte *Czernin*, ni la décomposition de l'armée autrichienne dont, en juin et juillet 1916, des divisions entières s'étaient rendues avec armes et bagages, — en chantant! — aux soldats de Broussiloff.

Le Chancelier de l'Empire s'était hâté de profiter d'un succès des armes allemandes, la chute de Bucarest, pour risquer, le 12 décembre 1916, des ouvertures de paix. Ludendorff, qui se garde bien de rappeler la réponse que nous fîmes à ces propositions, le 15 décembre, à Verdun, se contente de faire remarquer à ce sujet :

« L'écho que notre manifestation pacifique trouva dans la presse de l'Entente fut aussi défavorable que possible. Il n'y eut bientôt plus à compter sur une possibilité quelconque de conclure un accord avec l'Entente; elle s'était enchaînée par des arrangements et des traités secrets qui ne pouvaient se trouver réalisés que par notre complète défaite. »

× ×

L'Allemagne comprend que, pour elle, l'abîme est proche!

Pour échapper à l'inéluctable désastre qui l'attend sur les

---

(1) Après cet aveu, on pourrait s'étonner de ce que, dans ses *Mémoires*, Bethmann-Hollweg, le chancelier de l'Empire, puisse déclarer que *ce fut sur la demande pressante de la Direction Suprême de l'armée*, que le texte de son offre de paix du 12 décembre « fut rédigé sur un ton de vainqueur ». Mais, l'on doit se souvenir que les Allemands manquent de psychologie, et que l'esprit de « bluff » les aveugle. En donnant à leurs ouvertures de paix un ton arrogant, ils s'imaginaient montrer aux Alliés qu'elles n'étaient inspirées que par des sentiments de « pure humanité ». Et cela, en dépit de *Verdun* et de *la Somme*, où nous leur avions montré que l'heure avait sonné pour nous de les écraser, à notre tour, à l'aide du matériel. Naïvement, ils comptaient encore pouvoir négocier la paix en s'appuyant sur une « carte de guerre » qui leur restait éminemment avantageuse. (Voir Scheidemann : « L'effondrement », Payot, et Bethmann Hollweg « Considérations sur la guerre mondiale », Lavauzelle.)

champs de bataille, une seule possibilité s'offre encore à elle :
celle de faire tomber les armes des mains de ses adversaires
en empoisonnant chez eux l'esprit public par une propagande effrénée de *défaitisme* et de *haine de classes*, sources
de grands bouleversements politiques et d'impuissance.

Aussi, va-t-elle s'employer, maintenant, à cette sourde lutte
avec une activité et une volonté exacerbées. Elle fera foison-
ner ses tracts, ses agents et jettera l'or à pleines mains, en
Russie comme en France.

Pour faire exploser les colères et l'esprit de révolte qui,
toujours, sommeillent dans le cœur des peuples ayant beaucoup souffert et auxquels rien de tangible ne laisse entrevoir
le terme des épreuves et la récompense des immenses sacrifices consentis, elle ne compte pas seulement sur la vénalité
et les appétits de la pègre et de la clientèle habituelle des
prisons, mais aussi sur l'abjection haineuse et les instincts de
démolition de l'écume des bouillonnements de la vie intellectuelle, politique ou sociale d'une nation, sur tous les dé-
voyés de la pensée et de la conscience déçus dans les pré-
tentions d'un orgueil maladif. Ceux-ci ne sauraient être touchés par le scrupule! Fermés à tout altruisme *effectif*, à toute
notion de sacrifice alors même qu'il s'agirait pour leur
Pays de soutenir la cause la plus sainte, — de défendre ses
foyers et son indépendance, — ils sont prêts à piétiner, cy-
niquement, les tombes et l'œuvre des Soldats de la Foi et de
l'Idéal en même temps que la gloire et les justes aspirations
nationales.

Bientôt se produit un dramatique et formidable bouleversement dans la situation réciproque des deux Camps. L'armée
française réussit à échapper à l'assaut du « défaitisme »,
mais l'armée russe y succombe! La Russie disparaît de la
lutte pour tomber dans le chaos, payant ainsi, de manière
cruelle il est vrai, la faiblesse de son Pouvoir central et les
abus effrénés d'une classe dirigeante aveugle.

L'Allemagne avait réussi dans son entreprise au delà de
toutes ses espérances. Et, comme par enchantement, ce que
trois années de lutte n'avaient pu lui donner, elle venait de
l'obtenir par un philtre mortel, habilement versé.

× ×

D'autre part, militairement, dans les premiers mois de 1917, comme nous l'avons vu, tout conspire à paralyser la volonté agressive de notre généralissime; notre entreprise de l'*Aisne* fuse, de même, par suite, celle des Flandres. Pleinement rassurée du côté de l'Occident, l'Allemagne s'emploie, dès lors, à consommer la ruine de la Russie et à écraser l'Italie, sans que puissent l'alarmer nos succès de *Verdun* et de *la Malmaison*, dont elle connaît la portée volontairement limitée.

A nouveau, l'Allemagne entrevoit un proche et complet triomphe de ses armes. On entend, à la tribune du *Reichstag*, son ministre des affaires étrangères, M. *de Kühlmann*, déclarer que l'Empire ne demande plus la paix, mais la poursuite de la guerre jusqu'à l'écrasement des Alliés! Et le 2 avril 1918, le représentant de l'Autriche, ce même comte *Czernin* qui, jadis, était prêt à toutes les trahisons envers l'Allemagne pour faire sortir son pays de la guerre avant l'ultime catastrophe, à son tour embouche la trompette; il déclare au Conseil municipal de Vienne :

« *La lutte formidable à l'ouest est déjà déchaînée. Nous combattrons ensemble pour la défense de l'Autriche-Hongrie et de l'Allemagne. Nos armées prouveront à l'Entente que les aspirations françaises et italiennes sur nos territoires sont des utopies... la fidélité aux bords du Danube n'est pas inférieure à la fidélité allemande* (1). »

Au début de 1918, l'Allemagne dispose — enfin!! — d'une complète liberté d'action du côté de l'Occident. Elle pourra d'autant mieux jeter sur le front de France tout le poids de ses forces, que le désastre de *Caporetto* met l'Italie hors de cause, pour de longs mois. En 1918, Ludendorff entrepren-

____

(1) Voir : Prince Sixte DE BOURBON : « L'Offre de paix séparée de l'Autriche ».

dra sa campagne de France avec un renfort de quarante-neuf divisions venues de Russie; d'autres divisions, laissées en observation sur les fronts russe et roumain, lui constituant encore un abondant réservoir de forces!

La Victoire semble désormais sourire à l'Allemagne; les heures sombres approchent pour nous.

Le soldat de la Marne et de Verdun va-t-il succomber?

Le Général Passaga, C^{dt}
32e Corps d'Armée
Section Postal 154
France

from
Theodore Roosevelt

SAGAMORE HILL Aug 18th 1918
Oyster Bay, Long Island, N.Y.

My dear General,

My wife and I
are profoundly touched by your
having written us. No letter
could have appealed to us
more. Our first notice of
Archibald's being wounded, was
the account of your decorating
him, in the hospital; and
my wife and I then drank the
boys health, and broke the glasses
out of which we had drunk it.
His arm is still paralyzed.

His brother, Major Theodore Jr, is now on crutches and will soon be back in the fighting. Another brother, Kermit, is also now under Pershing ; — — — — — — — — — — —

— — — — — — — — — — — — —

I thank you with all my heart for what you say about my son Quentin who was killed. He did his duty and died fighting gallantly. It is very dreadful. But it would have been far more dreadful if he had not been eagerly resolute to face death for the great cause of liberty and justice.

I am proud to have you speak as you do about our American troops.

Believe me, my dear General, I appreciate to the full the honor of having the Commander of a French Army corps write to me as you have written.

very faithfully yours

Theodore Roosevelt

Sagamore-Hill, 18 août 1918.

« Mon cher Général,

» Ma femme et moi nous sommes profondément touchés de votre lettre. Rien ne pouvait nous faire plus grand plaisir. Notre première connaissance de la blessure d'Archibald fut le récit de sa décoration par vous à l'hôpital.

» Nous avons bu à la santé de notre fils et avons cassé les verres qui nous avaient servi. Son bras est encore paralysé. Son frère, le commandant Théodore, est maintenant sur des béquilles et sera dans peu de temps à nouveau dans la bataille. Son autre frère, Kermit, est aussi maintenant sous les ordres de Pershing;. . . . .

. . . .

» Je vous remercie de tout cœur, pour ce que vous me dites au sujet de mon fils Quentin, qui fut tué. Il a fait son devoir; il est mort en combattant bravement. C'est terrible. Mais c'eût été plus terrible encore s'il n'avait pas été résolu à faire face à la mort pour la grande cause de la Liberté et de la Justice. Je suis fier de lire ce que vous me dites des troupes américaines.

» Croyez-moi, mon Général, j'apprécie hautement l'honneur que m'a fait un général de Corps d'Armée français en m'écrivant comme vous m'avez écrit.

» A vous sincèrement,

» Théodore ROOSEVELT. »

Dans la bataille, l'illustre homme d'Etat avait jeté ses quatre fils, l'orgueil de sa vieillesse. Aujourd'hui *Archibald* et *Théodore* sont blessés, *Quentin* est mort, mais *Kermit* est encore debout! Tout est bien ainsi.

Avec une simplicité d'une beauté antique, l'âme ardente et résolue d'un grand peuple s'exprimait par la plume de son ancien Président.

De tout temps, l'Humanité a dû l'éclosion des gestes ou des religions magnifiques au sang des martyrs d'une juste cause. Le sang de Verdun, ce Golgotha du peuple français, avait été la semence généreuse : les Etats-Unis étaient maintenant dans la lutte, avec toutes leurs ressources, prêts à tous les sacrifices.

(Photo Archives photographiques d'art et d'histoire.)

Le Général Pershing, entouré de son État-Major, salue la terre de France.

L'entrée en guerre des États-Unis.

Dès les premières heures de la guerre, des fils de la grande
République étaient accourus sous nos drapeaux. Généreusement, ils avaient versé leur sang pour notre cause pendant
que, de l'autre côté de l'Océan, leurs concitoyens, nous sou-
tenant au mieux de leur or et des immenses ressources de
leur sol et de leur industrie, se penchaient sur la tragédie et
suivaient nos efforts, d'abord avec une *sympathie ardente;*
après la Marne, avec *admiration;* après Verdun avec *respect!*

Ce peuple de plus de cent millions d'individus appartenait
à quarante-huit Etats. Il était dispersé sur des espaces immenses, ses intérêts matériels étaient souvent divergents et
le souvenir pénible d'une guerre civile, longue et relativement
récente, n'était pas encore éteint chez lui. Seules, l'unis-
saient vraiment, sa Bannière, sa fidélité à la Constitution et
la communauté de ses aspirations, qui étaient celles d'un
peuple jeune, vigoureux et sain : la passion de l'action, du
progrès, de la liberté et de la justice.

Plus de 5.000 kilomètres d'un immense Océan le séparaient
de notre vieux Monde et son isolement comme ses intérêts
semblaient le destiner à rester étranger au formidable conflit qui ensanglantait la malheureuse Europe. Les intrigues
manifestes de l'Allemagne au Mexique ainsi que les attentats
des sous-marins allemands devaient lui montrer que notre
cause était aussi la sienne, celle de son honneur et de ses
libertés. Et le haut Idéal humain que porte dans ses plis la
Bannière étoilée fera passer du Nord au Sud et de l'Est à
l'Ouest de l'immense République le souffle ardent d'une volonté commune, celle d'en finir avec l'orgueil et la brutalité
d'un impérialisme aveugle, prêt à fouler aux pieds le droit des
Gens et tous les principes d'humanité, pour assurer son
triomphe (1)!

Cette guerre pour le Droit et la Justice allait aussi cimen-
ter son unité nationale.

---

(1) Le 6 avril 1917, les Etats-Unis déclarent la guerre à l'Allemagne.

× ×

Le 4 juillet 1917, le jour de l'Indépendance des Etats-Unis, un bataillon du 16e régiment d'infanterie américaine, aux acclamations de la foule, défilait dans Paris, escortant les drapeaux de son Régiment encadrés par le général *Pershing* et l'ambassadeur des Etats-Unis.

La Bannière étoilée allait s'incliner sur la tombe *du grand Français* et dire à l'ami de Washington, par la bouche du général *Pershing* : « A l'heure de notre péril, la France vint à notre secours. Nous n'avons pas oublié. La Fayette nous voici! » (1).

× ×

La petite armée régulière des Etats-Unis ne comptait que 200.000 hommes, sa Garde Nationale 150.000 hommes, et leur matériel de guerre, extrêmement restreint, était loin de répondre aux exigences d'une guerre européenne. La seule surveillance de la frontière mexicaine semblait devoir absorber la plus grande partie des effectifs militaires. Enfin, non seulement la guerre sous-marine sévissait sur l'Atlantique plus violemment que jamais mais encore les bateaux pour le transport des troupes faisaient défaut. Bientôt pourtant, sous la pression des événements, ses Alliés allaient lui demander de suppléer la Russie défaillante, en apportant des millions de combattants!

Pour répondre à la demande des Alliés, il ne s'agissait pas seulement, pour les Etats-Unis, de lever des millions d'hommes, de savoir les armer, les équiper, les alimenter et les transporter; il fallait encore, si l'on voulait éviter les hécatombes glorieuses mais inutiles, savoir les instruire et les assouplir aux procédés de combats imposés par une guerre de machines et aussi les doter de cadres et d'états-majors vraiment pénétrés des nécessités de la grande guerre et prêts à y faire face.

Et ceci s'imposait de manière impérieuse. La guerre, en effet, restait bien un *art* dans ses conceptions les plus élevées,

______

(1) « In the time of our peril, France came to our rescue. We have not for gotten. La Fayette, here we are! »

mais les progrès de l'industrie au bénéfice des machines de combat en avaient fait une véritable *science*, dans son application sur le champ de bataille.

× ×

Rien ne leur fera peur! Toutes ces difficultés, les Etats-Unis les aborderont avec la volonté passionnée de les surmonter.

Ce peuple, habitué à l'indépendance, accepte sans murmure le service obligatoire. A l'*Armée Régulière* et à la *Garde Nationale* viendra s'ajouter l'*Armée Nationale;* le tout, bientôt, ne formera qu'une seule et immense armée, l'*Armée américaine.*

Des camps d'instruction pour la troupe, des Ecoles pour les cadres et les Etats-Majors sont créés aux Etats-Unis et en France. Les usines et les chantiers entreprennent avec fièvre la construction du matériel de guerre et des bateaux. En attendant qu'ils puissent faire face à tous leurs besoins pour armer, équiper, instruire et transporter leurs troupes, les Etats-Unis font appel aux ressources de la France et à celles de l'Angleterre.

Le 11 novembre 1918, le jour de l'Armistice, les Etats-Unis auront, sur le sol français, une armée de plus de deux millions d'hommes!

L'armée s'organise en combattant.

Le général Pershing aurait voulu pouvoir constituer l'armée des Etats-Unis avec méthode. Il désirait tout d'abord organiser les divisions, les instruire dans les camps, les familiariser avec le feu et les méthodes de la défensive en les mettant dans les secteurs réputés calmes; puis, il les remettrait dans des camps et développerait chez elles les aptitudes offensives indispensables. Pendant ce temps, les Etats-Majors s'instruiraient dans les écoles et s'exerceraient au milieu des Etats-Majors alliés.

C'est ainsi qu'au nord de Toul, du début de l'année jusqu'à la fin d'août 1918, j'eus à collaborer avec beaucoup de divisions américaines. Tout d'abord, avec deux divisions qui devaient particulièrement s'illustrer : la 1re division (général *Bullard*) de l'Armée régulière, puis la 26e division (général *Clarence Edwards*) de la Garde Nationale. Les soldats américains habitués à l'action à travers les grands espaces, impatients de montrer la vigueur du « poing américain », entraient en secteur manches retroussées, prêts à foncer sur l'ennemi! Je redoutais de voir ces hommes magnifiques, emportés par leur fougue, aller se faire faucher par les canons et les mitrailleuses d'un ennemi invisible et payer, comme nous l'avions fait, leur expérience de la guerre d'un flot de sang.

Aussi, pendant que les unités américaines se préparaient à cette guerre scientifique, leurs généraux durent-ils, sagement, s'employer à réfréner l'ardeur de leurs subordonnés.

L'ennemi, du reste, ne devait pas tarder à leur donner l'occasion de se mesurer avec lui. Il avait hâte, lui aussi, de reconnaître son nouvel adversaire et de lui en imposer par de sévères leçons. Les *Stosstruppen*, ses « troupes de choc », se montrèrent bientôt entre la Moselle et Saint-Mihiel. Mal leur en prit! Chaque fois, elles laissèrent des cadavres sur le terrain et, entre les mains des Américains, des prisonniers. Une de leurs attaques, préparée et accompagnée par une artillerie considérable, fut particulièrement violente: elle tomba sur le 104e Régiment d'infanterie du Massachusetts. Ce

régiment, au cours de trois jours de lutte, les 10, 12, et
13 avril, eut une tenue splendide et infligea à l'ennemi un
échec cruel. Je fus particulièrement heureux de pouvoir le
citer à l'ordre du XXXII⁰ Corps.

Dans la suite, les soldats américains, qu'ils appartinssent,
à l'origine, à l'Armée régulière, à la Garde Nationale ou à
l'Armée Nationale, ne devaient cesser de montrer une bravoure admirable.

× ×

Mais les plus graves événements vont se précipiter sur le
front français : c'est, le 21 mars, la poussée sur Amiens;
c'est, le 9 avril, la bataille des Flandres, la menace vers Haze-
brouck; c'est, le 27 mai, la chute du Chemin-des-Dames et la
ruée des Allemands vers la Marne; c'est, le 9 juin, la pression
vers Compiègne. Enfin c'est, le 15 juillet, « la bataille de
l'Empereur », laquelle vise surtout le front de Champagne.
L'Allemagne y trouve le terme de ses succès et de ses espérances.

Pour cette journée le général Pétain a déplacé les responsabilités et dicté à son subordonné, le chef de la IV⁰ armée,
une manœuvre capable de mettre en défaut l'emploi massif
des *minenwerfer* et des canons, par suite, capable de soustraire la défensive à une défaite certaine.

Cette manœuvre, indiquée depuis longtemps par les leçons
de Verdun, était simple en soi, mais sa mise en œuvre répu-
gnait terriblement à une Nation qui avait tant souffert et répandu tant de sang pour défendre chaque mètre de son sol.
Elle consistait, en effet, à reporter la résistance à quelques
kilomètres en arrière de notre front, le sol ainsi sacrifié n'é-
tait plus occupé que par des avants-postes habilement noyés,
en *îlots de résistance*, dans l'ensemble du terrain abandonné.

Un assaillant privé de chars de combat et *surpris* par une
telle manœuvre, ne pouvait que subir un échec sanglant!

× ×

Le cours de ces événements avait complètement bouleversé
les plans méthodiques du général Pershing. Après avoir pré-

conisé l'idée du *Commandement unique* et applaudi à sa réalisation, le commandant en chef des troupes américaines, ne pensant qu'à la victoire, avait mis généreusement à l'entière disposition du général *Foch* toutes les forces américaines organisées (1), et c'est ainsi que les 1re et 2e divisions, notamment, avaient pu écrire, de suite, de belles pages dans l'histoire des Etats-Unis et de la « Grande Guerre », à *Cantigny* et au *Bois Belleau*.

Trois jours après la mémorable journée du 15 juillet, commence l'offensive des Alliés, qui allait se terminer par la ruine des armées allemandes.

Maintenant, *Foch* tient *Ludendorff* et ne le lâchera plus!

Les 1re, 2e, 4e et 26e Divisions américaines prennent une part brillante à la victoire du 18 juillet, au nord de la Marne Bientôt, cinq autres divisions viendront se joindre à elles pour soutenir nos efforts en vue de rejeter l'ennemi au nord de la Vesle.

Déjà, le 1er Corps américain (général Liggett) avait été constitué le 15 juillet. Les divisions américaines, se groupant de plus en plus, vont entreprendre maintenant la *guerre d'armée*.

Et c'est autour de la « Citadelle inviolée », autour de Verdun, que la Bannière étoilée allait voir naître, se déployer et combattre ses Armées!

---

(1) *Lettre du Général Pershing au Général Foch :*

28 mars 1918.

Je viens vous dire que le peuple américain tiendrait à honneur que nos troupes soient engagées dans la présente bataille. Je vous le demande en mon nom et au sien. Il n'y a pas, en ce moment, d'autre question que de combattre. Infanterie, artillerie, aviation, tout ce que nous avons est à vous. Disposez-en comme il vous plaira. Il en viendra encore d'autres, aussi nombreuses qu'il le faudra.

Le peuple américain sera fier d'être engagé dans la plus grande bataille de l'Histoire.

Signé : John-J. Pershing.

(Photo Archives photographiques d'art et d'histoire.)

Environs de Saint-Mihiel. — Panorama sur le camp des Romains.

(Photo Archives photographiques d'art et d'histoire)

Près des Éparges. — Le ravin de la Mort.

Le déploiement autour de Verdun.

LA BATAILLE DE SAINT-MIHIEL.

(Carte III.)

La guerre d'armée commence pour les Américains.

Leurs communications amorcées, en France, aux ports de *Saint-Nazaire*, de *La Rochelle* et de *Bordeaux* aboutissaient à l'aile droite du front français, dans la région de *Neufchâteau*.

Le grave problème des transports, qui conditionne les opérations, dans la guerre de mouvement surtout, devait donc amener le général *Foch* à décider, d'accord avec le général *Pershing*, que le gros des forces américaines formerait la droite de la grande offensive des Alliés, laquelle devait tout d'abord rejeter l'ennemi sur la rive droite de la Meuse. Il serait le pivot de cette immense conversion vers l'Est, dont un groupe d'armées anglo-franco-belge, sous la haute direction de S. M. Albert Ier, formerait l'aile marchante.

Avant de faire face à l'Est, les Américains, s'appuyant sur la forteresse de Verdun, s'élèveraient d'abord vers *Sedan*, entre la Meuse et l'Argonne, soudés à gauche à la IVe armée française. Cette offensive le long de la rive gauche de la Meuse, en direction du Nord, était de nature à précipiter la débâcle des forces allemandes déployées à l'ouest de la Meuse, entre Verdun et la mer; en menaçant leurs communications, elle devait, en effet, les amener à battre précipitamment en retraite vers l'Est afin d'éviter de se voir acculées à la frontière hollandaise.

Encore, avant d'engager cette action au nord de Verdun, les Américains devaient-ils réduire la « hernie de *Saint-Mihiel* ».

En effet, il convenait d'améliorer tout d'abord, dans la mesure du possible, les communications entre la région de *Neufchâteau* et celle de Verdun. L'ennemi chassé de *Saint-Mihiel*, on rentrerait en possession de la voie ferrée Commercy-Verdun et, du même coup, la bifurcation de *Lérou-*

ville n'étant plus sous le canon allemand, on retrouverait la libre jouissance de la grande voie ferrée reliant directement *Bar-le-Duc* à *Nancy*.

Cette offensive de *Saint-Mihiel*, la première à laquelle une armée américaine autonome allait prendre part, servirait d'exercice d'entraînement, avant la marche sur Sedan. Au cours de cette opération à « objectif limité », les Etats-Majors pourraient se familiariser avec leur mission et prendre conscience de l'étendue de leur tâche, pendant que les divisions s'habitueraient à travailler dans le cadre de leur Corps d'Armée, les Corps d'Armée dans le cadre de leur Armée.

Le 30 août, le général Pershing prenait le commandement de l'armée de *Saint-Mihiel*.

Bien qu'allégée considérablement par l'aide de l'Etat-Major de la VIIIe armée française, la tâche de son Etat-Major, dont le chef était le général *Drum*, restait lourde. Il s'agissait, en effet, de mettre en mouvement et d'alimenter treize grosses divisions (dont deux seront en réserve d'armée), les services et les organes d'armée; et aussi de concentrer un matériel de guerre considérable.

Et encore fallait-il se hâter si l'on ne voulait pas voir *Ludendorff*, qui avait grand besoin maintenant de se créer des réserves, effacer de lui-même la poche de *Saint-Mihiel*, afin de réduire l'étendue de son front ainsi qu'il avait fait, en mars 1917 à la veille de la bataille de l'Aisne, en s'alignant sur *Arras - Saint-Quentin - La Fère*. Déjà, les mouvements sur les routes et les renseignements des prisonniers semblaient indiquer l'amorce d'un repli. (Plus tard, les « Souvenirs de guerre » de Ludendorff nous apprendront que ce repli avait été effectivement ordonné, le 8 septembre; il avait débuté par le retrait du matériel lourd.)

La « hernie » de Saint-Mihiel constituait un vaste filet profond de vingt kilomètres, et large de trente, à son entrée. Le fond était marqué par la petite ville de *Saint-Mihiel;* le centre de l'entrée, par le village de *Vigneulles*.

La manœuvre du général Pershing visera à fermer l'entrée du filet par des forces partant, les unes (les plus nombreuses) du flanc sud, les autres du flanc nord; ces forces devant opérer leur jonction à *Vigneulles*, pendant que d'autres forces relativement faibles accrocheront les Allemands sur le fond et les flancs du filet.

La réussite complète et rapide d'une telle manœuvre amènerait, en même temps que la réduction du saillant, la capture des forces et du matériel qui s'y trouveraient encore; une réussite partielle constituerait, à elle seule, une menace si grave pour les Allemands, qu'elle les amènerait infailliblement à précipiter l'évacuation de la poche.

× ×

Le 12 septembre, à une heure du matin, près de trois mille bouches à feu ouvrent simultanément le feu sur les retranchements, les communications et les batteries de l'ennemi.

A cinq heures du matin, deux corps d'armée américains : (1er C. A., général Liggett, à droite; 11e C. A., général Dickman, à gauche), déployés entre *Faye-en-Haye* et *Xivray*, abordent les retranchements allemands et, pivotant sur leur droite, essayent de porter leur front sur la ligne *Faye-en-Haye - Vigneulles*.

A huit heures du matin, le Ve C. A. (général Cameron) grossi d'une division française et déployé sur la ligne *Trésonvaux - Mouilly*, pivote sur sa gauche, s'efforçant de s'établir sur le front *Trésonvaux - Vigneulles*.

Ces deux attaques étaient reliées par les trois divisions du IIe corps colonial français (général *Blondlat*) distendues en léger cordon sur le fond de la poche; seule, la division de gauche, la IIe division de cavalerie à pied, avait une densité suffisante pour agir vigoureusement (comme elle allait le faire, dans la direction de *Dampierre*).

Pour atteindre *Vigneulles*, ce fut un match entre l'aile marchante de l'attaque du Sud (1re division) et celle de l'attaque du Nord (26e division, la « Yankee Division »).

Les patrouilles de l'attaque du Nord (26e division) arrivèrent les premières dans *Vigneulles*, au cours de la nuit du 12 au 13; mais le village, — point de soudure des deux attaques, — fut occupé d'abord, par des troupes de la 1re division.

Au cours de l'attaque, les forces allemandes qui tenaient encore le saillant de *Saint-Mihiel* avaient bien reçu l'ordre de battre en retraite, tout en assurant, en hâte, le repli du matériel encore en place, mais elles ne purent empêcher les Américains d'arriver à *Vigneulles* avant que fût vidé le fond du filet.

Ce fut un désastre.

Dans ses « Souvenirs de guerre », Ludendorff s'excuse du communiqué par trop optimiste qu'il avait rédigé dans la soirée du 12 septembre; il avait cru pouvoir se baser sur le compte rendu du général commandant le détachement d'armée devant *Saint-Mihiel*, lequel lui faisait connaître que l'ordre de battre en retraite sur la *Michel-Stellung* (1), donné à midi, s'exécutait sans encombre! Ce communiqué lui fut, en effet, amèrement reproché quand l'Allemagne apprit le résultat de la journée : seize mille prisonniers, quatre cent cinquante canons et un énorme matériel de guerre étaient restés aux mains des Américains!

Les troupes américaines avaient eu à franchir un dédale de tranchées et de multiples réseaux de fils de fer accumulés par les Allemands au cours d'une occupation de quatre ans. Les chars de combat, retardés au franchissement des retranchements, n'avaient guère été utilisés; la plupart des fils de fer avaient été enjambés ou coupés à la cisaille.

Les pertes des Américains ne dépassaient pas six mille hommes dont un grand nombre de blessés légers.

Le 13 septembre, aux acclamations de la population, le général *Pershing* et le général *Pétain* entraient dans *Saint-Mihiel* pavoisé!

Le ministre de la guerre américain, M. *Newton Baker*, fut heureux, lui aussi, de pouvoir parcourir la petite Cité dont la délivrance consacrait, de manière éclatante, le triomphe de l'œuvre qu'aux Etats-Unis il avait poursuivie avec tant de volonté, énergiquement secondé dans sa tâche écrasante par le Chef d'Etat-Major général, le général *March*. Une armée américaine de cinq cent mille hommes venait de combattre; elle avait fait ses preuves de manière magnifique.

---

(1) Depuis longtemps les Allemands envisageant un repli, avaient préparé cette position.

L'ennemi fut moins surpris par la vigueur du soldat américain, qu'il avait appris à connaître à *Apremont*, à *Seicheprey*, à *Cantigny*, au *Bois Belleau*, sur *la Marne*, le 18 juillet, au sud de *la Vesle*, partout enfin où l'Américain s'était montré, que par l'apparition d'une armée américaine autonome et la maîtrise avec laquelle l'artillerie avait su remplir son rôle (1). Cette révélation de la puissance d'une armée qu'elle traitait encore, au début de 1918, d' « armée d'échantillons », fut d'un poids considérable dans la démoralisation définitive de l'adversaire.

----

(1) Bien que les commandants de l'artillerie de deux Corps d'Armée fussent Français (généraux *Vincent* et *Alexandre*) et que le général *Pétain* eût mis à la disposition du général *Pershing* environ treize cents bouches à feu, la plus grosse partie de la masse d'artillerie avait été maniée par les Américains.

Vers Sedan.

(Cartes III et IV.)

L'ennemi n'était pas au bout de ses surprises!

Persuadés que l'effort américain s'était concentré au nord de *Toul* pour se développer, après avoir masqué *Metz*, dans la direction générale de *Briey*, les Allemands, couvrant en hâte leur grande rocade ferrée Metz - Conflans - Mézières, étoffaient solidement, sur le front de la Woëvre, la défense de leur *Michel-Stellùng* pendant qu'ils concentraient, dans la région de *Metz*, les disponibilités de leur aile gauche.

Leurs renseignements leur montraient bien, qu'à compter du 29 septembre, ils devaient s'attendre à une offensive de notre IVe armée et de forces américaines sur les flancs de l'Argonne. Mais, ils étaient loin d'y attendre, de la part des Américains, un effort semblable à celui de Saint-Mihiel! Aussi ne renforcèrent-ils pas leur front entre la rive gauche de la Meuse et *La Harazée*.

× ×

Pendant ce temps, l'Etat-Major de la IIe armée française, l'armée de Verdun, d'accord avec celui du général *Pershing*, concentrait avec activité et mettait à pied d'œuvre les forces et le matériel destinés à l'offensive américaine en direction de *Sedan*.

Quatorze jours après le début de la bataille de *Saint-Mihiel*, sur le front nord de Verdun, entre la Meuse et l'Argonne, une formidable artillerie franco-américaine, — près de trois mille canons, — ouvrait brusquement le feu et, après trois heures d'un bombardement terrible, précédées de nombreux chars de combat, douze divisions américaines, dont trois en soutien, se portaient à l'attaque des lignes allemandes!

(Une seule des divisions engagées en première ligne avait paru en façade pour l'attaque de *Saint-Mihiel* : la 4e division. Plus de la moitié de l'infanterie engagée voyait le feu pour la première fois.)

Le 22 septembre, le général Pershing était venu établir son

Quartier Général sur la *Voie Sacrée*, à *Souilly*, là même où le général Pétain et le général Nivelle avaient vécu les terribles heures de 1916! L'État-Major du général *Drum* travaillera sur ces mêmes tables où le colonel *de Barescut* et ses officiers avaient, de jour et de nuit, infatigables, traduit la pensée du Chef, démêlé le formidable écheveau des ravitaillements, des évacuations, des relèves; tout prévu, tout ordonné; assuré une marche merveilleuse à ce délicat mouvement d'horlogerie qui alimenta la plus terrible bataille des Siècles, malgré les communications les plus pauvres.

(Photo Archives photographiques d'art et d'histoire.)

La forêt d'Argonne. — La vallée de la Biesme vue de La Harazée.

Le 26 septembre, à 5 h. 30 du matin, entre la rive gauche de la Meuse et *l'Argonne*, l'infanterie de trois corps d'armée (IIIe C. A., général *Bullard* à droite; Ve C. A., général *Cameron* au centre; 1er C. A., général *Liggett*, à gauche) abordait, sur un front de dix-neuf kilomètres, les retranchements allemands. Le 27 au soir, les Américains s'alignaient sur le front *Dannevoux - Charpentry - Apremont*, ayant progressé de sept à neuf kilomètres en profondeur, enlevé plus de dix villages, dont les grosses localités de *Varennes* et de *Montfaucon*, fait neuf mille prisonniers et pris cent canons.

×

Le front allemand était rompu entre l'Argonne et la Meuse;
seuls, des nids de mitrailleuses le jalonnaient encore. L'armée
américaine semblait devoir, bientôt, trouver le champ libre
devant elle.

Malheureusement, l'artillerie et les convois de ravitaillement, embouteillés, ne peuvent avancer. Sur une profondeur
de six à sept kilomètres, le sol de la zone d'attaque, soumis
à un bombardement presque continu, depuis le commencement
de la bataille de Verdun, était criblé d'entonnoirs, et les pluies
diluviennes des premières semaines de septembre avaient
achevé d'en faire un obstacle infranchissable aux voitures. Les
rares chemins de la région eux-mêmes avaient été éventrés par
les obus et il fallut six jours et six nuits au génie américain
et à nos territoriaux pour les rendre praticables aux charrois!

Cette perte de temps sauve momentanément l'ennemi, dont
les réserves, accourant en hâte, viennent étoffer les éléments
qui luttent encore entre la Meuse et l'Argonne.

Dès lors, ce seront, pendant le mois d'octobre, des progrès
lents et très coûteux, l'adversaire faisant des efforts désespérés
pour sauver de la débâcle le pivot de sa retraite vers la Meuse.

Le 10 octobre, la IV° armée française, qui attaquait sur le
flanc ouest de l'Argonne, ayant atteint le confluent de l'Aire,
l'ennemi évacua entièrement la forêt d'Argonne. Les jeunes
troupes américaines, qui avaient combattu dans la forêt, s'y
étaient montrées dignes de nos magnifiques soldats de 1915,
les héros de *la Grurie*, de *Bagatelle*, du *Four de Paris*.

Jusque-là, le général *Pershing* avait assuré le commandement de tout le secteur américain, lequel s'étendait de *Port-
sur-Seille* à l'Argonne; le groupement américain devant *Saint-
Mihiel* (général Dickman) étant relié par deux corps français,
le II° corps colonial et le XVII° corps, au groupement américain opérant entre la Meuse et l'Argonne.

A compter du 12 octobre, le secteur américain fut ré-
parti entre deux armées : la II° armée (général *Bullard*) tenant le front entre *Port-sur-Seille* et *Mesnil;* la 1° armée (général *Liggett*) le tenant entre *Mesnil* et le sud de *Grandpré.*

Le général *Pershing*, commandant ces armées, installait son quartier général à *Ligny-en-Barrois*.

Le 14 octobre, les premières troupes américaines pénétraient dans *Grandpré*, pendant que, sur la rive droite de la Meuse, le XVIIe corps français, appuyé par deux divisions américaines, cherchait à se frayer la voie vers *Damvillers*, se heurtant, sur les *Hauts de Meuse*, aux efforts désespérés des Allemands.

A partir du 1er novembre, l'ennemi cédait de toutes parts. Le 5 novembre, la Ve division (IIIe corps) franchissait la Meuse près de *Stenay*, amenant ainsi l'adversaire, qui tenait encore, sur la rive droite la partie nord des *Hauts de Meuse*, à battre en retraite.

Le 10 novembre, le Ve corps abordait le fleuve dans la région de *Mouzon*, le Ier corps dans celle de *Bazeilles*, au sud de *Sedan*.

× ×

Dans les opérations au nord et au sud de Verdun, les Américains avaient fait 37.000 prisonniers; ils avaient pris huit cent cinquante canons. Vingt-deux divisions y avaient été engagées.

Le 10 novembre au soir, les armées américaines, faisant face à l'Est, s'étendaient de *Port-sur-Seille* à *Bazeilles*, près et au sud de *Sedan*, sur un front de cent cinquante kilomètres!

Verdun, la formidable Nécropole, formait le centre du déploiement des enfants de la Grande République accourus à la voix magnifique de nos Morts (1) !

Au nord de *Sedan*, bousculées de toutes parts, les armées allemandes retraitaient en hâte vers la Meuse, en cohues.

---

(1) Pour le rappeler aux générations futures, des citoyens américains ont voulu que la tour du phare de Douaumont fût élevée en partie à leurs frais.

Maréchal FOCH
Généralissime des Alliés.

II. - *Comment s'est accompli l'effondrement allemand.*

(Voir la carte V.)

Les Alliés s'étaient donné pour chef l'indomptable lutteur des *Marais de Saint-Gond*, l'animateur inflexible de la « Course à la mer », des batailles de *l'Yser* et de la *Somme*, le général *Foch* (1).

Ils avaient bien choisi.

La guerre terminée, on a dit de l'escrime de Foch qu'elle fut une escrime d'artiste, souple, fine, bien française! En réalité, elle fut simple, directe, pure de tout formalisme d'école, comme tout ce qui touche véritablement à l'art.

Le général puisa l'essence de son art dans son merveilleux tempérament de *chef*, fait d'une psychologie saine, d'une intuition aiguë, d'une énergie indomptable, d'une volonté aussi active qu'inébranlable et, — en connaissance de cause, — d'un amour passionné du risque et des responsabilités. Quant à sa science, c'est-à-dire, à sa technique, elle fut particulièrement sûre parce qu'elle découlait de son jugement et qu'elle était le fruit de ses observations et de ses longues méditations.

Avant la guerre, il avait été le professeur le plus marquant de notre *Ecole de guerre*. Son enseignement n'avait eu rien d'athénien, rien non plus de l'abondance de l'enseignement de ces cerveaux congestionnés de science livresque, qui savent à merveille noyer dans une phraséologie creuse l'idée essentielle qu'ils n'ont su pénétrer. Un peu énigmatique parfois, pour ceux à qui elle n'était pas familière, la parole de Foch était, — comme son geste (2), — brève, saccadée, synthétique au possible mais toujours substantielle. Un jugement robuste dominait tout son enseignement profondément imprégné des grandes lois de la guerre : *l'économie des for-*

---

(1) La décision fut prise, le 26 mars 1918, à la suite de la conférence de *Doullens*.

(2) Au cours « des jeux de la guerre », Foch mâchonnait sans cesse un cigare, qu'il fumait peu, mais rallumait souvent. Ce cigare avait pour nous son éloquence : Foch le lançait à terre avec plus ou moins de violence, suivant qu'il était plus ou moins mécontent. Quelques instants après, il en mâchonnait un autre qui, parfois, subissait le même sort.

ces, la *liberté d'action*, la nécessité de chercher toujours, par une activité incessante, *à dominer la volonté de l'adversaire*.

On comprendra l'impatience avec laquelle un tel chef dut attendre le moment où il pourrait passer à l'action, celui où l'apport des forces américaines, mettant fin à notre infériorité numérique brusquement créée par la défection russe, allait lui permettre de prendre l'initiative des opérations. Mieux que tout autre, en effet, il était en état de comprendre que laisser à *Ludendorff* une entière liberté d'agir était s'exposer à voir se produire un désastre irréparable sur le front de France, ou tout au moins, ainsi que les choses s'étaient passées en 1917, un effondrement des fronts des théâtres d'opérations extérieurs.

Aussi peut-on dire que les cloches qui annoncèrent notre victoire du 18 juillet 1918 annonçaient également le terme des angoisses du généralissime des Alliés. Ces angoisses, jamais on ne put les deviner; Foch était trop fin psychologue pour les laisser même entrevoir. Sa parole et son attitude ne cesseront de respirer l'optimisme; après la percée des Allemands sur *Amiens* et l'effondrement du *Chemin des Dames*, froidement, comme aux *Marais de Saint-Gond*, *Foch* déclare « la situation excellente » (1). « Quel bougre! », s'écrie alors Clemenceau, qui s'y connaissait en lutteurs. « Quel chef! » ajoutaient ceux qui comprenaient que la guerre n'est qu'un conflit de forces morales.

Ce n'est pas, en effet, quand tout va bien qu'on peut juger de la force d'âme d'un chef, mais bien quand la situation est des plus tragiques, d'apparence désespérée. Si le chef sait alors faire tête à la tourmente, s'il ne lâche pas un instant le gouvernail, si sa pensée reste claire, sa volonté indomptable, c'est qu'il est vraiment digne de la mission qui lui est confiée.

× ×

A compter du 18 juillet, *Foch* passe à l'action (2). Il ne lâchera plus son adversaire. La rapidité de ses entreprises

---

(1) Ce mot établi par la légende exprime bien l'imperturbable confiance de Foch.

(2) Bien que l'instruction du maréchal Foch, pour l'offensive générale des Alliés, ne date que du 24 juillet 1918, l'initiative des opérations appartient, en fait, aux Alliés depuis le 18 juillet.

brisera dans l'œuf tous les projets offensifs de *Ludendorff*, et ce dernier restera étroitement soumis à la volonté de Foch, jusqu'à ce que sa ruine soit consommée.

Privé désormais de toute liberté d'action, le Commandement allemand ne pourra plus employer ses réserves dans ce large jeu sur ses lignes intérieures qui, jadis, lui avait permis d'écraser la Serbie (1915), la Roumanie (1916), la Russie (1915 et 1917), l'Italie (1917). L'étreinte vigoureuse de *Foch*, non seulement enchaînera sur notre front les réserves allemandes qui s'y trouvent mais encore y aspirera celles des théâtres d'opérations extérieurs.

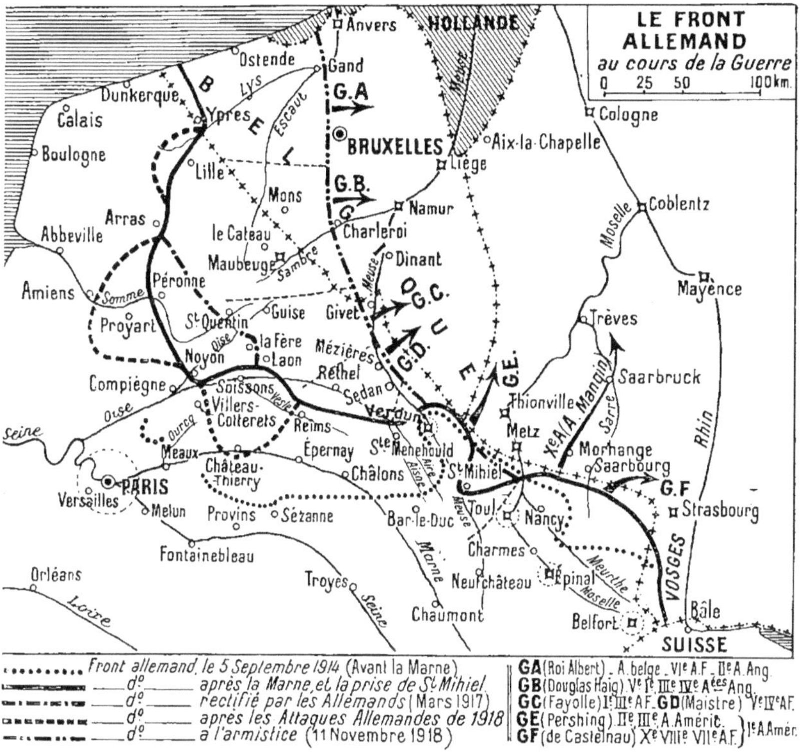

Dès lors, *Franchet d'Espérey* dans les Balkans, *Diaz* en Italie, n'ayant plus devant eux que des adversaires las de la guerre, prêts à tous les renoncements au premier bruit d'une défaite allemande sur le front de France, deviendront maîtres de la situation.

Eux aussi, sur l'invitation de *Foch*, entreprendront bientôt l'action décisive.

×

L'offensive des Alliés sur le front de France devait comprendre deux actes.

Au cours du premier, *Foch* usera son adversaire, il le mettra à sa merci. Ce qui signifie que l'acte prendra fin quand l'ennemi aura dépensé ses réserves et que les forces morales des armées allemandes seront brisées.

Au cours du second, *Foch* consommera la ruine de son adversaire en le forçant à capituler. Pour cela, à l'aile sud de la bataille, il crèvera le front allemand devenu inconsistant, pour développer une manœuvre de grande envergure, coupant les communications des armées allemandes avec l'intérieur de l'Empire.

*
* *

L'usure.

Quelle fut la trame du premier acte de la bataille, la *phase d'usure?*

Tout en dégageant ses communications, *Foch* frappe d'abord sur les flancs de la vaste poche que dessine le front allemand vers Paris, entre *Verdun* et la mer. Peu profondes, ses attaques sont d'une fréquence qui s'accélère; bientôt elles seront ininterrompues. En même temps qu'elles absorbent dans la poche les divisions et le matériel disponibles de l'adversaire, elles *fixent* les Allemands, les *accrochent* solidement, empêchant ainsi *Ludendorff* de renouveler *librement* sa manœuvre de 1917, c'est-à-dire l'empêchant de se replier *librement* sur un front plus court, pour y trouver une vitalité plus grande en récupérant de nouvelles réserves en hommes et en matériel.

L'accrochage assuré, *Foch* contraint alors Ludendorff à vider la poche, au plus vite, sous peine de s'y voir enfermer ou d'être acculé à la frontière hollandaise. Pour cela, il menace de fermer la nasse, par de fortes pressions sur les abords de son entrée. C'est, en direction du Nord, l'attaque du 26 septembre, conduite par *Pershing* s'appuyant sur *Verdun* et opérant en liaison avec notre IV⁰ armée; c'est, en direction de l'Est, l'attaque du 28 septembre, conduite par S. M. le roi Albert Ier à travers les Flandres. Dès lors, menacé de se voir privé non seulement de la grande rocade ferrée Metz - Mézières qui, jusqu'ici, lui a permis le transport rapide de ses disponibilités de la Lorraine à la mer du Nord, mais encore de ses communications avec l'intérieur de l'Allemagne, le Haut Commandement allemand cherche désespérément à activer le déblaiement de la poche, pour redresser son front derrière la Meuse. *Ce repli, qui s'accomplira désormais sous l'emprise générale des Alliés, produit l'usure matérielle et morale des armées allemandes.*

×

Le 10 novembre 1918, après cent quinze jours de *bataille d'usure,* le rideau tombait sur le premier acte.

Ludendorff vaincu a été forcé de quitter les armées laissant *Hindenburg* à l'entière merci de Foch. En effet, pour parer à l'ultime catastrophe : la capitulation, *Hindenburg* se trouve complètement désarmé; les quelques réserves dont il dispose encore sont démoralisées, et, eussent-elles conservé une valeur combative qu'il se fût trouvé dans l'impossibilité d'en jouer avec la célérité voulue : la rocade ferrée *Mézières - Metz* lui était coupée.

Au cours de la bataille d'usure, nous avions fait 300.000 prisonniers, pris 4.000 canons et un immense matériel de guerre. Les armées de l'Allemagne avaient laissé encore dans la bataille les plus précieuses des armes, celles sur lesquelles tout repose : leurs *forces morales.* Maintenant, privées de toute confiance en elles et dans leurs chefs, corps sans âme, machines à moteur brisé, crispées dans la seule idée de mettre plus d'espace entre elles et la menace des vainqueurs, elles ne formaient plus que d'énormes cohues incapables de lutter.

Dans de nombreux régiments, il y avait plusieurs semaines déjà que les soldats refusaient de combattre; seuls, les officiers et quelques braves y servaient encore les mitrailleuses, pour ralentir la marche des Alliés. Depuis le 6 novembre, la désorganisation se propageait avec une rapidité inouïe; l'esprit révolutionnaire apporté par les hommes des

renforts tirés récemment de l'intérieur mettait le comble à
la confusion : les officiers se voyaient privés de leur autorité quand leurs insignes n'étaient pas brutalement arrachés
de la main de leurs soldats. Jadis si disciplinées, si braves,
les armées allemandes étaient devenues des hordes privées
d'idéal que conduisait seul l'instinct de la conservation.

Pour les capturer ou les rejeter sur la Hollande, il ne
s'agissait que de les devancer aux ponts du Rhin.

*
* *

L'exploitation de l'usure.

Le lever du rideau, pour le second acte, avait été fixé par
Foch au 14 novembre.

Pendant que sur tout le front de la bataille, — dont l'aile
droite allait maintenant s'étendre de Verdun à la rive gauche de la Moselle, — les Alliés accentueraient sans cesse
leur pression, une armée française, sous les ordres de *Mangin*, suivie d'une armée américaine sous les ordres du général *Bullard*, s'élèverait rapidement par la rive droite de
la Moselle, dans la direction initiale de *Sarrebrück*, pour
envelopper les armées allemandes en retraite, et les couper
des ponts du Rhin.

Les places de *Metz* et de *Thionville* seraient masquées, si
elles ne se rendaient de suite.

A l'est de *Nancy*, à l'armée *Mangin*, depuis le 26 cotobre,
nous préparions en secret le franchissement de *la Seille*.
Le 10 novembre, les gués de *la Seille*, consolidés et exhaus-
sés, assuraient à nos chars de combat le franchissement de
la rivière; déjà, nos canons étaient en place. Tout me faisait présager que, sans coup férir, nous allions passer sur
le corps des troupes allemandes installées en léger cordon
devant nous; non seulement ces troupes avaient perdu leur
moral mais les prisonniers et les déserteurs nous annonçaient tous la décision de leurs camarades de n'opposer
aucune résistance à notre attaque, dont ils comprenaient
l'imminence. Il y avait donc mille chances pour que, dans
cette course vers les communications des armées *d'Hindenburg*, les fatigues et les privations engendrées par la rapi-

dité des marches et les difficultés des approvisionnements, vinssent, seules, éprouver nos troupes. Mais, quoi qu'il advînt, nous étions certains d'accomplir toute notre mission : nos soldats, soutenus par leur haine de l'envahisseur et par l'ivresse d'un triomphe si longtemps attendu et si chèrement acquis, entendaient que ce triomphe fût complet et sans précédent; ils brûlaient d'impatience, prêts à briser tous les obstacles et à surmonter les épreuves les plus dures.

×

Entre temps, *Franchet d'Espérey*, dans les Balkans, avait rompu le front bulgare : la Bulgarie et la Turquie avaient capitulé et les troupes de *Salonique*, françaises et serbes, franchissaient le Danube, marchant sur la Hongrie. Enfin, la victoire de *Vittorio-Veneto* avait consommé la ruine de l'Autriche-Hongrie; en capitulant, celle-ci ouvrait également les routes des Empires centraux aux armées de *Diaz*.

Ainsi, autour de l'Allemagne, tout s'effondrait. Elle-même, en proie à l'horrible fléau du communisme, — dont elle avait, jadis, empoisonné la Russie, — était à la veille de sombrer dans l'anarchie. *Ludendorff* avait dû s'exiler; l'Empereur et le Kronprinz d'Allemagne s'étaient enfuis. Dans la tempête, sous la colère des peuples vaincus, se brisaient avec les couronnes des Habsbourg et des Hohenzollern, vingt autres, de rois ou de ducs.

Et pourtant, la suprême humiliation, celle de voir ses immenses armées capituler en rase campagne, devait être épargnée à l'Allemagne. Les Alliés lui accordaient un armistice qui, en la désarmant, mettait fin à la guerre. *Pour ne pas faire verser une goutte de sang inutile*, de sang français surtout, — il avait tant coulé! — Foch renonçait à l'apothéose de son triomphe.

.
. .

La fin.

Mon quartier général était à l'est de *Nancy*, près des bords de *la Seille*, quand, le 11 novembre à 11 heures du matin, par un temps radieux, les cloches de Lorraine nous annoncèrent, avec la Victoire définitive des Alliés, le terme de la terrible hécatombe.

Ma gratitude s'éleva, aussitôt, avec piété, vers nos valeureux soldats tombés en foules pour délivrer la France.

Les *Hauts de Meuse* profilaient au loin leur falaise ensoleillée et mon imagination voyait, perdu à leur pointe nord, le douloureux *Calvaire* sur quoi Foch avait pu appuyer sa bataille d'usure.

A l'appel persistant de nos cloches, nos Morts s'étaient levés de ce sol de Verdun, à la fois sublime et terrifiant symbole de la passion d'une race pour la terre qui l'a engendrée. Fantômes magnifiques ils éclairaient de leur gloire si pure les innombrables blessures des ravins et des collines : leurs tombeaux. Une immense rumeur montait vers le Ciel; face à l'Occident, nos Morts chantaient *la Marseillaise!*

×

Pour la seconde fois, j'adressai l'expression de ma reconnaissance à l'ancien Président des Etats-Unis : le splendide effort de la grande République avait permis d'assurer rapidement le triomphe des Alliés.

La réponse de Roosevelt (1), pleine d'admiration pour la constance, l'esprit de sacrifice et l'héroïsme des Français, se termine par cette appréciation sur la manière dont finissait la guerre :

« There has never been a more striking instance of retributive justice (1). »

(Jamais le Monde n'a connu plus frappant exemple de justice.)

---

(1) Cette lettre est dactylographiée; seule, la signature est de la main de Roosevelt. Théodore Roosevelt avait perdu la vue; il devait mourir quelques mois après la conclusion de la paix.

ÉPILOGUE

Médaille allemande frappée après la fuite de l'Empereur.
Frédéric II, le grand ancêtre, admoneste Guillaume II, en français,
sa langue favorite.

ÉPILOGUE

Pour avoir vu, en 1870, l'effondrement du Second Empire français, les rives de la Meuse avaient été élevées au rang des dieux propices de la superstitieuse Allemagne. Par une singulière ironie de la Destinée, elles devaient voir, en 1918, l'effondrement de l'Empire du plus orgueilleux des Hohenzollern.

× ×

Aux premiers jours du mois d'août 1914, brandissant l'étincelante épée de Siegfried, l'Empereur allemand déclare que, s'il le faut, il poursuivra la guerre « jusqu'au dernier souffle du dernier homme et du dernier cheval allemands »! Paroles vaines, il le sait; nouveau Maître du Tonnerre, rien ne peut lui résister. Dans quelques jours, à la tête des rois et des princes de l'Empire, escorté de ses cuirassiers blancs, il entrera dans la capitale de la France « dégénérée et pourrie », et ses soldats « retourneront dans leurs foyers avant la chute des feuilles ».

Ces jours-là, une confiance magnifique enfièvre, en effet, le maladif mégalomane. Sur les ruines de « la Babylone moderne », les voies de Dieu, — du « vieux bon dieu allemand! » — veulent qu'il rétablisse le Saint-Empire. Sans plus attendre, il s'installe dans la Gloire : il entre dans la guerre avec les lauriers, comme le vainqueur dans la voie triomphale!

Bientôt, « la Marne » balaie ses illusions et lui montre l'abîme. Sa superbe s'évanouit. Lentement, il laisse tomber le masque des Césars et, progressivement, le cruel « Seigneur de la guerre » s'humanise; l'effroi du châtiment l'amène aux pieds des humbles : il souffre avec les Peuples! le demi-dieu descendu de son piédestal maudit « une guerre abominable, qu'il n'a pas voulue! »

Enfin, quand tout s'effondre, quand, en débâcle, ses armées reculent, quand ses alliés défaillent, quand son Peuple se révolte, seule, sa destinée le préoccupe! Il finit par se soumettre aux suggestions de ses généraux : le 10 novembre 1918... furtivement, avant le lever du jour, il abandonne ses soldats. Il s'enfuit en Hollande.

× ×

Dans le train impérial qui l'emporte vers l'exil, l'Empereur-Roi déchu tombe en un lourd sommeil; un cauchemar l'agite : sur un océan sans bornes, une horrible tempête soulève des vagues de sang, qui se succèdent, formidables. Chacune évoque un champ du massacre : celle-ci les Flandres, celle-là l'Artois, cette autre la Somme, d'autres la Champagne, l'Argonne, la Lorraine, les Vosges et aussi les champs de l'Italie, ceux de l'Orient et des Balkans! Plus effroyable que toutes, l'une d'elles escalade les nues, roulant des cadavres innombrables : VERDUN! Dans la poudre et l'écume de sa cîme et de ses flancs, des Titans dont la foi s'accroche obstinément aux étoiles, s'étreignent, impitoyables. Avant de disparaître dans le rubis des flots, ils transmettent leur épée à d'autres qui les remplacent!

Et quand l'horreur détourne ses regards de ces eaux infernales, vers les terres les plus lointaines il découvre des peuples sans nombre qui lui forgent des chaînes, et le bruit des enclumes scande des clameurs vengeresses.

Anéanti, la gorge sèche, péniblement il chevrote une invocation à Wotan qui protège les braves et entend qu'ils succombent honorablement au combat. Sous la piqûre de la plaisante prière, le dieu qui discerne la vaillance le regarde narquois!

Alors, dans les ténèbres, il gagne la proche petite plage qu'il sait hospitalière, à l'abri de la tempête et des imprécations et des sanglots, inabordable aussi à la vengeance. Et là, dans les sables mouvants d'une paisible grève, sans oser lever les yeux vers Dieu, « tremblant de réveiller les morts », misérable, il s'enlise doucement.

Les Morts [1].

TUÉS ou DISPARUS.	NATIONALITÉ.	Par HABITANT.
Alliés : 6.094.000.		
1.370.000	Français	1 sur 27
114.000	Américains	1 sur 1.000
870.000	Anglais (d'Europe)	1 sur 57
?	Japonais	?
500.000	Italiens	1 sur 78
2.500.000	Russes	1 sur 107
50.000	Belges	1 sur 150
112.000	Grecs	1 sur 312
9.000	Portugais	1 sur 600
200.000	Roumains	1 sur 30
369.000	Serbes	1 sur 32
6.094.000		
Empires Centraux : 3.800.000.		
2.000.000	Allemands	1 sur 35
1.000.000	Autrichiens	1 sur 50
800.000	Turcs et Bulgares	?
3.800.000		

Il convient d'ajouter ceux des Canadiens, des Australiens, des Hindous, les victimes civiles de la guerre continentale et sous-marine, les volontaires des puissances étrangères, les pertes des Arabes en Asie-Mineure, des indigènes dans les diverses colonies allemandes.

Globalement, on peut les évaluer à DIX MILLIONS.

(1) D'après « La Guerre mondiale », H. Corda.

ANNEXES

A. - Le Miracle de la Marne.
Ses enseignements.

B. - Déclarations du gardien de batterie Chenot (Prise du fort de Douaumont par les Allemands).

C. - Ordres du jour.

ANNEXE A

LE MIRACLE DE LA MARNE

Ses enseignements

Von **MOLTKE**

Chef du Grand État-Major
Généralissime allemand en 1914, jusqu'après la Marne

Le Miracle de la Marne

(Voir les croquis G et F, pages 285 et 255).

L'impréparation de la France en 1914.

*La France possède trop de richesses naturelles pour qu'il
lui soit permis de rester en contact immédiat avec un pays
surpeuplé et convaincu que la force prédomine le droit, sans
assurer avec soin la défense de ses frontières.*

En 1859, une idée généreuse nous mène en Italie. Nous
y remportons une facile victoire grâce à l'extrême médiocrité de l'armée autrichienne; toutefois, cette campagne met
en lumière, avec tous les défauts de notre organisation militaire, l'insuffisance de notre commandement dans la conduite des grandes opérations. La Prusse en fait son profit
pendant que la France, négligeant d'examiner, pour y remé-
dier sans retard, les causes des faiblesses de son armée, pa-
voise et s'endort.

C'est ainsi que le désastre de Sedan trouve son berceau
dans nos lauriers de *Magenta* et de *Solférino*.

Après 1870, la défaite, par contre, ouvre les yeux que
la victoire avait fermés.

Ses malheurs montrent à la France — désormais face
à face avec l'ambitieux et puissant Empire allemand —
qu'elle s'expose à une ruine certaine si elle n'assure sa défense de manière active. Dès lors, la Nation se recueille;
de toute sa volonté et de toutes ses forces elle travaille à
la régénération de son armée et à la défense de ses frontières.

Notre *Ecole de guerre* se crée; celle-ci dote notre armée
d'un Commandement et d'Etats-Majors de haute culture militaire, ainsi que d'un Etat-Major général n'ayant, certes,
rien à envier à ce Grand Etat-Major allemand, que nos
adversaires, après 1870, aimaient à proclamer sans rival

possible. C'est ainsi qu'en août 1914, l'on verra nos forces être mobilisées, transportées, mises à pied-d'œuvre, avec une méthode dénotant une maîtrise indiscutable, et que, dans la suite, notre Haut Commandement et notre Etat-Major général feront face à toutes les entreprises adverses, avec une souplesse et une intelligence de la guerre auxquelles rendent hommage nos Alliés, en mettant leurs forces sous notre haute direction.

Au printemps 1918, cet hommage sera inconsciemment souligné par cette expression de dépit sortie de la bouche de prisonniers allemands : « Il n'y a rien à faire avec les Français, ils retombent toujours sur leurs pieds! »

Après 1870, intimement associés, le Ministre de la guerre et l'Etat-Major général unissent leurs efforts pour que notre *préparation matérielle* à la guerre réponde à notre *préparation intellectuelle*.

C'est ainsi que nous réalisons, de suite, cette puissante organisation de nos frontières conçue par *Séré de Rivière* et que nous sommes les premiers à adopter pour nos armes d'infanterie cette poudre sans fumée, qui révolutionnait les conditions du champ de bataille puisqu'elle masquait désormais à l'adversaire l'origine des feux. Les premiers encore nous dotons notre armée d'un fusil dont les qualités balistiques et le pouvoir perforant laissaient, alors, loin derrière eux ceux des armes portatives des autres puissances. Nous adoptons, enfin, un canon léger de campagne, le 75 qui, de longtemps, ne trouvera son rival.

Ainsi, pendant vingt-six ans, notre armure se trempe de plus en plus, et sa solidité tient l'Allemagne en respect.

Brusquement, éclate l'*Affaire Dreyfus*. Elle aurait dû rester dans le domaine judiciaire, mais immédiatement, les passions l'en font sortir; bientôt la Nation se divise, et même les familles. Le Pays, tout à sa discorde, fait passer au second plan le souci de la sécurité de ses frontières, et il s'oriente vers une lutte de classes qui le déchire et le rend impuissant. Les erreurs de quelques-uns retombent sur nos officiers d'Etat-Major et aussi sur notre corps d'officiers tout entier : on les dit infectés de l'esprit d'une congrégation accusée de vouloir prendre à nouveau, de manière occulte, la direction du pouvoir pour mieux diriger les consciences et finalement, renverser un régime que le Pays s'est librement donné.

Devenu *suspect*, l'Etat-Major de l'armée — bien que renouvelé — se voit condamné à poursuivre son travail dans l'isolement. Il perd les moyens de se renseigner directement sur les intentions et la préparation de l'ennemi éventuel et, s'il reste chargé de la mobilisation et des transports stratégiques, il doit, par ailleurs, se confiner dans des études militaires de caractère purement spéculatif.

Il était ainsi condamné, de manière certaine, à *édifier avec son imagination ses conceptions militaires, c'est-à-dire à construire sur le sable.*

D'autre part, dans le même temps, le Pays perd de vue les nécessités de la *préparation matérielle* de sa défense.

Quelques années avant le drame de 1914, devant les perpétuelles provocations de l'Allemagne, la France se reprend : il est trop tard.

*
* *

Le plan de Joffre et celui de de Moltke.

En 1870, nous nous étions exclusivement renfermés dans la défensive. Or, l'histoire militaire démontre que la passivité a toujours engendré la défaite. En 1914, profondément pénétré de l'importance des facteurs moraux, comme de tout ce que Napoléon appelle « la partie divine de la guerre », notre Haut Commandement entend utiliser à fond les brillantes qualités offensives de nos soldats, pour imposer, de suite, sa volonté à l'adversaire. C'est ainsi qu'aux premiers jours de la guerre, il prendra l'offensive *sur tout le front* de son déploiement stratégique.

Notre plan de concentration, le plan XVII, prévoit la mise en place du gros de nos forces de premier choc entre Epinal et le nord de *Verdun* : quatre armées en première ligne; une armée en réserve, entre *Sainte-Menehould* et *Châlons*.

Au cours de notre concentration, la violation de la Belgique par les Allemands amène notre Haut Commandement à mettre ses cinq armées en ligne, afin de pouvoir étendre sa gauche jusqu'à la rive droite de *la Sambre*, pendant que les six divisions anglaises de *French* s'établissent sur la rive gauche de cette rivière, dans la région de *Mons*.

Quant à l'armée belge, pour échapper aux flots de l'invasion allemande, elle doit bientôt se replier en hâte sur le camp retranché d'*Anvers*.

×

Joffre entend bousculer la gauche et le centre allemands en attaquant par les deux rives de la Moselle, en vue de couper, ultérieurement, les communications des forces adverses engagées en Belgique. Pour que celles-ci ne puissent éviter l'enveloppement en se repliant en temps opportun sur le Rhin, notre aile gauche (V[e] armée et Anglais) les cramponnera afin de les « fixer » en Belgique.

D'heure en heure, nos renseignements nous montrent de plus en plus considérable l'importance des forces que l'ennemi engage en Belgique : elle dépasse toutes nos prévisions.

Une telle constatation n'est pas pour démonter notre généralissime; l'événement, au contraire, lui semble particulièrement servir ses intentions. Plus l'ennemi affaiblira son centre et sa gauche au bénéfice de sa droite et plus ce centre et cette gauche seront faciles à bousculer. Sur les deux rives de la Moselle, là, où, avant tout, il importe de vaincre, nous allons, — s'imagine-t-il, — attaquer du fort au faible; avec une supériorité numérique considérable.

Nous commettions, en effet, une erreur grave, en ce qui concernait l'importance des effectifs que l'Allemagne devait engager dans les premières batailles. Et voici comment nous y étions amenés.

Si tout nous faisait prévoir que, dès les premiers jours, l'Allemagne précipiterait sur nous la presque totalité de ses forces, laissant à trois ou quatre corps d'armée actifs, à des formations de réserve ainsi qu'à l'armée austro-hongroise le soin de contenir les Russes dont la mobilisation exigeait de longs jours, nous admettions également que l'Allemagne nous livrerait les premières batailles avec des forces d'*active* mobilisées (vingt à vingt-et-un corps d'armée; elle en comptait vingt-cinq en tout), simplement appuyées par les quelques formations *de réserve*, qui, dès les premiers jours de la mobilisation, lui présenteraient des garanties de solidité suffisante. Et, comme nous admettions ces dernières peu nombreuses, on en concluait que la lutte, sur le front français s'engagerait, sinon avec une légère supériorité numérique en notre faveur, — vu l'appoint que nous apportaient, au dernier moment, les Anglais et les Belges, — tout au moins avec des forces sensiblement équivalentes.

Les événements vont se charger de nous dévoiler l'étendue de nos illusions à cet égard, de même qu'ils nous montreront, de suite, que notre *préparation matérielle* à la guerre ne pouvait, en aucun cas, nous permettre la conception d'un plan stratégique dont la réalisation était essentiellement subordonnée à la réussite préalable des offensives frontales que notre droite et notre centre allaient entreprendre au sud et au nord de Metz. En somme, immédiatement, il deviendra clair comme le jour que notre généralissime et notre Etat-Major général *avaient construit dans le rêve!*

Successivement, de notre droite à notre centre, nos armées attaquent : les Ire et IIe armées entre *Metz* et *Strasbourg*, les IIIe et IVe entre *Metz* et la rive droite de la Meuse. A notre surprise, partout nous nous heurtons à des forces sensiblement égales aux nôtres au point de vue numérique; et partout, malgré l'élan magnifique de nos troupes, nous sommes battus. *Vu l'infériorité de notre armement et celle de notre préparation au combat, il ne pouvait en être autrement.*

×

De son côté, *de Moltke junior* poursuit la mise en application de l'idée conçue jadis par l'un des successeurs du *de Moltke* de 1870, le général comte *von Schlieffen*, c'est-à-dire l'enveloppement par la Belgique, de l'aile gauche de notre déploiement stratégique composée de la Ve armée française et de l'armée anglaise (dont les forces totales représentaient la valeur de *sept à huit corps d'armée*), au moyen d'une masse formidable de *dix-sept corps d'armée* répartie en trois armées (Ire, IIe, IIIe armées).

Cette masse accroche avec son centre les forces alliées déployées sur le front *Namur - Charleroi - Mons* pendant qu'elle les déborde avec ses ailes. Elle va les encercler quand le chef de notre V^e armée voit le péril. Le 23 août au soir, ayant le courage d'engager son honneur militaire, le général *Lanrezac* rompt la bataille, juste à temps pour éviter le désastre : il se dérobe vers le Sud-Ouest, entraînant à sa suite les divisions de *French*.

La retraite, en temps opportun, de nos forces de Belgique pèse d'un poids capital sur l'issue de la guerre. Que serait devenue la France si les forces de notre aile gauche s'étaient laissé prendre dans la souricière de Belgique, si elles avaient dû capituler ainsi qu'en pareilles conjonctures avaient dû capituler, en 1870, l'armée de *Mac-Mahon* à *Sedan*, celle de *Bazaine à Metz?* Privée en quelques jours de ses seules forces actives l'Angleterre aurait-elle poursuivi la lutte? En tout cas, ainsi que nous le verrons, le rétablissement de *la Marne* fût devenu impossible.

Ainsi, sur l'ensemble du front de notre déploiement initial, nous sommes battus. Par bonheur, aucune de nos armées n'est détruite. Et si le plan de *Joffre* s'est écroulé, celui de *Schlieffen*, dont le généralissime allemand poursuit l'exécution, a été, jusqu'ici du moins, mis en échec. En effet, non seulement notre aile gauche a évité la capture, mais, contrairement aux illusions du commandement allemand, nos défaites de Saarebourg (Ire armée, 20 août), de Morhange (IIe armée, 20 août), des Ardennes (IIIe et IVe armées, 22 août), de Charleroi (V^e armée, 22 - 23 août), de Mons (Anglais, 23 août) n'ont pas produit sur nos forces cette usure matérielle et morale profonde, qui laisse les armées à la merci du vainqueur et se traduit par leur ruine définitive sous l'emprise d'une poursuite ardente.

Et, pourtant, devant l'écrasante supériorité des armées allemandes, que viennent de nous révéler les batailles de la frontière, il apparaît clairement que, seul, un miracle pourrait sauver la France.

* *

Avant le Miracle.

L'écroulement immédiat et complet de son plan initial ne déconcerte pas notre généralissime.

Il demandera à la manœuvre d'aile ce que des attaques de front ne peuvent lui permettre.

Faisant pivoter notre III° armée en retraite autour de Verdun, la droite appuyée à la forteresse, il essaiera de réorganiser et de souder son centre (III° et IV° armées) et sa gauche (V° armée et les Anglais) sur le solide front : *Verdun - Reims - Laon - Saint-Quentin - Péronne*, pendant que derrière la Somme, dans la région d'*Amiens*, se réunira une armée nouvelle (VI° armée, général *Maunoury*, constituée en partie avec des forces rappelées de la Haute-Alsace), dont la concentration pourra être terminée le 2 septembre.

La concentration des forces de *Maunoury* terminée, *Joffre* reprendra la bataille. Cette fois, du moins, il cherchera à déterminer le repli de l'invasion par une menace sur les communications allemandes : l'armée *Maunoury* prenant en flanc l'aile découverte, c'est-à-dire, l'aile droite de *Klück*.

Quant à nos forces de Lorraine, leur rôle deviendra défensif. Quelques divisions de réserve tiendront, face à Metz, la falaise occidentale des *Hauts de Meuse*, au sud de Verdun, pendant que nos I° et II° armées interdiront aux VI° et VII° armées du Prince *Rupprecht* la *trouée de Charmes* et ses avancées.

Toutefois, l'exécution du nouveau plan offensif de Joffre est essentiellement liée à la condition que le rétablissement et la soudure de nos armées en retraite, ainsi que la concentration de l'armée *Maunoury* auront pu se faire, à la date du 2 septembre, sur la ligne générale prévue.

×

La foudroyante rapidité des marches de l'aile droite allemande met en poussière le projet de notre généralissime. En dépit des combats que livre notre aile gauche pour se dégager et gagner du temps : *Le Cateau* (Anglais, 26 août), *Saint-Quentin - Guise* (V⁰ armée, 29 août), l'armée *Maunoury* se voit aux prises avec l'armée de *Klück* alors qu'elle est encore en voie de concentration et que sa droite est découverte par les Anglais de *French* qui, depuis *Le Cateau* où ils ont subi de lourdes pertes, battent en retraite, sans répit, vers l'Est de Paris (1).

Après avoir livré le combat de *Proyart* (29 août), l'armée *Maunoury* est repliée sur le camp retranché de Paris. Dès lors la V⁰ armée fortement pressée doit, pour fuir l'enveloppement, précipiter sa retraite vers le Sud, entraînant notre centre.

La V⁰ armée pourra-t-elle échapper à la poursuite ardente de Bülow et de Klück?

Joffre trouvera-t-il jamais l'occasion de reprendre la bataille avec l'espoir de refouler l'invasion par une menace sérieuse sur les communications allemandes?

*
* *

Le Miracle se dessine.

Au lendemain des batailles de la frontière, le 26 août, *de Moltke* que la progression des Russes en Prusse orientale inquiétait et qui, d'autre part, se fiait aux bulletins de victoire de ses chefs d'armée lui montrant les forces anglo-françaises définitivement battues, complètement désorganisées et en pleine déroute *avait prélevé deux corps d'armée sur ses forces de France*, pour les diriger sur le front russe.

Il avait commis la faute lourde *de les emprunter à sa masse de manœuvre* — à son aile droite — alors que déjà celle-ci avait dû distraire de ses forces trois corps d'armée pour

---

(1) Le maréchal *French* entendait se retirer tout d'abord derrière la Seine, pour se replier ultérieurement sur une base à créer « dans le voisinage de *la Rochelle* ». A cette nouvelle qu'il considérait « comme une violation formelle de l'esprit de l'Entente », lord *Kitchener*, le ministre de la guerre anglais, accourt à Paris, muni de pleins pouvoirs (1ᵉʳ septembre). Il arrive sans peine à montrer à *French*, qu'il importait à l'honneur britannique que les forces anglaises fussent maintenues sur le front de combat. (« *Kitchener* et la guerre », sir George Arthur.)

le siège d'*Anvers* (deux corps) et celui de *Maubeuge* (un corps). Ainsi, cette masse qui, à l'origine, comptait *dix-sept corps*, n'en comptera désormais que *douze* (1).

Le 30 août, il commet cette autre erreur, elle aussi pleine de conséquences les plus graves, *d'aller fixer son quartier général loin de sa droite, dans la ville de Luxembourg*, où il s'immobilisera de sa personne, alors qu'il ne sera guère relié avec ses armées d'aile droite que par la télégraphie sans fil. Dès lors, n'étant dirigés et orientés sur la situation générale que de manière insuffisante, les commandants de ses armées d'aile droite agiront d'après leur inspiration du moment; bientôt aussi, ils n'écouteront que leur ambition ou leur intérêt personnel. L'un d'eux, *von Klück*, fera même preuve d'une indiscipline intellectuelle notoire, le jour où, par exception, il recevra un ordre précis de « la Direction Suprême ».

×

Klück et *Bülow* marchaient *vers le Sud-Ouest* pour atteindre : le premier, la basse Seine, à l'ouest de Paris; le second, Paris.

Le 31 août, voyant les Anglais et notre Vᵉ armée précipiter leur retraite vers l'est de Paris, brusquement, l'un et l'autre changent de direction : ils s'enfoncent *vers le Sud-Est*, à la poursuite de notre gauche.

De Moltke les approuve : *toute la droite allemande cherchera à couper l'ennemi de Paris : on consommera tout d'abord la ruine des armées de campagne. Plus tard, on mettra la main sur la capitale de la France.*

Maintenant, à *Luxembourg*, penché sur ses cartes qui lui montrent, d'après ses ordres et ses renseignements, la situation réciproque des deux camps, de Moltke voit, avec an-

---

(1) Dans ses mémoires, *Ludendorff* qui, sous le couvert d'*Hindenburg*, dirigeait alors les opérations allemandes sur le front russe, nous souligne cette ironie du sort : la dépêche lui annonçant l'envoi de ces deux corps d'armée dont la présence sur le front français eût, peut-être, changé le sort des armes, à *la Marne*, lui parvint précisément le jour où commençait la fameuse bataille de *Tannenberg* (27-30 août), qui devait délivrer, sans le concours de ce renfort, la Prusse orientale de l'invasion russe.

goisse, les heures s'écouler. Le 31 août, le 1er et le 2 septembre se passent sans que Klück, ni Bülow aient pu saisir nos colonnes en retraite. Les armées allemandes sont à la veille d'aborder la Marne, découvrant leurs communications du côté de Paris, alors que tous ses renseignements lui montrent que *Joffre* modifie son dispositif initial : des trains bondés de troupes françaises ne cessent de circuler de l'Est à l'Ouest. Sans aucun doute, par des prélèvements sur sa droite, le généralissime français renforce son centre et *surtout ses forces de la région de Paris.*

De Moltke est donc à la veille de voir ses armées d'aile droite à leur tour menacées d'enveloppement par les forces de Paris!

Aussi, comprend-il toute l'urgence de l'ordre suivant, qu'il lance, dans la nuit du 2 au 3 septembre :

La Ire armée suivra la IIe en échelon et assurera la protection du flanc droit des armées.

Pour tout militaire, cet ordre est aussi clair qu'impératif. Il prescrit à *Klück* d'échelonner ses corps d'armée, la droite refusée, l'ensemble de son dispositif maintenu en retrait par rapport au front de l'armée Bülow. Klück doit laisser à d'autres le soin de la poursuite et se contenter de veiller et de garder du côté de l'Ouest, de Paris en particulier.

×

Klück reçoit le radio.

Autre *Blücher* — il en a la farouche énergie et aussi le vandalisme — *Klück* n'attachera pas plus d'importance à l'ordre du faible *de Moltke* que n'en attachait, en 1814, juste cent ans auparavant, *Blücher* à ceux de *Schwartzenberg*.

— Quoi! pour mieux assurer sa glorieuse mission, il a pétri ses troupes à l'image de ces hordes barbares qui, jadis, la lance ou la torche à la main, quittaient les forêts de la Germanie pour se ruer sur les Gaules de toute la vitesse de leurs chevaux! Comme leurs grands aïeux, ses soldats sont devenus, sous l'emprise de son souffle brûlant, des fauves magnifiques aux jarrets d'acier et aux crocs redoutables!

Dans le sillage de leur course effrénée, semant la terreur et la ruine, ils ont brisé tous les obstacles; depuis près de quinze jours, sans répit, leur passion dévorante les attache à la voie ensanglantée de l'ennemi qui se dérobe.

A l'heure des abois, quand sonne l'hallali, on leur couperait les jarrets? — Allons donc!

Alexander von KLUCK

Chef de la Iʳᵉ Armée allemande.

En confiant à son énergie et à sa clairvoyance le commandement de son extrême-droite, le Haut Commandement entendait bien remettre entre ses mains les hautes destinées de l'Empire. Et maintenant que chez l'ennemi tout s'effondre, on laisserait à d'autres le soin de cueillir le fruit de son œuvre? Et cela, pour réduire son armée à un rôle inutile,

lui faire garder un flanc qui n'est pas menacé! Sa cavalerie
et son aviation lui montrent le nord de Paris vide d'ennemis;
seuls, quelques territoriaux gardent la basse Seine. Depuis
le 20 août, du Donon à l'Oise, la bataille se poursuit âprement, accrochant les forces françaises sur tout le front; comment l'adversaire aurait-il pu renforcer sérieusement les
troupes de la défense de son camp retranché de Paris?

Sans aucun doute, ce radio ne lui apporte que l'expression de la pusillanimité des *ronds-de-cuir* du Grand Etat-
Major, qui travaillent loin des réalités et dont l'âme s'amollit dans le calme de la charmante cité de *Luxembourg*. —
Pour le moment, du côté de Paris, le danger est chimérique. Il ne peut être question que de consommer la ruine de
l'ennemi épuisé : *Vorwärts!*

Et Klück précipite le gros de ses forces au sud de la
Marne, *en pointe par rapport au front de l'armée Bülow!*

Il n'en doute pas, le jour est proche où la plus grande
Allemagne dressera des statues au commandant de la Ire armée, dont la gloire égalera, si elle ne la domine, celle de
cet autre grand indiscipliné de 1814 : Blücher!

×

Le 5 septembre au soir, un seul des corps d'armée de
Klück, le IVe corps de réserve, encore sur la rive droite de
la Marne, sera en mesure de faire face à un mouvement enveloppant que viendraient à produire les forces de Paris,
par le nord de la Marne (1).

× ×

Le 4 septembre au soir, à Luxembourg, toujours penché
sur ses cartes et à cent lieues de se douter que Klück a
transgressé son ordre, de Moltke apprend que les Anglais
peuvent désormais se souder à nos forces de Paris et que
notre V^e armée, qui n'a pu être atteinte au passage de la
Marne, est en mesure, elle aussi, de gagner la Seine.

---

(1) Si l'on ne comprenait que les « mémoires » des chefs allemands représentent avant tout des plaidoyers, d'après ceux de *v. Kühl*, le chef
d'Etat-Major de la Ire armée allemande, on pourrait croire que *v. Klück*
aurait éprouvé *des scrupules* en ne se conformant pas à l'ordre de son
généralissime. Il n'y aurait été conduit que par la situation *militaire* du
moment.

Dès lors, il ne saurait laisser ses armées poursuivre leur mouvement vers le Sud-Est, sans les couvrir encore, entre la Marne et la Seine, par l'armée *Bülow*, qui s'immobilisera face à notre camp retranché de Paris, pendant que l'armée de Klück, également établie face à l ouest, gardera la région entre l'Oise et la Marne. Désormais, seules ses armées du centre, après s'être reliées à celles de sa gauche (VIᵉ et VIIᵉ armées, prince Rupprecht) — auxquelles elles ouvriront la *trouée de Charmes*, en prenant celle-ci à revers — poursuivront la marche par le Sud-Est, en vue de rejeter sur la frontière suisse toutes les forces françaises qu'elles trouveront devant elles.

La IIIᵉ armée allemande (*von Haüsen*) ira s'établir dans une position centrale (région de *Troyes*), en mesure de soutenir, soit l'attaque principale, soit les forces surveillant Paris et notre région de l'Ouest.

Evidemment, c'était bien cette fois l'abandon complet du plan *Schlieffen*, lequel prévoyait *l'enroulement de nos forces par la droite allemande*.

Dans semblables conjonctures, *de Moltke* pouvait-il faire autrement?

Le 5 septembre, à 7 heures du matin, *Klück* reçoit, par radio, l'ordre préparatoire pour la journée du 6.

Il débutait ainsi :

« *La Iʳᵉ et la IIᵉ armées* RESTERONT *face au front Est de Paris, Iʳᵉ armée entre Oise et Marne* (!)..., *IIᵉ armée entre Marne et Seine.* »

On le voit, cet ordre a été établi dans le rêve, il dévoile de manière éclatante la méconnaissance complète, de la part du généralissime allemand, de la situation de l'armée *von Klück*, le 4 au soir. Il suffirait à la condamnation du commandement de *de Moltke* (1).

____

(1) On prétend que la charge de chef du Grand Etat-Major avait été imposée à *de Moltke* qui ne l'aurait acceptée qu'à son corps défendant (?).

Ce ne sont pas, certes, les écrits du Kronprinz qui nous éclaireront à ce sujet!

« Lorsqu'en 1906, l'empereur, sur la recommandation expresse de ses con-

Quand, le 5 septembre au matin, l'ordre touche *Klück*, celui-ci a le gros de ses forces toujours en marche vers la Seine. Il le laisse filer : il avisera plus tard!

× ×

Le jour même où *de Moltke* prenait la décision de ne plus pousser vers le Sud-Est, à compter du 6, qu'avec son centre et sa gauche, *Joffre*, admirablement renseigné sur les mouvements de l'armée de *Klück* par le gouverneur de Paris, *Gallieni* — qui lui soulignait, d'autre part, les avantages d'une offensive de l'armée de Paris *par la rive nord de la Marne* — signait, le 4 au soir, l'ordre d'opérations concernant la reprise de l'offensive par son centre et par sa gauche, qu'il avait dû ajourner jusqu'ici.

Le 6 septembre au matin, pour « fixer » les Allemands et les empêcher ainsi de secourir, à temps, l'armée de *Klück*, des *marais de Saint-Gond* à *Verdun* notre centre attaquera le centre allemand, pendant que la V° armée et les Anglais attaqueront l'armée de *Klück* de front et de flanc.

L'armée de Paris (Maunoury) recherchera l'enveloppement de la droite allemande, par le Nord de la Marne.

Le 5 septembre au soir, on lisait à nos troupes le mémorable ordre du jour de Joffre :

Au moment où s'engage une bataille dont dépend le sort du Pays, il importe de rappeler à tous que le moment n'est plus de regarder en arrière, tous les efforts doivent être employés à attaquer et refouler l'ennemi. Une troupe qui ne peut plus avancer devra, coûte que coûte, garder le terrain conquis, et se faire tuer sur place, plutôt que de reculer. Dans les circonstances actuelles, aucune défaillance ne peut être tolérée.

seillers les plus écoutés l'appela au plus haut poste de l'Etat-Major Général, von Moltke, se rendant lui-même compte qu'il n'avait pas les capacités voulues, pria instamment Sa Majesté de n'en rien faire. » (Mémoires du Kronprinz, Payot.)

« On raconte que de Moltke aurait tout d'abord prié l'empereur de ne pas lui confier les fonctions de chef d'état-major, parce qu'il doutait de ses propres capacités. Je sais que cela n'est pas vrai. » (« La bataille de la Marne en 1914 », l'ex-Kronprinz impérial, Payot.)

***

Le Miracle s'accomplit.

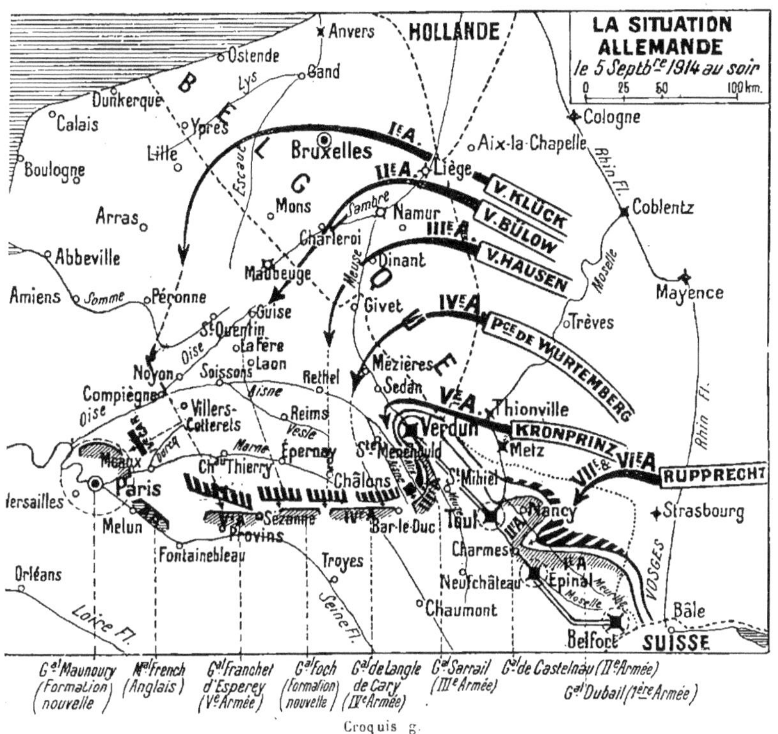

Les armées en présence à la veille de la bataille de la Marne.

Ainsi, à compter du 6 septembre au matin, pendant que
de Moltke cherche à bousculer le centre et la droite de *Joffre*
sur la frontière suisse, *Joffre* cherche à battre l'armée de
Klück et à envelopper la droite de *de Moltke*.

×

A notre aile droite, nos forces de Lorraine contiennent les
efforts de *Rupprecht* devant *la trouée de Charmes* : au Grand
Couronné de Nancy, et à l'est d'Epinal.

A notre centre, des *marais de Saint-Gond* à *Verdun*, les attaques de nos IXe, IVe et IIIe armées se heurtent aux attaques allemandes. *Aux marais de Saint-Gond*, la IXe armée a sur les bras une partie de l'armée *Bülow* et l'armée *Hausen;* à un moment, le 9, elle semble en mauvaise posture, sa droite et sa gauche sont refoulées, son centre plie; mais son chef reste inébranlable. *Foch* ordonne de reprendre l'offensive et fait connaître à notre généralissime que *la situation est excellente.*

A notre aile gauche, dès le 5 au soir, pour se conformer aux ordres reçus, les avant-gardes de l'armée *Maunoury* se portent vers l'Ourcq, afin d'être en mesure de franchir la rivière dans la matinée du 6. De suite, le général commandant le IVe corps de réserve allemand en informe Klück. Celui-ci, qui vient, enfin, d'être éclairé de manière complète par un officier du Grand Quartier Général sur la situation d'ensemble, comprend l'étendue du péril que sa fougue fait courir à son armée et aux communications de toute la droite allemande. Deux par deux (nuit du 5 au 6, et journée du 7), en partant de sa droite, il redresse ses corps d'armée vers l'Ourcq, pour faire face à *Maunoury*. Ce redressement de l'armée de *Klück* vers le nord-ouest s'accomplit avec une rapidité remarquable; mais, s'il a pour effet de paralyser les efforts de *Maunoury*, IL CRÉE AUSSI, ENTRE L'OURCQ ET LA DROITE DE BÜLOW, DEVANT LES ANGLAIS ET NOTRE Ve ARMÉE, UN ÉNORME VIDE DE PLUS DE QUARANTE KILOMÈTRES.

Klück le bouche avec quelques divisions de cavalerie appuyées d'un peu d'infanterie. Pour lui, la précaution est suffisante. Que peut-on redouter des Anglais et de notre V^e armée en déroute?

Franchet d'Espérey, le nouveau chef de notre V^e armée (1), est loin de se douter de sa fortune. Il croit trouver l'armée de *Klück* devant lui quand, le 6 au matin, avec sa vigueur habituelle, il lance sa V^e armée à l'attaque. A sa

____

(1) Pour rétablir la bonne entente avec nos Alliés, le général *Lanrezac*, qui avait eu des démêlés violents avec le maréchal *French*, avait été relevé de son commandement, le 3 septembre.

surprise, il voit sa gauche progresser, de suite, sans difficulté. A compter du 7, il en est de même de son centre et
de sa droite. Avec résolution, il s'engage dans le nord entraînant les Anglais. Pour boucher une partie du vide, Bülow cherche bien à étirer sa droite, mais celle-ci, attaquée
de front, de flanc et débordée, se voit bousculée.

Le 9 septembre, Bülow, dont la droite est menacée d'enveloppement, donne l'ordre à son armée, ainsi qu'à la droite de
l'armée *Haüsen* momentanément sous ses ordres, de battre
en retraite au nord de la Marne. A ce moment, le lieute-

Von BULOW

Chef de la IIe Armée allemande

nant-colonel *Hentsch*, détaché du Grand Quartier Général,
avec pleins pouvoirs pour coordonner les mouvements
des armées en cas de retraite forcée, se trouve auprès de
Bülow. Cet officier gagne au plus vite en automobile le Quartier Général de *Klück*, où, en l'absence de Klück, il expose
au chef d'Etat-Major de la Ire armée (général *von Kühl*) la situation : Bülow bat en retraite, l'armée de Klück va être prise
entre deux feux, entre *Maunoury* et les Anglais. Au nom de
la « Direction Suprême », il ordonne à la Ire armée de rom-

pre la bataille pour aller se reformer derrière l'Aisne, direction générale : *Soissons*. Derrière l'Aisne, l'armée cherchera sa liaison avec l'armée *Bülow* qui se retire derrière la Vesle.

Bientôt, l'ordre de retraite se généralise; il s'étend à l'ensemble des armées allemandes; celles-ci se retirent sur le front indiqué par le croquis F (page 255), devant lequel la marche offensive de nos armées se trouve bloquée.

Alors commence « la course à la mer ».

Chacun des deux camps, faisant en hâte des prélèvements sur son front, cherchera à gagner l'autre de vitesse, pour déborder l'aile adverse découverte. Et cette course ne prend fin que sur les rives de la mer du Nord, après les dures journées de l'Yser.

Les fronts se stabilisent alors, pour plus de trois ans, sur la ligne générale indiquée au croquis F (page 255).

Tel fut, dans ses grandes lignes et dans toute son authentique simplicité, le « miracle » de *la Marne* qui sauva la France et le monde de l'hégémonie allemande.

*
* *

Pourquoi la victoire de la Marne est-elle de caractère miraculeux ?

Pour le comprendre, il est essentiel de connaître la lamentable infériorité dans laquelle se trouvaient nos armées vis-à-vis des armées de l'Allemagne, au début de la campagne, au point de vue *du nombre*, *de l'équipement*, *de l'armement* et de *la préparation au combat*.

×

1. — *Le nombre.*

Le manque de matériel d'artillerie et l'extrême médiocrité de l'encadrement de nos formations de réserve avaient amené notre Commandement à ne faire figurer, dans les premières batailles, qu'un nombre restreint de divisions de réserve, à côté de nos *vingt et un corps d'armée* mobilisés.

L'Allemagne, au contraire, disposait de matériel d'artillerie, et pouvait encadrer ses formations de réserve de manière solide, par des cadres actifs suffisamment nombreux et des cadres de réserve à l'éducation et au prestige desquels elle avait consacré tous ses soins. Aussi, n'hésite-t-elle pas à faire figurer dans les premières batailles qu'elle livre sur notre front, à côté de *vingt-deux corps d'armée* actifs mobilisés, *treize corps d'armée de réserve*, sans compter des formations d'*Ersatz* et de *Landwehr*.

Ce ne fut donc pas notre moindre surprise que de voir apparaître, de suite, sur les champs de bataille, non pas une vingtaine de corps d'armée actifs mobilisés, appuyés de quelques formations de réserve, comme l'on s'y attendait, mais bien *trente-cinq corps d'armée* organisés, se battant tous également bien ! C'est ce large emploi de leurs réserves qui permit à nos adversaires de nous attaquer avec une supériorité numérique considérable, et, par suite, d'« économiser » au bénéfice de leur idée de manœuvre par la Belgique, une formidable masse de *dix-sept corps d'armée*, tout en étoffant de manière suffisante leur centre et leur gauche (1).

×

II. — *L'équipement et le matériel.*

Les guerres récentes du Transvaal, de Mandchourie et des Balkans montrent à l'Allemagne, avec l'importance du camouflage, celle d'un armement de grande puissance de feu.

Fiévreusement, sans perdre un instant, elle emplit ses magasins de tenues *feldgraù;* elle bourre ses parcs de mitrailleuses *excellentes* (sans oublier les artifices lumineux pour les éclairer de nuit ou leur obtenir le secours du canon), d'obusiers légers et lourds de tous calibres, allant du 105^{mm} au colossal 420^{mm}, d'une artillerie lourde longue, puissante et de grande portée, qu'elle dotera, pour son utilisation intégrale, de moyens d'observation lointaine, en multipliant les avions de réglage et les drachen.

Tout cela, pendant que la France se déchire dans une discorde mortelle qui la détourne de son armée, et que, faute de crédits, nous avons recours aux habituels procédés d'atermoiement en prolongeant, de manière indéfinie, les périodes d'études et d'expériences de multiples commissions.

Et puis, pourquoi se hâter? Les socialistes allemands ne nous assurent-ils pas qu'ils se chargent de mater les pangermanistes et d'empêcher la guerre? La presse allemande ne dit-elle pas regrettable de voir les magasins de l'armée encombrés d'un costume de guerre inutile puisque toutes les couleurs sont également visibles (*sic*), nuisible même puisque, triste et sans ornements, il tue le panache générateur d'héroïsme? Cette même presse ne déclare-t-elle pas aussi, les obusiers et l'artillerie de gros calibre uniquement

---

(1) Les Allemands qui avaient livré les batailles frontières avec une supériorité numérique écrasante, auront l'infériorité numérique à la bataille de *la Marne.* En effet, pendant que de Moltke affaiblissait ses forces de sept corps d'armée et demi (cinq corps et demi prélevés sur son aile droite : deux pour la Russie, deux pour Anvers, un pour Maubeuge, une division pour Givet; deux *corps d'armée* prélevés sur son aile gauche pour la Belgique), Joffre, au contraire, faisait donner, pour l'effort suprême, toutes ses formations de réserve de seconde ligne.

propres à alourdir et encombrer les colonnes, à freiner cette mobilité indispensable dans une guerre de mouvement? etc...

Les jours passent, et quand, équipée d'une manière qu'elle juge parfaite, en possession d'un armement qu'elle sait d'une puissance de feu écrasante, l'Allemagne submerge l'armée française dans le flot de ses forces, la France ne peut montrer, comme fruit de l'expérience des guerres récentes, qu'une modeste coiffe de toile bleue dont en hâte, à la mobilisation, on couvre le rouge de nos képis; et aussi une innocente plaquette dite « Malandrin » pouvant s'adapter à l'extrémité de l'ogive de nos obus, suffisante pour transformer notre canon de 75 en obusier!

La France, « le banquier du Monde », n'avait, il est vrai, nullement obéré ses finances!

Nous possédions bien, — en nombre insuffisant, du reste, — le canon de 75^{mm}, servi par des artilleurs sachant en utiliser les ressources avec une virtuosité remarquable; incontestablement, ce canon était supérieur au 77 allemand, mais, comme nous ne l'avions doté d'aucun moyen d'observation lointaine (avion et drachen), il était aveugle non seulement dans les régions ondulées ou couvertes mais encore aux grandes distances. Aussi n'avions-nous pas envisagé son emploi au delà de 5 kilomètres. En prenant position au delà des limites de son action, l'artillerie ennemie pourra le maîtriser impunément.

×

III. — *La préparation au combat.*

Longuement et soigneusement, l'armée allemande a été « mécanisée » dans des méthodes de combat tenant compte des effets du feu et de la psychologie du combattant. C'est ainsi qu'au début de la guerre, les Allemands nous attendent, tout d'abord, dans des retranchements qui les cuirassent; puis, leurs feux d'infanterie et d'artillerie bien ajustés ayant décimé nos attaques, ils passent, à leur tour, à l'offensive pour bousculer notre infanterie accablée et désorganisée par le feu. Ou bien, s'ils prennent l'initiative de l'offensive, ils ne lancent leur infanterie à l'attaque que lorsque

leur artillerie a violemment martelé notre front, bien défini
au préalable par une poussière de leurs tirailleurs et par leur
aviation. Enfin, l'on voit leurs plus petites fractions d'infanterie utiliser de manière remarquable les couverts du sol ou
les intervalles privés de feux, pour se glisser avec souplesse
dans le dos de notre infanterie afin de l'amener à renoncer
à la lutte, en faisant naître chez elle cette sensation d'impuissance que crée l'enveloppement, ou simplement, l'illusion de l'enveloppement.

Dans l'armée française, au cours de « grandes manœuvres » ou de courtes périodes dans les camps d'instruction,
nous avions pu nous entraîner à la tactique de marche et aux
évolutions. Mais, faute de terrains de manœuvre avoisinant
nos garnisons, nous n'avions pu nous « mécaniser » dans le
combat. Nous avions bien des règlements, mais à quoi ser-
vent les règlements sur le champ de bataille si l'on n'a pu
les mettre, au préalable, en application de manière presque
journalière, afin d'en faire entrer la pratique dans les habitudes. Comme le dit fort justement le général *Lanrezac* (1) :
*la tactique est un métier; dans ce métier comme dans tous
les autres, on ne parvient à la maîtrise qu'à force de pratique.*

Faute d'avoir pu suffisamment cultiver nos réflexes, nous
étions condamnés, au cours des premières rencontres, à n'o-
béir qu'aux instincts impétueux de notre race, c'est-à-dire,
condamnés ainsi que l'ennemi s'y attendait, à nous précipiter tête basse, droit devant nous, sur des mitrailleuses invisibles dont les servants, non soumis au feu de notre artillerie,
restaient libres de servir leurs machines, tout à leur aise.

× ×

Les côtés miraculeux.

Seules, la bravoure de nos soldats, la vigueur de nos cadres, la culture intellectuelle de notre commandement et de
nos états-majors pouvaient être mises en parallèle avec celles des Allemands.

______

(1) Général LANREZAC : « Le plan de campagne français ».

A tous les autres points de vue, en 1914, nous étions vis-à-vis d'eux dans des conditions d'infériorité telles, que la Fortune ne pouvait nous sourire.

Une manœuvre créant une menace sérieuse pour les communications de l'armée allemande pouvait donc, seule, refouler l'invasion. Mais encore, fallait-il, pour que nous puissions l'exécuter, que l'ennemi vînt à commettre la faute grave de découvrir l'une de ses ailes ou de souder insuffisamment ses armées au point de laisser entre deux d'entre elles un large intervalle, comme celui que nous trouvons à la Marne, entre l'armée de *Bülow* et celle de *Klück*, PAR MIRACLE!

A la Marne, tout concourt miraculeusement encore, à notre salut :

Pour exploiter les fautes du généralissime allemand, *de Moltke*, et celles du chef de son armée d'aile droite, *von Klück*, nous trouvons :

— dans notre généralissime *Joffre*, un chef aux nerfs inébranlables, qui conserve la tête froide dans les circonstances les plus tragiques et sait assumer les responsabilités les plus lourdes;

— dans notre Gouverneur de Paris, *Gallieni*, un homme d'une activité d'esprit, d'une clairvoyance et d'une intelligence de la guerre remarquables;

— dans *Maunoury*, *Franchet d'Esperey* et *Foch*, des exécutants d'une vigueur et d'une discipline intellectuelle magnifiques.

Mais, la gravité des fautes de l'ennemi et les dons splendides de nos chefs n'auraient pu, à eux seuls, faire que la France fût sauvée; il fallait encore trouver chez nos soldats ce ressort et cet esprit de sacrifice tenant du merveilleux qui, après tant de dures déceptions et de cruelles épreuves, leur firent entreprendre cette bataille — pour la plus grande surprise de l'adversaire — avec la foi, la vigueur et la volonté des premiers jours.

Quoi de plus miraculeux aussi que de voir cette victoire déterminée, *en fait*, par la manœuvre des troupes de *Charleroi* et de *Mons*, celles-là mêmes qui venaient d'échapper au guet-apens de Belgique? Depuis la Sambre, elles n'ont connu que la halte d'un jour, dure et sanglante, du *Cateau*, ou de *Saint-Quentin* ou de *Guise*. Pendant deux longues semaines, elles ont battu en retraite sur 250 kilomètres, peu et mal nourries, sans cesse talonnées par l'ennemi, marchant la nuit, le jour, leurs colonnes, la plupart du temps, encombrées de vieillards, de femmes, d'enfants, belges ou français, fuyant éperdus leurs foyers en flammes et les horreurs de troupes jalouses des lauriers des hordes d'Attila. J'ai vécu leurs épreuves puisque j'avais alors l'honneur de commander un régiment de la Ve armée. Les corps étaient brisés; mes Bretons marchaient comme des automates, les pieds ensanglantés; beaucoup portaient leurs souliers à la main. Mais la confiance et la volonté se lisaient dans leurs yeux, auxquels pourtant l'épuisement et la souffrance attachaient souvent des larmes. L'espoir qui les soutenait était celui de voir, bientôt, le terme de cette interminable retraite, afin d'attaquer à nouveau un ennemi pour lequel, d'heure en heure, leur cœur s'emplissait de plus en plus de haine.

Jamais je n'ai vu l'âme mieux dominer le corps!

Le miracle est fait de tout cela.

×

La Marne, qui nous sauvait d'une ruine irrémédiable, ne marquait pas, certes! le terme de nos épreuves. Alors que la Russie a pu concentrer ses forces, alors que l'Italie se range à nos côtés, et que, chaque jour, Kitchener grossit les contingents anglais, l'énorme supériorité numérique des Alliés reste toujours impuissante derrière les réseaux de fils barbelés, *faute de matériel*. Pendant des mois et des mois, la France devra couvrir son territoire d'usines et d'usines; sans relâche, de jour et de nuit, celles-ci forgeront, pendant qu'à flots abondants coulera le sang de nos enfants, que se feront entendre les sanglots des mères, — et que, parallèlement, l'Allemagne, avec une activité non moins fiévreuse, chaque jour, augmentera encore et perfectionnera ses armes.

* *
*

Les enseignements du Miracle.

Que la Nation se frappe la poitrine!

Puisque je me suis fait un devoir de conscience patriotique de souligner aux yeux du public l'étendue de notre impréparation à la guerre en 1914, — *les erreurs, seules, enseignant de manière puissante*, — il me reste maintenant à indiquer le véritable responsable de nos épreuves.

Oh! j'entends les endormeurs : — « Qu'on attende pour aborder pareil sujet, que le feu des passions se soit éteint! » disent-ils. Plus tard? mais, sait-on ce que nous ménage l'avenir, en dépit de notre pacifisme profond, de l'esprit de *Locarno*, de « la Société des Nations », et du pacte *Kellogg?* Est-ce que quelques années avant 1914, à l'initiative du malheureux tsar *Nicolas II*, une cour d'arbitrage ne s'était pas installée à *La Haye?* En juillet 1914, nous y avons convié l'Allemagne; elle nous a répondu en précipitant le torrent de ses armées à travers la Belgique et cela, qu'on en soit assuré, non *parce que nous avions préparé la guerre*, comme certains voudraient le laisser entendre au Pays, mais bien *parce que nous ne l'avions pas préparée* MATÉRIELLEMENT. C'est ainsi que l'Allemagne, qui avait admirablement pénétré nos faiblesses, se flattait de nous écraser en quelques semaines, comme le proclamait son Empereur à ses troupes partant pour nos frontières.

Pour que le peuple français comprenne enfin les nécessités de la défense nationale, il n'existe pas d'autre moyen que d'avoir le courage de l'éclairer loyalement.

J'ai dit, plus haut, l'état d'esprit de *la majorité* de la Nation dans les années qui suivirent immédiatement celle de 1896, alors que l'Allemagne s'armait jusqu'aux dents et multipliait ses entreprises pour entretenir notre aveuglement.

A pareille époque, devant l'abandon de la France, pour ce qui concernait la défense de ses frontières, la courte scène suivante n'aurait-elle pas été vraisemblable :

Le moment venu, la serviette bourrée de dossiers justifiant les demandes de crédits pour achats de terrains de manœuvre et de matériel, le chef de l'Etat-Major général franchissait, d'un pas hésitant, la porte du cabinet de son Ministre.

Après un bref examen, le Ministre résumait son avis :

« Eh oui! mon cher général, je comprends comme vous la nécessité de tout cela, mais le feu n'est pas à la maison, et vous n'ignorez pas nos difficultés à résoudre une foule de questions d'intérêt social de grande urgence. Aux Finances, de manière pressante, on me demande des économies; le moment est donc inopportun! Faites-moi confiance, je m'engage à préparer l'opinion de mes collègues du Cabinet et du Parlement et, l'an prochain nous traiterons la question. »

L'année suivante, la petite scène se renouvelle, sous une forme un peu différente peut-être, mais sa conclusion est identique.

Et les choses vont ainsi jusqu'à ce que l'orage se forme. Alors, en hâte, l'on prend mille décisions pour sauver la France, mais il est trop tard : on n'improvise pas la défense d'un Pays. Et quand éclate l'orage, l'armée part aux frontières, mal équipée, mal armée, insuffisamment préparée au combat.

Où est le responsable?

Le Ministre de la guerre? Non, car s'il avait entendu batailler pour faire incorporer au budget les quelques millions nécessaires, on l'aurait remercié. Le député? Pas plus. Sauf le cas des moments tragiques, de péril imminent, — à l'heure tardive où le souffle purifiant du patriotisme élève les cœurs et dessille les yeux, — comme le commun des hommes, le député soigne d'abord ses intérêts, c'est-à-dire sa réélection (il ne s'agit ici que de *la majorité*, bien entendu!) Or, pouvait-il impunément mécontenter des électeurs extrêmement amoureux du « bas de laine », ayant la phobie des contributions et *comprenant mal, désormais, la nécessité d'assurer la défense nationale* (1)? Souvenons-nous du subterfuge financier qu'on dut, déjà, employer pour doter l'armée de la seule arme que nous possédions en 1914, qui fût digne de figurer dans un conflit avec l'Allemagne, — notre canon de 75, — sans que nos députés eussent à voter un nouvel impôt.

(1) Si nous voulons comprendre tous les actes des politiciens, nous devons nous souvenir que, d'une manière générale, le goût du pouvoir oblitère la conscience de l'homme.

Mais alors, dira-t-on, avec le suffrage universel, moralement, il n'y a donc plus de responsables pour ce qui concerne les choses intéressant la défense nationale?

Moralement, il n'y en a pas d'autre que *l'opinion de la majorité des électeurs*, et c'est pourquoi nous devons éclairer notre peuple, qui est si généreux et si courageux quand la tempête se déchaîne mais si enclin aussi à se laisser vivre, dès que reviennent les beaux jours.

Si la Nation avait su de quel prix elle devait payer notre impréparation matérielle à la guerre, soit : plus de quatre années de calamités effroyables, la fleur de sa jeunesse fauchée, — plus de treize cent mille tués, huit cent mille mutilés, — sans compter des centaines de milliards de francs-or engloutis, croit-on qu'elle aurait chassé le député qui aurait eu le courage de voter les trois ou quatre milliards de francs qu'exigeait au total notre préparation matérielle à la guerre? Que représentait, pour le pays, cette modique prime d'assurance contre la guerre, à côté de ce que lui a coûté la guerre?

En 1914, presque toutes les lettres trouvées sur l'ennemi, *à la Marne*, nous révélaient le mépris profond que les Allemands — et les Allemandes — professaient à notre endroit, au début des hostilités. Nous étions pour eux : *ces « frivoles » Français destinés à être écrasés en quelques jours!* A compter de *Verdun* et de *la Somme*, c'est-à-dire en 1916, alors que nos canons et nos mitrailleuses commençaient à valoir les leurs en nombre et en puissance, les Allemands — et les Allemandes — modifièrent entièrement leur opinion à notre égard. Leurs lettres, pleines de colère, nous traitaient alors en termes les plus crus; nous étions devenus : ces « coch... de Français » (*sic*) avec qui, il fallait traiter au plus vite (1).

Il est hors de doute que si, en 1914, les Allemands avaient su notre défense assurée, si nous avions été alors ce que

______

(1) Ceux qui connaissent la mentalité allemande n'y trouveront rien de surprenant; les autres pourraient croire que j'exagère, ou que j'écris avec mon imagination. Il m'a fallu prendre connaissance de ces lettres et pour que, plus tard, ma mémoire ne puisse me trahir, j'ai consigné ces passages typiques (avec d'autres, mais ceux-ci suffisent!) dans les cahiers de mes souvenirs de guerre.

nous devions devenir pour eux, en 1916 : des ennemis redoutables, nous n'aurions pas vu, en 1914, leur Empereur, après les fameuses conversations de *Postdam* des 5 et 6 juillet (1), monter négligemment sur son yacht pour aller respirer, sur la mer du Nord, la rafraîchissante brise d'été, pendant que ses diplomates et ceux de l'Autriche brouillaient les cartes! *Guillaume II* se fût, au contraire, empressé de courir à Vienne, où il eût invité son « brillant second », l'Empereur *François-Joseph*, que la sénilité rendait irresponsable, à remettre les choses au calme, sur l'heure!

Il n'est pas aujourd'hui un Français de bon sens qui ne maudisse la guerre et qui, pour affermir la paix, ne soit prêt à faire taire ses justes haines pour l'odieux agresseur de 1914, en dépit des horreurs commises sur notre territoire et sur celui de la Belgique, en dépit de nos souffrances, de nos deuils et de nos ruines. Un peuple — fier et brave comme le nôtre, — a-t-il jamais fait plus lourd sacrifice à la paix?

Mais pourrions-nous croire que cela suffise à nous abriter du fléau de la guerre? Il faudrait être d'une confiance par trop impénitente, avoir la mémoire courte, oublier la leçon d'hier, et le mépris pour la cour de *La Haye* et la triste histoire de ce « chiffon de papier » sur lequel reposait en partie notre sécurité, en même temps que la tranquillité de la malheureuse Belgique.

Ils sont déjà nombreux ceux qui croient, — ou feignent de croire, — à l'universelle concorde. Cherchons sincèrement à l'établir et faisons tous nos efforts pour la maintenir. Mais restons prudents! Mal protégée, la vitrine d'une précieuse bijouterie attire l'entreprise du cambrioleur : la richesse minière de nos provinces du Nord et du Nord-Est ainsi que notre magnifique empire colonial représentent également de précieux joyaux, qui exciteront toujours les convoitises! Ne tentons plus, par notre faiblesse, une nation surpeuplée, ambitieuse, belliqueuse, et — nous sommes

---

(1) Les déclarations du baron *Wangenheim*, ambassadeur d'Allemagne en Turquie, montrent que la guerre y avait été décidée, en principe. (Voir Raymond POINCARÉ : « Au service de la France », tome IV.

payés pour le savoir! — dénuée de scrupules. Ne lui laissons plus espérer, comme en 1914, qu'elle pourrait s'en emparer en un tournemain, au prix d'une guerre de quelques semaines.

×

Méfions-nous des optimistes béats!

Quelques années avant 1870, le maréchal Niel, ministre de la guerre, alarmé de notre faiblesse militaire alors que nous nous trouvions en présence d'une Prusse militarisée à outrance, demandait l'organisation, l'armement et l'instruction rationnelle de la garde nationale mobile. — « Voulez-vous donc faire de la France une caserne? » lui dit un homme d'État des plus connus. Le mot eut un gros succès, il porta un coup mortel aux projets du maréchal, et ceux-ci ne reçurent qu'une réalisation illusoire.

Comme on n'attaque que les faibles, quelque temps après venait la *dépêche d'Ems* et nous subissions, avec la honte de *Sedan*, le traité de *Francfort*.

L'histoire n'est bien qu'un éternel recommencement! Quelques années avant 1914, l'un de nos ministres de la guerre — un militaire, — devait prononcer des paroles qui resteront non moins fameuses. Alors qu'on se lamente en sa présence au sujet de notre impréparation matérielle à la guerre. le Ministre semble absent, comme indifférent à la question. Brusquement, il dévoile la raison de sa quiétude. — « A quoi bon se faire tant de mauvais sang, dit-il, *puisque nous n'aurons jamais la guerre!* »

La prophétie était d'autant plus rassurante qu'elle sortait de la bouche d'un érudit doué d'une de ces intelligences brillantes, séduisantes, dites aussi de pénétration rare, jonglant avec les problèmes pleins de mystères. C'est ainsi qu'un jour, alors qu'il n'était qu'un modeste capitaine d'artillerie dans une petite garnison du centre, le futur Ministre démontra l'existence de Dieu à l'un de ses amis (1), au moyen d'une succession d'équations couvrant un tableau noir, et dont il soulignait avec feu, de la pointe de son sabre, le ju-

---

(1) Je tiens l'anecdote de la bouche de ce dernier.

dicieux et merveilleux enchaînement. Le polytechnicien usait ainsi, avec humour, de la particularité bien connue que présentent les mathématiques, celle de permettre de démontrer tout ce que l'on veut, à la condition de partir d'une hypothèse complaisante.

Quand, plus tard, le Ministre déclarait la guerre abolie, il partait évidemment de l'hypothèse que tous les hommes sont des sages. En cela, certainement, il confondait l'exception avec la règle.

Moins de cinq ans après, les Allemands étaient aux portes de Paris, et notre gouvernement, à Bordeaux!

×

Humanitaire et pacifiste convaincu, *Vernon Kellogg*, professeur à l'Université de Stanford (Californie), fut détaché en Belgique, en 1915, d'abord comme membre, puis comme directeur de la commission américaine chargée d'assurer le ravitaillement en vivres des provinces belges et françaises envahies. Il vécut longuement alors auprès du Grand Quartier Général allemand où il se trouva en contact avec des savants allemands, philosophes ou biologues comme lui, et voici comme il nous dépeint leur mentalité.

« Le credo de l'*Allmacht* (la toute-puissance) d'une sélection naturelle basée sur une lutte violente et fatale entre les espèces rivales, est l'évangile des intellectuels allemands; hors de là tout n'est qu'illusion et anathème. Ils n'admettent le principe de l'entr'aide qu'avec des réserves, limitant son application à certains groupements et dans certaines circonstances... Mais, de même qu'en ce qui concerne certaines espèces de fourmis, la lutte — une lutte âpre, impitoyable — est de règle parmi les divers groupements humains (1). »

En somme, pour les peuples, le combat est la rançon de la vie : celui qui laisse tomber ses armes est appelé à disparaître. Au demeurant, depuis longtemps cette philosophie darwinienne qui fait table rase de toute flamme généreuse, de celle du cœur comme de celle de l'âme. se trouvait brutalement exprimée par ces mots fameux attribués à Bismarck : « La force prime le droit. »

---

(1) Vernon Kellogg : « Mes soirées au Grand Quartier Général » (Payot)

Pareille doctrine, qui laisse l'existence des nations sous la perpétuelle menace d'une politique dégagée de tous scrupules de morale ou d'humanité, devait éclairer *Vernon Kellogg* :

« Et si j'étais parti d'Amérique en éprouvant une sainte horreur de la guerre, ce fut avec un sentiment d'horreur encore plus intensifié que j'y rentrai, car j'avais vu de la guerre son côté le plus odieux : cette dévastation systématique des territoires envahis, ces abominables misères imposées aux habitants, qui sont plus pénibles à contempler que le spectacle des combats eux-mêmes. C'est pourquoi je souhaite du fond de l'âme la fin de toutes les guerres!

» *Mais je suis convaincu que cette fin ne pourra jamais venir tant qu'il existera sur terre quelque peuple imbu d'une philosophie tendant à considérer la guerre comme un instrument de progrès humain* (1). »

Le Monde verra-t-il un jour le droit primer la force? Souhaitons-le! En attendant, tout en « portant toujours plus haut le flambeau d'un grand idéal d'humanité », si nous aimons la France, veillons à la solidité de sa cuirasse, et que les vaines querelles intérieures ne viennent plus nous aveugler. Le pays qui a engendré le soldat de Verdun ne saurait mériter le sort de Byzance.

Paris, février 1929.

---

(1) Vernon Kellogg, *loco citato*.

ANNEXE B

Prise du fort de Douaumont par les Allemands (25 février 1916)

[*Extraits d'une lettre du gardien de batterie Chenot au capitaine de Sambœuf (datée d'Uruffe, le 21 janvier 1929) et de déclarations complémentaires écrites faites par Chenot au général Passaga.*]

J'ai eu beaucoup à regretter le départ de la 9ᵉ compagnie du 164ᵉ régiment qui était instruite pour le service du fort. Jusqu'à la suppression de la garnison d'infanterie du fort, j'ai vu arriver au fort, pour la remplacer, une compagnie de territoriaux, puis une compagnie du 164ᵉ régiment de réserve. Quand on a également fait partir la batterie active du 5ᵉ d'artillerie à pied, il m'a fallu dresser au service des tourelles des artilleurs territoriaux. En janvier 1916, ces équipes avaient été envoyées aux Éparges pour y réparer la voie Decauville, quand le général Boichut vint visiter le fort. Comme il me demandait si nous pouvions assurer le service des tourelles, je lui déclarai qu'il n'y avait que douze hommes au fort, encore douze malades. Cinq ou six jours après, les équipes d'artilleurs de retour des Éparges, revenaient au fort.

Un bataillon du 73ᵉ régiment d'infanterie territoriale qui stationnait aux environs nous avait fourni des équipes pour servir les tourelles de mitrailleuses de Douaumont, Thiaumont et Froideterre. Mais en janvier 1916, ce bataillon partit, emmenant avec lui les équipes des tourelles.

Pour la défense rapprochée, le fort disposait d'un lot de 50 fusils Gras, avec un approvisionnement de douze cartouches par fusil.

Le fort n'avait plus de vivres de réserve. Un peu avant l'attaque, en prévision d'une difficulté d'approvisionnement par l'extérieur, le commandant de la 8ᵉ batterie territoriale m'avait fait remettre 58 rations.

Le 21 février, le bombardement du fort a commencé vers 7 heures du matin; il s'est poursuivi sans interruption. Les observatoires du fort ayant été démolis, les instruments d'optique et de visée des deux postes d'observation furent réclamés par le commandant du secteur, à Souville.

L'entrée du fort et celle des casemates n'étaient pas fermées. Les portes étaient brisées ou ballantes et le pont-levis ne pouvait se lever, par suite des explosions du 420. Du reste, nous ne nous croyions nullement exposés à une surprise; nous savions de nombreuses troupes françaises en avant de nous.

Lorsque je demandais des artilleurs pour servir les coffres, l'on me répondait qu'on m'en donnerait si la défense extérieure venait à être refoulée. Je n'ai vu venir personne.

Les Allemands sont entrés dans le fort vers 5 heures (je n'ai pas consulté de montre). Dix minutes avant, sous l'éclatement des obus, le fort tremblait sur ses bases. J'ai toujours pensé que les assaillants avaient fait suspendre le bombardement.

Je crois qu'ils sont descendus dans le fossé du front de tête par la brèche qui avait été faite dans la contrescarpe, près du coffre de droite, parce que c'est par cette brèche qu'ils nous ont fait sortir du fort pour nous amener à Ornes, le 27 février, avant de nous faire prendre le chemin de la captivité. Mais je suis certain que, le 25, ils n'ont pu s'introduire dans le fort par la gaine du coffre qui était fermé. Ils n'ont pu, non plus, franchir le fossé du front de tête dans sa partie ouest, le village de Douaumont et ses abords étant tenu par les Français, ou bien contourner le fort pour entrer par la gorge, l'abri de combat de la Caillette étant également tenu par les Français.

Personnellement, j'ai vu dans le fort une centaine d'Allemands, dont un capitaine. Il n'y avait pas d'Allemands habillés en zouaves. Je n'ai pu voir partout, le fort est grand, mais s'il en avait été autrement, je l'aurais su par les artilleurs quand on nous a tous enfermés dans la chambre noire, au-dessus du magasin à poudre.

Les Allemands ont fait prisonniers :

56 artilleurs, le soldat d'infanterie Mayet, lampiste laissé au fort par la 9ᵉ compagnie du 164ᵉ régiment, une corvée d'observateurs occupée, depuis le 10 février, à construire un observatoire non encore terminé; un sergent du génie arrivé, le 25 au matin, pour aider à faire sauter les organes défensifs du fort (un officier du génie devait le rejoindre), six artilleurs du 102ᵉ régiment qui armaient une batterie de 155ᵐᵐ court, au sud du fort, et qui étaient venus s'abriter dans le fort.

Il n'y avait pas d'officier dans le fort; j'étais le plus élevé en grade. Les Allemands me désignaient, en effet, comme le commandant du fort, mais je ne commandais rien du tout. Quant à la remise de l'épée, c'est inventé de toutes pièces.

Lors de l'arrivée des Allemands, seule la tourelle de 155ᵐᵐ tirait. Nous n'avions pas encore utilisé la tourelle de 75ᵐᵐ, parce que jusqu'alors nous pensions l'ennemi hors de la portée d'un 75 de tourelle. Le 25, une demi-heure avant l'arrivée des Allemands, un observateur de l'extérieur étant venu nous dire que l'ennemi tenait le bois et le plateau des Caurières, et cette région étant à portée du 75 de tourelle, de suite, les éléments de tir furent déterminés. Mais l'équipe chargée de l'exécution du tir (dix artilleurs environ et deux sous-officiers) fut capturée dans la rue du Rempart, alors qu'elle se rendait à la tourelle du 75.

Exceptés le brigadier d'ordinaire et deux canonniers partis au bois de la Caillette (pour le ravitaillement), ainsi que le canonnier Aubert (épuisé par ses fonctions de chargeur, il avait demandé à aller se reposer dans la chambre), tous les autres artilleurs du fort servaient la tourelle de 155ᵐᵐ et tombaient de fatigue quand les Allemands entrèrent dans le fort. Ils trouvèrent Aubert et lui dirent d'aller chercher le commandant du fort (car c'est le titre qu'ils m'ont donné). Vous pensez quelle fut notre stupéfaction. J'ai dû me rendre dans le couloir central où se trouvait l'officier avec une partie de sa troupe (1).

Chenot, gardien de batterie en retraite.

---

(1) Il y a lieu de remarquer que ces déclarations ne contredisent en rien le récit de Brandis. Ce dernier nous dit que son petit détachement s'est servi de perches pour descendre dans le fossé du fort. Le procédé est classique et il est naturel que l'infanterie chargée de donner l'assaut ait été munie de perches.

ANNEXE C

Les éditeurs tiennent à terminer cet ouvrage par la reproduction des ordres du jour du général Passaga, lors des immortelles journées de Verdun du 24 octobre et du 15 décembre 1916. Ces ordres dont les originaux sont au Musée de Verdun, ont été reproduits par toute la presse de l'époque.)

Journée du 24 octobre 1916

« La Gauloise ».

ORDRE N° 33.

Officiers, sous-officiers, chasseurs et soldats de « la Gauloise »!

Depuis huit mois, l'ennemi, l'envahisseur exécré, voit l'héroïsme de nos soldats lui barrer la route de Verdun.
L'heure est venue d'en finir!
A nos divisions revient l'honneur insigne de marquer sa défaite de manière éclatante. Demain, nous lui arracherons un large lambeau de cette terre où tant de nos héros reposent dans leur linceul de gloire!
A notre gauche combattra une division déjà illustre, composée de marsouins, de zouaves et d'Africains : on s'y dispute l'honneur de reprendre le fort de Douaumont.
Que ces fiers camarades sachent qu'ils peuvent compter sur nous pour les soutenir, et même leur ouvrir la porte... et aussi, partager leur gloire!
— « La Gauloise » sort du berceau, mais son âme est de flamme!
Officiers, sous-officiers, chasseurs et soldats! Vous accrocherez la croix de guerre à vos drapeaux et à vos fanions. Du premier coup, vous hausserez votre renommée jusqu'à celle de nos régiments et de nos bataillons les plus fameux!
La Patrie vous bénira!

Au P. C., le 20 octobre 1914.

PASSAGA.

« La Gauloise ».

ORDRE N° 39.

Officiers, sous-officiers, chasseurs et soldats de « la Gauloise »!

Le 24 octobre vous vous êtes couverts de gloire!
En précédant les marsouins en avant du fort de Douaumont, vous leur avez montré combien était justifiée la confiance qu'ils mettaient en vous!
Vous avez fait plus de 2.500 prisonniers et pris un matériel de guerre considérable.
En quelques heures, vous avez enlevé le célèbre quadrilatère Douaumont - Fleury - Chapelle-Sainte-Fine - Village de Vaux, cirque infernal où, par milliers et par milliers, se sont entassés les corps glorieux des fils de France tombés pour nos foyers!
Soldats! Quand vous direz que le 24 octobre 1916 vous combattiez dans les rangs de « la Gauloise », les fronts s'inclineront devant vous!

Tourelle de Souville, 26 octobre 1916.

Verdun.

PASSAGA.

Journée du 15 décembre 1916

« *La Gauloise* ».

ORDRE N° 82.

Officiers, sous-officiers, chasseurs et soldats de « la Gauloise »!

On vous demande un nouvel exploit!

Du balcon d'Hardaumont, l'ennemi voit encore l'enclos glorieux où il croyait décider des destinées de la France!

A vous revient l'honneur d'enlever ce plateau avec ses ouvrages d'Hardaumont, de Josémont, du Muguet et de Lorient... et de pousser vos baïonnettes jusqu'au delà de celui de Bezonvaux!

A votre gauche combattra une belle division composée de fiers régiments; c'est la sœur de votre glorieuse compagne du 24 octobre!... Elle sait, du reste, qu'elle peut compter sur vous !

Vous serez appuyés par une artillerie formidable; et derrière vous, d'autres divisions seront prêtes à vous soutenir.

Soldats des régiments de Nouvron-Douaumont et de Védegrange; chasseurs des bataillons de Seppois, du Bois-Volant, de Navarin et du Schönholz, rien ne fera fléchir votre courage!

Vous ajouterez à vos drapeaux et à vos fanions, le lustre d'une deuxième journée immortelle!

Vos fourragères diront le couronnement magnifique de l'œuvre de l'armée de Verdun!

Au P. C., le 12 décembre 1916.

PASSAGA.

« *La Gauloise* ».

ORDRE N° 87.

Bravo! Soldats des régiments de Nouvron - Douaumont et de Védegrange - Hardaumont;

Bravo! Chasseurs des bataillons de Seppois, du Bois-Volant, de Navarin et du Schönholz;

Bravo! Artilleurs et sapeurs de Marceau.

La journée du 15 décembre, après celle du 24 octobre, assure à vos drapeaux et à vos fanions une gloire impérissable.

En quelques instants, vous avez enlevé les hauteurs retranchées d'Hardaumont d'où l'ennemi semblait encore menacer Verdun, et porté vos baïonnettes au delà de Bezonvaux!

Vous avez anéanti près de deux divisions allemandes. Ceux qui vous ont résisté sont morts ou sont à l'ambulance. Plus de trois mille ennemis valides, dont cent trois officiers sont restés entre vos mains!

Vous avez pris dix-sept pièces de campagne, vingt-sept pièces de gros calibre, deux pièces à grande puissance, de nombreux canons de tranchée, un matériel de guerre considérable!

Camarades! Saluons fièrement ceux des nôtres dont la vie a payé ce triomphe! Ils ne sont pas morts! Nobles martyrs de la plus juste des causes, leur âme généreuse, dans les luttes futures, fera rayonner sur nous l'amour sacré d'une Patrie chérie, indignement souillée!

Tourelle de Souville, 17 décembre 1916

PASSAGA

TABLE DES MATIÈRES

Pages.

Verdun en 1917.

Verdun, pivot de la bataille suprême.

Épilogue 261

Annexe.

Photographies.

Croquis donnés dans le texte :

Cartes à la fin du volume :

N° 2091. — CHARLES-LAVAUZELLE ET Cⁱᵉ. — PARIS, LIMOGES, NANCY. — 1929.

Carte I.

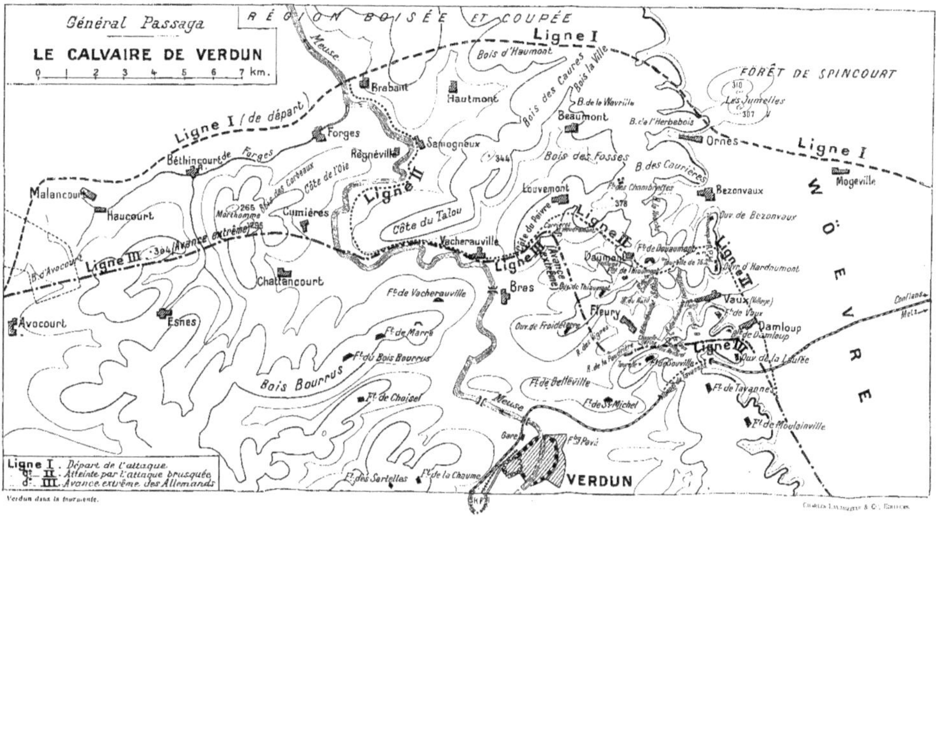

Général Passaga
LE CALVAIRE DE VERDUN
0 1 2 3 4 5 6 7 km.
RÉGION BOISÉE ET COUPÉE
Ligne I
Ligne I (de départ)
FORÊT DE SPINCOURT
Les Jumelles
310
307
Meuse
Brabant
Hautmont
Bois d'Haumont
Bois des Caures
Bois la Ville
B. de la Wavrille
Beaumont
B. de l'Herbebois
Ornes
Ligne I
Mogeville
Forges
Béthincourt
de Forges
Samogneux
Régnéville
344
Bois des Fosses
B. des Caurières
Malancourt
Haucourt
Bois des Corbeaux
Côte de l'Oie
265
Morthomme
295
Cumières
Ligne II
Côte du Talou
Louvemont
Ft des Chambrettes
378
Bezonvaux
Ouv. de Bezonvaux
WÖEVRE
Ligne III
304
(Avance extrême)
B. d'Avocourt
Vacherauville
Côte du Poivre
Carrières
Ligne III
(Avance extrême)
Ligne II
Ft de Douaumont
Douaumont
Ft de Thiaumont
Ouv. de Thiaumont
Ouv. d'Hardaumont
Ligne II
Chattancourt
Ft de Vacherauville
Bras
Fleury
Vaux (Village)
Ft de Vaux
Damloup
Bie de Damloup
Conflans
Metz
Avocourt
Esnes
Ft de Marre
Ouv. de Froideterre
R. des Vignes
R. de la Poudrière
Ligne III
Ft de Souville
Ouv. de la Laufée
Ft du Bois Bourrus
Bois Bourrus
Ft de Belleville
Ft de Tavannes
Ft de Choisel
Meuse
Ft de St Michel
Ft de Moulainville
Gare
Fbg Pavé
VERDUN
Ft des Sartelles
Ft de la Chaume
Ligne I. Départ de l'attaque.
d° II. Atteinte par l'attaque brusquée.
d° III. Avance extrême des Allemands.

Verdun dans la tourmente.

Charles Lavauzelle & Cie, Éditeurs.

Carte II.

344
Bois des Fosses
Bois des Caurières
après le 15
Ft des Chambrettes
Ravin des Rousses
& Fontaines
Bezonvaux
Ouv. de Bezonvaux
Louvemont
378
Front français
Côte du Poivre
Bois la Vauche
Bois Hassoule
347
Carrières d'Houdromont
B. le Chaume
R. du Helly
Front français
Plateau d'Hardaumont
Ouv. Josémont
Ouv. Lorient
O. Muguet
O. d'Hardaumont
Vacherauville
Front français
Douaumont
Ray. de la Couleuvre
Ft de Douaumont
Tourelle de 75m.
avant le
R. de la Fausse Côte
R. des
Meuse Fl.
Canal
Bras
Rav. de la Dame
Ferme de Thiaumont
Bois de la Caillette
Vauxe
Ft de Vaux
Ouvrage de Thiaumont
R. de la
Damloup
Etang
R. des Fontaines
Bois Fumin
B. de Damloup
Ravin du Bazil
R. de la Horgne
Ravin des
Ouvrage de Froideterre
Fleury
(Emplacement)
Bois de Vaux-Chapitre
24 Octobre
Décembre
15 Décembre
avant le
La Haie Renard
Ouv. de la Laufée
Ravin des Vignes
Chapelle Ste Fine
V. Verdun
Ravin de la Poudrière
Tourelle de Souville
Ft de Souville
Tunnel de Tavannes
Canal
Ft de Belleville
Ft St Michel
Ft de Tavannes
W Œ E V R E
N
0   1   2 km.

Carte III.

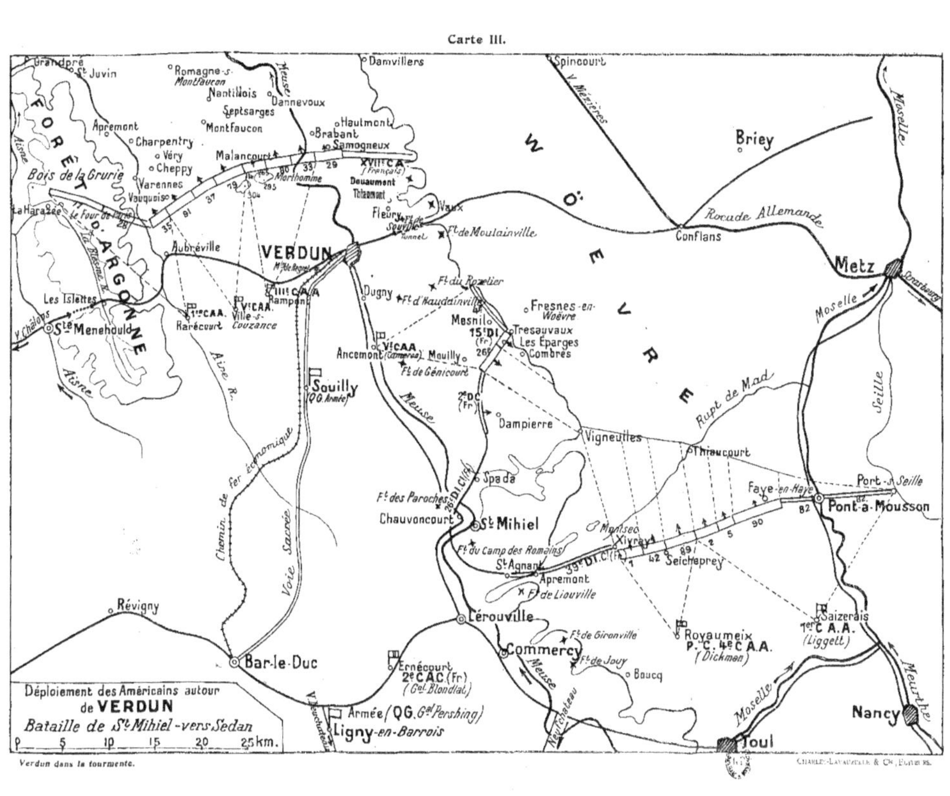

Verdun dans la tourmente.

CHARLES-LAVAUZELLE & Cⁱᵉ, Éditeurs.

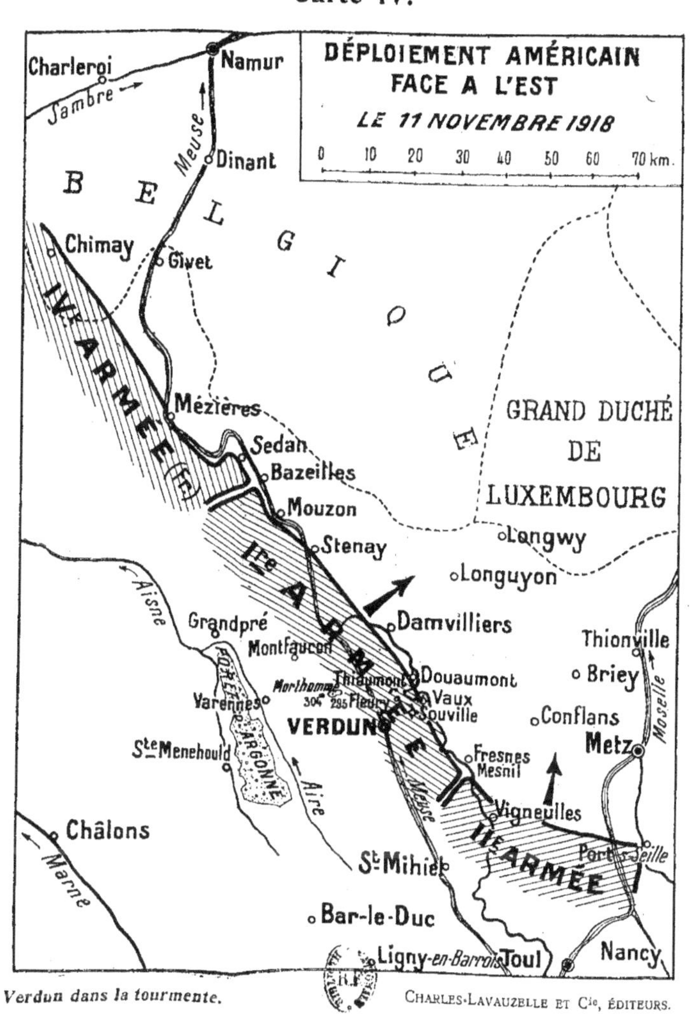

Verdun dans la tourmente.

Général Feld Marschall von HINDENBURG. — **Aus Meinem Leben (Ma vie)**, avec préface du général **BUAT**, traduit par le **capitaine KŒLTZ**, breveté d'état-major. Volume grand in-8° de 386 pages, avec 3 cartes hors texte. **42 »**

Toute l'âme prussienne est dans ce livre. — appel pour l'avenir à la jeunesse allemande.

Erich von FALKENHAYN, général de l'Infanterie, chef d'état-major des armées allemandes de 1914 à 1916. — **Le commandement suprême de l'armée allemande (1914-1916) et ses décisions essentielles.** Traduction et avertissement par le général A. **NIESSEL**. Vol. grand in-8° de 236 p., avec 12 cartes. **33 60**

Cet ouvrage du général von FALKENHAYN, chef du grand état-major allemand du 14 septembre 1914 au 28 août 1916, jette un jour nouveau, d'une éclatante lumière, sur la plupart des événements de la guerre.

Général WINOGRADSKY. — **La guerre sur le front oriental : en Russie, en Roumanie.** Mis au point et commenté par le général **MALLETERRE**. In-8° de 380 pages (1926) **21 60**

L'Angleterre au feu. — **Dépêches de Sir Douglas Haig**, mises en français par le commandant breveté **GEMEAU**, préface de **M. le maréchal FOCH**. Volume grand in-8° de 474 pages avec 25 croquis dans le texte, 10 grandes cartes dans une pochette spéciale annexée au volume .... **60 »**

C'est le premier et seul volume complet publié sur la matière.
Dix cartes annexes, avec les détails les plus complets sur le front anglais, réunies dans une élégante pochette, achèvent de faire de ce volume un document hors de pair sur la grande guerre.

Lucien CORNET, sénateur, membre de la Commission des affaires étrangères. — **1914-1915 : Histoire de la guerre :**

    Tome Ier : **Des origines au 10 novembre 1914.** In-8° de 380 pages... **9 »**
    Tome II : **Du 10 novembre 1914 au 31 mars 1915.** In-8° de 360 p... **9 »**
    Tome III : **1915, L'Italie, la Russie, les Dardanelles.** In-8° de 344 p. **10 80**
    Tome IV : **1915. Le front de France, les Balkans.** In-8° de 386 p... **12 »**
    Tome V : **La situation intérieure chez les belligérants d'avril à novembre 1915.** In-8° de 436 pages. .... **12 »**
    Tome VI : **La situation intérieure chez les belligérants de novembre à fin décembre 1915.** In-8° de 395 pages. .... **12 »**
    Tome VII : **Du 1er janvier 1916 jusqu'à l'attaque sur Verdun, 1er avril 1916.** In-8° de 410 pages. .... **12 »**

1914-1915. Les opérations franco-britanniques dans les Flandres. Volume de 135 pages, 9 croquis et 2 cartes... **4 80**

Cet intéressant ouvrage a connu dès son apparition le plus grand succès, car non seulement il apprend ce qui s'est passé dans les batailles de l'Yser et d'Ypres, mais il contient des leçons utiles par le rappel de principes qu'on n'aurait jamais dû oublier.

Commandant P.-Louis RIVIÈRE. — **Ce que nul n'a le droit d'ignorer de la guerre.** In-8° de 96 pages (2e édition) .... **5 »**

Dans cet opuscule réduit, l'auteur a réalisé le tour de force de faire tenir toute la matière des quatre années de la grande guerre, de donner, à côté de précisions d'ordre tactique ou stratégique sur les différents fronts de France, de Russie, d'Orient, d'Italie, aux colonies et au Maroc, sur terre et sur mer, des indications chronologiques sur les principaux événements tant militaires que politiques dans les pays belligérants.

Th. von BETHMANN-HOLLWEG, chancelier de l'empire allemand. — **Considérations sur la guerre mondiale.** Volume grand in-8° de 364 pages.... **30 »**
Honoré d'une souscription des ministères de la guerre et de l'instruction publique.

Les uns après les autres, les Mémoires des grands chefs militaires et des hommes d'État auxquels étaient confiées les destinées de l'Allemagne pendant la guerre 1914-1918 ont été livrés à la publicité. Ainsi en a-t-il été des *Considérations sur la guerre mondiale*, du chancelier de l'Empire Th. von Bethmann-Hollweg, dont les Français peuvent maintenant lire la traduction.